首都经济贸易大学·法学前沿文库

晚清知识产权制度发展史论

屈向东　著

Historical Essay on the Development of the Intellectual Property System in the Late Qing Dynasty

中国政法大学出版社

2024·北京

声　明　1. 版权所有，侵权必究。

　　　　2. 如有缺页、倒装问题，由出版社负责退换。

图书在版编目（CIP）数据

晚清知识产权制度发展史论 / 屈向东著. -- 北京：中国政法大学出版社，2024.7. -- ISBN 978-7-5764-1592-6

Ⅰ. D923.404

中国国家版本馆 CIP 数据核字第 2024LS9909 号

出　版　者	中国政法大学出版社
地　　　址	北京市海淀区西土城路 25 号
邮寄地址	北京 100088 信箱 8034 分箱　邮编 100088
网　　　址	http://www.cuplpress.com（网络实名：中国政法大学出版社）
电　　　话	010-58908437(编辑部) 58908334(邮购部)
承　　　印	固安华明印业有限公司
开　　　本	880mm×1230mm　1/32
印　　　张	9.75
字　　　数	215 千字
版　　　次	2024 年 7 月第 1 版
印　　　次	2024 年 7 月第 1 次印刷
定　　　价	45.00 元

首都经济贸易大学·法学前沿文库
Capital University of Economics and Business Library, Frontier

主　编　张世君

文库编委　　高桂林　金晓晨　焦志勇　李晓安
　　　　　　米新丽　沈敏荣　王雨本　谢海霞
　　　　　　喻　中　张世君

总　序

首都经济贸易大学法学学科始建于1983年；1993年开始招收经济法专业硕士研究生；2006年开始招收民商法专业硕士研究生；2011年获得法学一级学科硕士学位授予权，目前在经济法、民商法、法学理论、国际法、宪法与行政法等二级学科招收硕士研究生；2013年设立交叉学科法律经济学博士点，开始招收法律经济学专业的博士研究生，同时招聘法律经济学、法律社会学等方向的博士后研究人员。经过30年的建设和几代法律人的薪火相传，首都经济贸易大学现已经形成了相对完整的人才培养体系。

为了进一步推进首都经济贸易大学法学学科的建设，首都经济贸易大学法学院在中国政法大学出版社的支持下，组织了这套"法学前沿文库"，我们希望以文库的方式，每年推出几本书，持续、集中地展示首都经济贸易大学法学团队的研究成果。

既然这套文库取名为"法学前沿"，那么，何为"法学前沿"？在一些法学刊物上，常常可以看到"理论前沿"之类的栏目；在一些法学院校的研究生培养方案中，一般都会包含一门叫作"前沿讲座"的课程。这样的学术现象，表达了法学界的一个共同旨趣，那就是对"法学前沿"的期待。正是在这样的期待中，我们可以发现值得探讨的问题：法学界一直都在苦苦期盼的"法学前沿"，到底长着一张什么样的脸孔？

首先，"法学前沿"的实质要件，是对人类文明秩序做出了新的揭示，使人看到文明秩序中尚不为人所知的奥秘。法学不同于文史哲等人文学科的地方就在于：宽泛意义上的法律乃是规矩，有规矩才有方圆，有法律才有井然有序的人类文明社会。如果不能对千差万别、纷繁复杂的人类活动进行分门别类的整理，人类创制的法律就难以妥帖地满足有序生活的需要。从这个意义上说，法学研究的实质就在于探寻人类文明秩序。虽然，在任何国家、任何时代，都有一些法律承担着规范人类秩序的功能，但是，已有的法律不可能时时处处回应人类对于秩序的需要。"你不能两次踏进同一条河流"，这句话告诉我们，由于人类生活的流动性、变化性，人类生活秩序总是处于不断变换的过程中，这就需要通过法学家的观察与研究，不断地揭示新的秩序形态，并提炼出这些秩序形态背后的规则——这既是人类生活和谐有序的根本保障，也是法律发展的重要支撑。因此，所谓"法学前沿"，乃是对人类生活中不断涌现的新秩序加以揭示、反映、提炼的产物。

其次，为了揭示新的人类文明秩序，需要引入新的观察视角、新的研究方法、新的分析技术。这几个方面的"新"，可以概括为"新范式"。一种新的法学研究范式，可以视为"法学前沿"的形式要件。它的意义在于，由于找到了新的研究范式，人们可以洞察到以前被忽略了的侧面、维度，它为人们认识秩序、认识法律提供了新的通道或路径。新的研究范式甚至还可能转换人们关于法律的思维方式，并由此看到一个全新的秩序世界与法律世界。可见，法学新范式虽然不能对人类秩序给予直接的反映，但它是发现新秩序的催生剂、助产士。

再其次，一种法学理论，如果在既有的理论边界上拓展了新的研究空间，也可以称之为"法学前沿"。在英文中，前沿（frontier）也有边界的意义。从这个意义上说，"法学前沿"意味着在已有的法学疆域之外，向着未知的世界又走出了一步。在法学史上，这种突破边界的理论活动，常常可以扩张法学研究的范围。譬如，以人的性别为基础展开的法学研究，凸显了男女两性之间的冲突与合作关系，拓展了法学研究的空间，造就了西方的女性主义法学；以人的种族属性、种族差异为基础而展开的种族批判法学，也为法学研究开拓了新的领地。在当代中国，要拓展法学研究的空间，也存在着多种可能性。

最后，西方法学文献的汉译、本国新近法律现象的评论、新材料及新论证的运用……诸如此类的学术劳作，倘若确实有助于揭示人类生活的新秩序、有助于创造新的研究范式、有助于拓展新的法学空间，也可宽泛地归属于法学理论的前沿。

以上几个方面，既是对"法学前沿"的讨论，也表明了本套文库的选稿标准。希望选入文库的每一部作品，都在法学知识的前沿地带做出新的开拓，哪怕是一小步。

喻　中
2013 年 6 月于首都经济贸易大学法学院

前　言

"观今宜鉴古，无古不成今"。欲研究当代中国法律制度之本质与特性，就不能不考虑其制度生长史。就这一点而言，中国知识产权法概莫能外。了解中国当代知识产权法之特征，就不得不提及其过往、起源与发展。就制度起源而言，一般认为，"制度的起源有两种可能性，一种是如果人类长期经验形成的传统被足够多的人所采用，就会被人们自发地执行并模仿，变成共同体的通行规则而得以长期保持，不能满足人类欲望的安排就会被抛弃；另一种是制度因设计而产生，体现在法规和条例之中，由凌驾于社会之上的权威机构（如政府）来正式执行"[1]。以此理论观之，中国知识产权法似乎"人为设计"特征更为突出。无怪乎有学者就清末著作权法制定提出，迄今为止，没有历史证据证明有自然法上的理由促成了这

---

[1] 张立进：《政治学视阈的制度文明研究》，群言出版社2015年版，第50页。

部法律的形成。相反,许多证据表明,这部法律是一部在紧迫的政治改革压力背景下的制定法,其立法动因完全是功利主义的因素。[1]实际上不仅著作权法如此,该论述亦可直接套用于专利法或者商标法之起源。

自1840年鸦片战争战败、西方列强打开中国国门,清末中国经济社会处于急剧的变化之中,民族危机不断加深。同时西方列强加紧从中国掠夺经济资源,导致经济社会矛盾不断,广大人民生活艰难困苦。在此民族危亡之际,改良变革之风渐起。在西方缘何先进这一关乎民族存亡的深刻经济社会问题研究上,"师夷长技以制夷"几乎成为当时不言自明的最佳策略。由此,专利法、商标法、著作权法作为西方法律制度的重要组成部分进入国人视野,尤其是与器物联系紧密的专利法,似乎成为清末时人改进器物的"不二法门"。翻译西方知识产权法文本以及相关著作不仅是当时知识分子所孜孜以求之事功,而且清政府也强调参酌西法,主动了解西方知识产权相关规则设计及其制度原理。

但应当看到,实际上清政府在立法过程中也在汲取本国立法资源。例如在商标法中,早在顺治十六年(1659年),就有地方官府就商标标记之假冒进行示谕禁止。在《苏松两府为禁布牙假冒布号告示碑》[2]中,地方官府就指出,"不许再行混冒","惟凭字号识认,以昭信义",如果"复行假冒,……许即指名报府,以凭立拿,究解抚院,正法施行"。这类司法实践为清政府1904年颁行《商标注册试办章程》提供了执法经验。因此,研究晚清知识产权制度发展史,应当以研究更古早之制度史或者保护活动史

---

[1] 周林、李明山主编:《中国版权史研究文献》,中国方正出版社1999年版,第8页。

[2] 上海博物馆图书资料室编:《上海碑刻资料选辑》,上海人民出版社1980年版,第85页。

实作为第一步。这也是本书研究清末著作权法、专利法、商标法时，首先追溯更加古老时代的理论讨论或者保护实践的原因。

同时，晚清民族危机不断加深，这也使得版权、商标、专利并非仅仅具有现代规则下的"权利"属性或者私权话语，其势必背负着救亡图存之重任。版权法之"开启民智"，专利法之"实业救国"，商标法之"完全国货"等均是该任务之具体体现。所以彼时讨论最初涉及"该不该保护版权/技术/商标"与其所负担前述政治任务之间的关系，多以论证这一必要性问题为表现形式。例如，1903年4月，严复上书管学大臣张百熙，提出"国无版权之法者，其出书必希，往往而绝。希且绝之害于教育，不待智者而可知矣。又况居今之时，而求开中国之民智，则外国之典册高文所待翻译以输入者何限"，"今夫国之强弱贫富，纯视民之文野愚智为转移，则甚矣版权废兴，非细故也"，将版权制度之废立与国家"强弱贫富"相关联，以论证建立版权制度之必要性。随着讨论的深入，内容还会涉及一些重要的规则，从而为下一步立法工作提供智识支撑。此外，丧权辱国的《辛丑条约》签订后，清政府与美国、英国、日本等列强的商约谈判中大多涉及知识产权条款，在此谈判过程中，清政府内部对于知识产权之认知亦在不断深化，从而对下一步立法工作产生了一定的影响。由于这些内容本身可以被视为立法前的准备工作，故本书每篇均将其列为第二章节，作为该篇的近代起源部分。

本书每篇的第三部分均系对主要法律章程的逐条释义，这也是本书法律性较为突出的地方，即结合彼时国际条约、外国立法、清地方实践、立法文件、立法任务之史料进行释义，释义偏重法律分析。例如《振兴工艺给奖章程》第2条规定，"如有能造新器切于人生日用之需，其法为西人旧时所无者，请给工部郎中实职，许其专利三十年"。本书部分释义如下"章程第1条第1款关注军

前　言

事器械研制，而第2条则适用于民用器材之研制，但与第1条第1款存在激励差异。从'创造性'标准上来看，第2条显然要求更高，要求'为西人旧时所无'。此类进步显然属于从0到1、从无到有之程度，这比前述西洋'各械之上'的进步程度更高，类似于前述的突破性创新，而非渐进式创新或者运用式创新。同时，第2条的专利保护期为三十年，短于第1条第1款军事器械专利保护期五十年。创新性标准更高，但保护期却更短，究其原因，'枪炮'系解决为危亡时局之所需"。

本书每篇第四部分即系法律章程之适用研究。本书尤为注重通过司法案例、执法实践判断法律实际效果，例如一些研究将海关挂号与商标注册等量齐观，但本书认为"挂号"仅系备案性质，而非赋予商标专用权之注册。由于天津、上海两地海关仅系转递机关，而无权进行商标审查。但清政府的商标注册局迟迟未能正式成立并履职，这导致两地海关所受理之"挂号"无法转入中央政府商标注册管理部门进行审查，此类挂号只能具有备案或者预登记之效力。综上所述，本书上、中、下三篇基本按照"古代萌芽—近代起源—条文释义—法律适用"四个紧密联系、逻辑递进的文章脉络，组织行文、阐释论证。但本人在撰写本书过程中也发现，由于本人并非法制史专业出身，诸多分析力有不逮，如有错谬，恳请方家不吝指正。

目录

上篇 著作权法

第一章 中国著作权保护的古代萌芽

第一节 古代版权保护史的分期问题……5

第二节 宋代的版权保护活动……9

第三节 明清的版权保护活动……15

第四节 版权保护的古代起源争论……19

第二章 中国版权法的近代起源

第一节 "开启民智"：建立版权制度的功利主义目的……22

第二节 "各国公例"：中外商约谈判中引入版权保护规则……26

第三节 "请为严究"：权利人的维权诉求日渐高涨……32

第三章 《大清著作权律》的制定过程与规范内容

第一节 立法讨论……47

第二节 立法程序……52

第三节 《大清著作权律》的文本与释义……55

第四章 《大清著作权律》的短暂适用

第一节 著作权呈报登记……90

第二节 著作权行政执法……94

第三节 著作权司法保护……96

中　篇　专利法

第一章 中国技术价值之古代讨论

第二章 中国专利法的近代起源

第一节 "专利""巧"概念之古代含义……116

第二节 专利保护必要性的讨论……120

第三节 关于中外商约谈判中的专利条款及其争议……141

第三章 清末专利法规的制定过程与规范内容

第一节 立法程序……150

第二节 清末专利法规的文本与释义……157

第四章 清末专利法规的法律适用

第一节　"近代第一项专利"之再辨析......172

第二节　《商部咨各省呈请专利办法文》：第一份执法工作报告......176

第三节　专利授予与保护......180

下　篇　商标法

第一章 商业标识的古代萌芽

第一节　古代商标的概念澄清......199

第二节　我国商标的古代演进......203

第三节　清代中前期：商业标记假冒案例......222

第二章 中国商标法的近代起源

第一节　鸦片战争之前的维权活动......227

第二节　鸦片战争后关于商标制度之探索......232

第三节　新因素：华洋商标纠纷......239

第四节　中外商约谈判中的商标条款......244

第三章 近代商标法的制定过程与规范内容

第一节　立法过程......257

第二节　《商标注册试办章程》的文本与释义......262

第四章 清末商标法规的法律适用

第一节 海关挂号制度之适用……280

第二节 商部商标备案制度之适用……282

第三节 传统保护方式仍在一定范围内适用……284

第四节 部分洋商通过外交渠道向清政府施压,以实现特权保护……289

上 篇
著作权法

上 篇 著作权法

著作权又称为版权[1]，是法律赋予民事主体对作品或相邻客体的专有权利（排他权利）。从设立著作权的制度逻辑来看，"只有首先保护作者的权利，才能调动从事教育、文化、艺术、科学、技术和其他事业的广大知识分子的创作积极性，创造出更多更好的作品，从而使传播者有取之不尽的作品向公众传播，以满足人民群众日益增长的文化生活的需要。同时，也只有保护作者的权利，才能繁荣文化和科学事业"[2]。回首历史，中国系拥有灿烂文化之文明古国，对于知识智力成果之保护可谓古早，但建立著作权制度相对较晚。究其原因，是著作权制度有其产生之客观规律。正如马克思主义认为，任何权利之产生、发展、实现与消亡，都必须以一定的社会经济条件为基础，"权利绝不能超出社会的经济结构以及由经济结构制约的社会的文化发展"。因此，有版权保护活动并不一定代表着有版权立法之客观需求。为此，相关研究要秉承马克思主义史学观点，追根溯源探究中国版权法的自我生成，梳理归纳我国古代版权观念及其保护活动之历史演进，提炼总结晚清著作权发展史上的制度脉络，详究注释重要文献和重大法典，以期为我国著作权制度的未来发展提供历史定位与经验借鉴。

[1] 虽然清末有观点认为著作权与版权存在概念差异（参见秦瑞玠：《大清著作权律释义》，商务印书馆2015年版），但彼时仍有观点认为两者无差异，加之现行《中华人民共和国著作权法》中明确"本法所称的著作权即版权"，因此本书对两者不做区分。

[2] 黄薇、王雷鸣主编：《〈中华人民共和国著作权法〉导读与释义》，中国民主法制出版社2021年版，第12页。

第一章
中国著作权保护的古代萌芽

中国历史上关于著作权或者版权保护的意识观念或者保护活动出现较早,千年前经济繁荣、文化昌盛的宋代就出现了版权保护活动,但版权立法工作在近代清末"救亡图存"的社会危机背景下才诞生。造成保护活动与立法工作时空错位的原因何在?晚清版权立法的制度激励又是为何?要回应上述问题,应当将晚清版权立法这一"微观"历史浪花放置于中国版权保护的"宏观"历史长河中予以审视。而较为妥帖认知晚清版权立法在中国版权保护的历史谱系中居于何种地位,势必应对中国版权保护的整体历史谱系有所体认。正如史学家傅斯年所言,研究历史,"寻其因果,考其年世,即其时日之推移,审其升沉之概要,为历史之学","要以分期,为之基本。置分期于不言，则史事杂陈，樊然淆乱"[1]。因此，划定我国版权保护的历史分期，成为研究晚清版权立法历史的首要任务。

第一节　古代版权保护史的分期问题

关于我国版权保护历史的分期存在不同分类，学者袁逸曾划分为三期，即南宋至1898年为幼稚期、1899年至1910年为演变期、1911年至1949年为初熟期，并从版权内容、版权性质、版权出现频率等方面制作表格进行区分。作者原表[2]援引如下（见表1-1）。

表1-1　中国近代版权保护历史的分期

	南宋至1898年（幼稚期）	1899年至1910年（演变期）	1911年至1949年（初熟期）
版权内容	多是"不许覆版""翻刻必究"之类，从未自觉而明确地提出版权的概念，也从未有人在实践中运用、享受过版权	明确提出"版权所有"，出现了切实可行的措施分享版权带来的经济利益的实例	"版权所有，翻刻必究"迅速成为规范用语。有关版权享有和对侵权行为的起诉为文化出版界普遍接受，成为常识
版权性质	以民间自发的版权声明为主	从政府公告到版权合约，再到版权法颁布，完成了版权立法进程	短时间内，北洋、民国历届政府相继颁布版权法。版权制度的实施始终处于法律保障之下

[1]　傅斯年：《老北大讲义：史学方法导论》，时代文艺出版社2019年版，第49页。
[2]　袁逸：《中国近代版权的演变时期》，载《法学杂志》1985年第6期。

续表

	南宋至1898年（幼稚期）	1899年至1910年（演变期）	1911年至1949年（初熟期）
版权出现频率	浩繁古籍中版权记载如凤毛麟角，平均几十年才可能出现一例	各书中有关版权的声明已屡见不鲜，越来越多	这一时期的出版物中，要寻找没有版权的书已越来越困难
版权形式	版权声明或在书前牌记，或在序文、凡例中，或用藏书印。位置、形式无定。也无独立的、划一的标记	尽管形式不同，独立的版权标志多已在版权页定位，并逐渐向着方框标志统一	版权页的位置、版权标志所在的位置、版权的方框标志亦基本统一规范。之所以不能完全划一，症结在于历代版权法对此没有明确规范
备注	南宋，主要是指光宗绍熙年间（1190—1194年）出现我国第一例有据可查的版权声明		

整体来看，该分期一方面认识到版权发展的本土萌芽与历史传统，另一方面对于近代以来西方版权制度的重大影响又有深刻且妥帖的认知，总体而言较为妥当。同时，李明山教授在其《中国古代版权史》中，主要遵循传统的历史分期，甚至将版权史起点上溯至春秋战国时期，而后经秦、汉、魏晋南北朝、隋、唐，直至宋、元、明、清，将各个历史阶段的版权思想和相关实践进行梳理总结，尤其结合古代古籍辨伪学与署名进行重点分析。这种方法虽然有助于开拓古代版权的分析视野，但也被批判存在"我注六经"之倾向，可能存在将学派争鸣之讨论强行附会为版权意识萌芽的问题，尤其是春秋战国以降，将作伪、辨伪以及署名

第一章　中国著作权保护的古代萌芽

等古代文化现象赋予版权法之意义是否适当，仍存在一定的讨论空间。考虑到"著作权制度的产生，需要具备一定的历史条件。从著作权法原理来说，著作权制度是科学技术和商品经济发展的产物"[1]，因此脱离历史条件，单纯为尽早界定我国版权法及其法理念的产生时期，反对"中国版权西来说"，可能也会落入"为了反驳而反驳"的窘境。

此后，李明山教授在《中国版权史研究文献》中以"关于中国版权历史的分期"为序，做出了进一步区分，认为中国版权史明显分为三个时期。唐宋以来至清末《大清著作权律》制定颁行以前，是中国版权制度发生期，亦即版权保护的封建特许时期；以《大清著作权律》的颁布为标志，中国版权史进入第二时期，是中国版权保护的发展时期，亦即版权保护的版权权利时期；1990年9月《著作权法》[2]颁布，中国版权史进入第三时期，是中国版权保护制度的逐步完善期，亦即版权保护的世界权利时期。此划分显然受到陶葆霖《论著作权法出版法急宜编订颁行》一文关于著作权的权利分期理论之影响，也更为合理。

此外，哈佛大学法学院教授安守廉（William P. Alford）曾撰写《窃书为雅罪》（*To Steal a Book is an Elegant Offense*）一书，该书被认为是"一部中国知识产权制度的历史论纲"[3]，值得被严肃对待。在该书中，安氏虽然并没有对中国古代版权史做出明确的区分，但明显将其讨论内容限定为帝制中国、近代中国与当代中国，并提出了"帝制中国面对印刷术和其他重要的科技进步，

---

[1] 冯晓青：《我国著作权客体制度之重塑：作品内涵、分类及立法创新》，载《苏州大学学报（法学版）》2022年第1期。

[2] 为表述方便，本文凡涉及我国的法律规范均用简称，如《中华人民共和国著作权法》，简称《著作权法》。

[3] 刘春田：《知识产权制度是创造者获取经济独立的权利宪章》，载《知识产权》2010年第6期。

为什么没有采取中西方学者所构想的制度回应"的制度之问,认为帝制中国不曾发展出相当于知识产权法的有效的本土制度。安氏的上述观点遭到郑成思等中国学者的批评,并逐步发酵形成一场学术争论[1]。

对于该学术争论,笔者较为赞同刘春田教授[2]关于此问题的看法,其认为"著作权作为私权,作为民事权利,是把对知识形态的文学艺术作品的支配力作为充分市场经济条件下可交易的对象的产物。这既需要必备的技术条件、资本条件、市场环境、政治条件,还需要与之匹配的财产观念和财产法律体系。其中,技术和资本是决定性的生产力要素,充分的市场经济是它的经济基础,资产阶级革命的胜利是它的政治条件"[3]。因此,正如马克思所说,"权利永远不能超出社会的经济结构以及由经济结构所制约的社会的文化发展"。放置于农耕社会的经济社会发展条件、缺乏系统性的私权法律保障体系、脱离新技术发展的历史背景下,即使印刷业逐步兴盛并由此引发出版商禁止翻印的诉求,古代官府对于出版商要求保护的个例性支持在多数情况下也仅仅具有个案效力,难以从更加普遍的意义上证成版权制度的生成与发展,因此"无法

---

[1] 该学术争论详见邓建鹏:《宋代的版权问题——兼评郑成思与安守廉之争》,载《环球法律评论》2005年第1期;刘欢、赵勇:《试论宋代版权保护的有无——兼评安守廉、郑成思之争》,载《太原城市职业技术学院学报》2011年第1期;冯念华:《窃书不算偷算什么?——论我国古代书籍的版权保护》,载《图书情报工作》2007年第11期;李雨峰:《理性的宰制——关于帝制中国版权问题的省思》,载《政法论坛》2005年第5期等文章讨论。

[2] 本书在后期校对阶段,惊闻刘春田教授在美参加学术会议期间逝世,笔者参加多次会议,曾得刘教授指点,特做此注,以表哀悼之情和追思之意。

[3] 刘春田:《中国著作权法三十年(1990—2020)》,载《知识产权》2021年第3期。

得出宋代就有'版权'这种赋权民事权利保护的结论"[1]。

但同时也应当注意，这种全盘否定我国古代版权及其保护活动的结论，似乎存在矫枉过正之嫌。我国历来注重文教，文教昌明之道首在读书，这就涉及书之来源。职是之故，书籍翻印的市场需求历来较大，由此所衍生的出版商的保护需求在宋代之后亦不断出现。因此，可以否定作为现代法律体系中重要法律概念的"版权"在古代的适用，但不应否定禁止翻印等古代存在的"版权保护活动"，如此可能更为妥当一些，这也是协调古今、中西等时空错位的折中方法。同时，将版权史的开启时间定为宋代也较为适当，一方面，这与宋代雕版印刷的技术革新相关；另一方面，这也与宋代儒学昌明、读书人群体不断增长密切相关。

第二节　宋代的版权保护活动

近代出版家和藏书家叶德辉曾有言，"翻版有例禁始于宋人"[2]。北宋哲学家李觏曾写道，"庆历癸未（1043年）秋，录所著文曰《退居类稿》十二卷，后三年复出百余篇，不知阿谁盗去，刻印既甚差谬，且题《外集》，尤不韪"[3]。此处"阿谁"即为盗版书商的较早鄙夷称谓，并提及盗版书籍质量下乘，错误百出，甚至篡改书名，让作者甚为愤慨，这也是我国历史上知识群体对盗版书商发出谴责之声的较早史料记载。

宋代，盗版屡禁不止，就现有史料来看，宋代盗版行为较为

---

[1] 刘春田：《中国著作权法三十年（1990—2020）》，载《知识产权》2021年第3期。

[2] 叶德辉：《书林清话　书林余话》，岳麓书社1999年版，第31页。

[3]（宋）李觏：《李觏集》，中华书局1981年版，第269页。

常见的类型主要是未经作者许可，私下将其文稿印刷出售，同时伴随篡改署名、擅自删改、胡乱拼接等侵害行为。北宋文学家苏轼曾提及，"某方病市人逐于利，好刊某拙文，欲毁其板，剟欲更令人刊耶。当俟稍暇，尽取旧诗文，存其不甚恶者，为一集"[1]。其中，"好刊某拙文，欲毁其板"显然是因为书商未经苏轼许可就将其书籍印刷出版，使苏轼颇为不快。这种现象甚至从北宋延及南宋，南宋哲学家朱熹亦有类似遭遇。其在私人书信中提及，"《论孟解》乃为建阳众人不相关白而辄刊行，方此追毁，然闻鬻书者已持其本四出矣"[2]。其中，"关白"即为古文中下级对上级禀告、报告之意，例如，《汉书·霍光传》中记载，"诸事皆先关白光，然后奏御天子"，此种含义与现代著作权法中权利人"许可""同意"颇为接近。当然，盗版对于追求"立言"的宋代士大夫阶层而言，"毁誉"比"侵财"更值得在意。这一点类比于现代著作权法，更接近大陆法系对于著作权人身权之侧重保护。苏轼、朱熹生活年代相差近乎百年，但盗版问题仍然存在，持续困扰着知识群体。

面对上述盗版问题，知识群体开始初步寻求自我保护，避免文稿被肆意"刊行"，而保护手段则聚焦于当时的复制技术——雕版印刷。从复制技术的发展来看，"雕版印刷术的出现，使得书籍的大规模复制和出版成为可能……它提供了较之手抄誊写更为方便快捷的技术条件，无论是图书的生产成本还是传播成本都降低了，图书出版效益增加，图书成了一种商品"[3]。在新的复制技术"赋能"

---

[1] （北宋）苏轼：《苏轼文集》，孔凡礼点校，中华书局1986年版，第1574页。
[2] （南宋）朱熹：《朱文公文集》（第55卷）。
[3] 赵晓兰：《从古代萌芽到近代初熟——我国版权保护制度的历史演变》，载《中国出版》2012年第11期。

第一章　中国著作权保护的古代萌芽

之下，图书出版成本降低，知识群体不断壮大[1]，同时知识群体的阅读需求及其对广大民众而言的"学而优则仕"跨越阶层的示范效应，反向刺激了图书需求。针对上述版权发展实际，作者或者出版商尝试对该复制技术进行控制，从而最大程度避免文稿被肆意流布。

绍熙年间（1190—1194年），南宋学者王称所撰《东都事略》，牌记[2]上刻印"眉山程舍人宅刊行，已申上司，不许覆板"等字样，该字样甚至被认为是我国"最早明文提出保护版权的国家"的史料证明[3]。从牌记内容来看，"已申上司"表明官府已经受理了刻书人的著作权保护申请；"不许覆板"表明了官府保护著作权的态度[4]，明确将著作权视为一种财产权。同时，亦有学者认为彼时作者和出版商所书的牌记或声明只是一种没有法律意义的道德表述[5]。但无论从何种法律解释来看，都无可否认此类权利人自我保护的声明已经表明盗版确实对作者或者出版商造成了负面影响，使其不得不主动寻求公权力保护。仅仅依赖作者或者出版商在书籍上刻印此类保护信息是否能够震慑不法书商仍存疑，由官方发布保护信息显然成为权利人寻求保护的更佳方式。

嘉熙三年（1239年），南宋学者祝穆编撰完成《新编四六必

---

[1]　吕祖谦曾在给朱熹的一封信中提及："然婺本例价高，盖纸籍之费重，非贫士所宜，势必不能夺建本之售"，可见贫士亦买得起"建本"。参见梁庚尧编著：《宋代科举社会》，东方出版中心2017年版，第44页。

[2]　又称为木记、书碑，相当于现代图书出版物的版权页，是指在书的卷末、序文目录的后边或封面的后边刻印的图记。参见哲明：《中国印刷版权萌芽于南宋》，载《杭州师范学院学报（社会科学版）》1990年第2期。

[3]　庄布：《我国宋代就有保护版权的做法》，载《编辑学刊》1986年第2期。

[4]　李明杰：《意识、行为及法制：中国古代著作权保护的历史逻辑》，载《中国出版史研究》2018年第3期。

[5]　吴汉东：《著作权合理使用制度研究》，中国政法大学出版社1996年版，第23页。

用方舆胜览》一书，为防止不法书商盗版，向地方官府申请保护其文稿，并得到所属官府两浙转运司之同意，以发布榜文的形式要求下级予以遵循[1]。以此例观之，如要以"出榜文"形式获得保护，需要权利人首先向官府申请，申请主要以牒文的书面形式提出，在获得有司衙门批准后，官府发布榜文作为权利保护之证明，向辖区官民予以公告。榜文具体内容如下。

据祝太傅宅干人吴吉状，本宅见雕诸郡志，名曰《方舆胜览》及《四六宝苑》两书，并系本宅进士私自编辑，数载辛勤。今来雕版，所费浩瀚，窃恐书市嗜利之徒，辄将上件书版翻开，或改换名目，或以《节略舆地胜纪》等书为名，翻开攘夺，致本宅徒劳心力，枉费钱本，委实切害。照得雕书，合经使台申明，乞行约束，庶绝翻版之患。乞榜下衢、婺州雕书籍处张挂晓示。如有此色，容本宅陈告，乞追人毁板，断冶施行。奉台判备榜须至指挥。右令出榜衢、婺州雕书籍去处张挂晓示，各令知悉。如有似此之人，仰经所属陈告追究，毁板施行，故榜……福建路转运司状，乞给榜约束所属，不得翻开上件书板，并同前式，更不再录白。

但考虑到祝穆的进士身份及其家学渊源[2]，该种申请保护是否系普遍性规则，以及何种情况下地方官府才会颁布上述榜文，则有赖于更多史料的挖掘。因此，仅仅根据祝穆之个案，尚无法直接推定宋代以"出榜文"形式作为保护作者权利的基本制度与常规做法。其中，"今来雕版，所费浩瀚，窃恐书市嗜利之徒，辄将上件书版翻开……致本宅徒劳心力，枉费钱本"的表述非常罕

---

[1] 林辰：《宋代的版权史料》，载《中国图书评论》2002年第9期。
[2] 祝穆的曾祖祝确为朱熹的外祖父，父亲则是朱熹表弟。

第一章　中国著作权保护的古代萌芽

见地表明了作者对于著作财产属性之重视，而在其他几例版权保护声明"牌记"以及下文的"公据"中则多是强调对于发展地方教育事业、儒家学术研究之损害。考虑到祝穆的学者身份，此处"重利"之表述实属难得。

此外，宋代仍有通过"立公据"的方式对作者文稿进行法律保护的实例。淳祐八年（1248年）二月，杭州国子监受会昌县丞段维清之请，发布了保护其已故叔父段昌武撰述的《丛桂毛诗集解》文稿的公据。公据属于官府文告之一种，是官府颁发给申告人的权利凭证[1]。《丛桂毛诗集解》的公据内容如下。

先叔以毛氏诗口讲指画，笔以成编。本之以东莱《诗记》，参以晦庵《诗传》，以至近世诸儒。一话一言，苟是发明，率以录焉，名曰《丛桂毛诗集解》……先叔刻志穷经，平生精力，毕于此书，傥或其他书肆嗜利翻板，则必窜易首尾，增损音义……今状披陈，乞备牒两浙福建路运司备词约束，乞给据付罗贡士为照。未敢自专，伏候台旨。呈奉台判牒，仍给本监。除已备牒两浙路、福建路运司备词约束所属书肆，取责知委文状回申外，如有不遵约束违戾之人，仰执此经所属陈乞，追板劈毁，断罪施行。须至给据者。右出给公据付罗贡士樾收执照应。

实际上，"随着科举制度的不断改革和学校教育的普及，从北宋后期到南宋，受教育的人数激增"，这使得私人著作有了较大的书籍市场。同时，该书籍市场的受众——儒者，又将有机会通过日渐成熟的科举制度进入体制内，影响官府决策。从地方官的施政逻辑来看，"一话一言，苟足发明"，编制成书，保护读书人的

---

[1] 王兰萍：《中国古代著作权法律文化之源》，载《华东政法学院学报》2005年第2期。

"心血",可以类比于现代著作权法中独创性中的"创"这一要件。由此,创作书籍愈多,文教越发昌明,这对振兴地方文教具有重要意义。"倪或其他书肆嗜利翻板,则必窜易首尾,增损音义",是出版者强调未经许可翻印对于学术研究的负面作用,认为其势必对地方教育的发展质量造成影响,这也是为了争取作为儒家一分子的地方官员的学术共情。从这个角度来看,地方官员强调"追板劈毁,断罪施行"的严厉态度就得到了解释。

南宋实施"出榜文""立公据""载牌记"等版权保护活动,对于元代以降版权保护活动具有重要影响。尤其是"载牌记"这类版权保护声明,叶德辉认为,"此风一开,元以来私塾刻书,遂相沿以为律例"[1]。例如,元代学者陈寀在元惠宗元统年间(1333—1335年)刻印的黄公绍《古今韵会举要》一书,其牌记记载内容如下。

寀昨承先师架阁黄公在轩先生委刊《古今韵会举要》,凡三十卷。古今字画音义,瞭然在目,诚千百年间未睹之秘也。今绣诸梓,三复雠校,并无讹误,愿与天下士大夫共之。但是篇系私著之文,与书肆所刊见成文籍不同。窃恐嗜利之徒改换名目,节略翻刻,纤毫争差,致误学者。已经所属陈告乞行禁约外,收书君子,伏幸藻鉴。后学陈寀谨白。

其中"愿与天下士大夫共之"表明出版者刻印的学术目的,而非单纯的营利目的,强调作品共享,而非版权专有。"窃恐嗜利之徒改换名目,节略翻刻,纤毫争差,致误学者"之表述,也表明出版者认为"禁止翻印"的目的是保障内容的准确性,避免因印刷错误而误导研究者。上述两点为印刷者的保护主张提供了

---

[1] 叶德辉:《书林清话 书林余话》,岳麓书社1999年版,第41—42页。

"昌盛文教"这一更加符合儒家传统的合理性话语。"但是篇系私著之文,与书肆所刊见成文籍不同"则是回归封建时代对"物"的保护话语,做出类似于"有主"与"无主或者主亡故"的区别。"私著"表明该文具有作者这一"主",文稿应当由其"主"予以支配使用;而"书肆所刊见成文籍",则是作者不可考或已经亡故,可由其他出版商再行刻印。

综上所述,宋代学者反对"翻印"多旨在确保"立言"以实现其学术追求,而翻印错误百出,甚至肆意增删内容,将对学者的个人名誉以及作品的完整性造成重大负面影响,甚至降低学者在学界的评价。故作者和出版商多采取这一学术性话语,以此反对肆意翻印,单纯追求经济利益则并不多见。

第三节　明清的版权保护活动

明清时期的版权保护活动,主要沿袭宋元以来的保护做法,突破性、创新性明显不足,"如果说有变化的话,也是变化不大,更谈不上有什么实质性发展"[1]。具体的版权保护活动有四种。第一种是沿袭宋元做法,继续通过牌记方式进行版权声明。例如,明代天启年间(1621—1627年)刻本《增定春秋衡库》一书的牌记中记载,"如有翻刻,千里必究";天启花斋刻本《管子》牌记亦记载,"虎林西横河桥朱衙发行,翻者唯远必究";明杭州横秋阁刻《鬼谷子》中的牌记亦有,"虎林嘉树里张衙发行,翻刻千里必究"等字样。清代基本沿袭该做法,例如,康熙三十四年

---

[1] 冯念华:《元明清时期我国书籍的版权保护》,载《大学图书馆学报》2007年第6期。

（1695年）挹奎楼刻本《春秋单合析义》的牌记记载，"本衙藏板，发兑四方。尊客请认杭城板儿巷叶宗之书馆内宅便是。若无此印，即系翻本，查出千里必究"；再如道光元年（1821年）刻本李汝珍《镜花缘》牌记亦有"道光之年新镌，翻刻必究"的内容[1]。第二种是在书名页刻印版权声明。例如，明万历三十七年（1609年）刻本《新镌海内奇观》，书名页上刻印"武林杨衙夷白堂精刻，各坊不许翻刻"等内容；清雍正十一年（1733年）刻本《华国编赋选》，书名页刻印"本衙藏版，翻刻千里必究"字样。实践中，也有出版者采用第三种方式，在书名页和牌记同时刻印版权声明，以加强其保护效果。第四种则是在广告用语、商号使用、凡例、引子等载体上刻印版权声明[2]。例如，明代万历年间（1573—1620年）福建建阳三台馆刻印《八仙出处东游记》，该馆馆主余象斗卷首作"引"，写道：

不佞斗自刊《华光传》等传，皆出予心胸之编集，其劳鞅掌矣！其费弘巨矣！乃多为射利者刊，甚诸传照本堂样式，践人辙迹而逐人尘后也。今本坊亦有自立者，固多，而亦有逐利之无耻，与异方之浪棍，迁徙之逃奴，专欲翻人已成之刻者。袭人唾余，得无垂首而汗颜，无耻之甚乎！

"有逐利之无耻，与异方之浪棍，迁徙之逃奴，专欲翻人已成之刻者"，可见，翻印对于出版商之权利损害很大，迫使出版者对盗版书商发出如此强烈的道德谴责。面对较为严重的盗版环境，

---

[1] 李明杰：《"翻刻必究"：中国古代著作权人的自我保护》，载 https://www.sohu.com/na/432822836_523187，最后访问日期：2023年3月17日。该文对明清两代的版权声明做了较为细致的考察，本书援引的明清牌记、书名页等史料主要来自该文。

[2] 李明杰：《"翻刻必究"：中国古代著作权人的自我保护》，载 https://www.sohu.com/na/432822836_523187，最后访问日期：2023年3月17日。

第一章　中国著作权保护的古代萌芽

作者与出版者亦采取南宋以来的保护措施，请求地方官府的公权力保护。明代文学家冯梦龙在《增智囊补》中提及一例出版者成功保护著作权的实例：

> 吴中镂书多利，而甚苦翻板。俞美章刻《唐类函》将成，先出讼牒，谬言新印书若干，载往某处，被盗劫去，乞官为捕之，因出赏格，募盗书贼。由是《类函》盛行，无敢翻者。

在该案中，俞氏为了防止涉案书籍被肆意"翻板"，在刻印之前就先行起诉，谎称新书被"盗劫"并悬赏捉拿盗书贼。在该案中看似是保护"版权"，实则是俞氏耍了个小聪明，以传统"物权"之损害主张公权力之救济。有主物被盗，对于地方官而言，一方面国法对于此类情形施加明确的惩罚规定，自身也较为熟悉，便于缘法而惩治犯罪。例如，《大金国志》规定："强盗不论得财与不得财，并处死"。《元律》规定："诸强盗持杖但伤人者，虽不得财，皆死。不曾伤人，不得财，徒二年半；但得财，徒三年。至二十贯，为首者死，余人流远。不持杖伤人者，惟造意及下手者死。不曾伤人，不得财，徒一年半。十贯以下，徒二年，每十贯加一等，至四十贯，为首者死，余人各徒三年。若因盗而奸，同伤人之坐，其同行人止依本法。诸强夺人财，以强盗论"。《大明律》卷十八"刑律一"之"强盗"条款规定："凡强盗已行而不得财者，皆杖一百，流三千里。但得财者，不分首从，皆斩。若以药迷人图财者，罪同。若窃盗临时有拒捕，及杀伤人者，皆斩。因盗而奸者，罪亦如之"；"白昼抢夺"条款规定："凡白昼抢夺人财物者，杖一百，徒三年。计赃重者，加盗窃罪二等。伤人者，斩。为从，各减一等"。另一方面从昌明文教来看，盗赃物为书籍，不利于发展地方教育事业，且出版者与士大夫阶层保持紧密联系，而后者在地方治理体系中具有一定的话语权与影响力，

17

打击此类强盗也有利于此种联系的保持。根据上述权利话语的转化,俞氏通过地方官员更为熟悉的"物权"权利话语替代其更为陌生、疏离的"版权"话语,从而实现了自身权利的保护。

延至清代,未经许可肆意翻印现象仍然制约着作者与出版者群体,对于知名作者的文稿更是如此。例如清代文学家袁枚曾说:余刻《诗话》《尺牍》二种,被人翻板,以一时风行,卖者得价故也。近闻又有翻刻《随园全集》者[1]。《阅微草堂笔记序》中更是提及"顾翻刻者众,讹误实繁,且有妄为标目,如明人之刻《冷斋夜话》者,读者病焉"。文学家李渔[2]为保护著作财产权、躲避盗版,甚至违背安土重迁的祖宗戒律,离开祖籍迁移他乡,并身体力行践行维权,劝说地方官员采取维权措施。同时,李渔也面临现代著作权人相类似的维权困境,即此处维权有效,彼处又发生侵权,权利人疲于奔波。这类"打地鼠"式的维权困境,最终也可能"治标不治本",无法有效遏制侵权的蔓延。

弟之移家秣陵也,只因拙刻作祟,翻版者多。故违安土重迁之戒,以作移民就食之图。不意新刻甫出,吴门贪贾即萌觊觎之心,幸弟风闻最早,力恳苏松道孙公出示禁止,始寝其谋。乃吴门之议才熄,而家报倏至,谓杭人翻刻已竣,指日有新书出贸矣,弟以他事滞金阊,不获亲往问罪,只命小婿竭当事求正厥辜,虽蒙稍惩贪恶,现在追板,尚未知后局如何。

由此可见,明清两代"翻印"问题并未得到有效解决,盗版翻印仍大量存在。但作者、出版者以及地方官府沿袭宋元做法,权利人在开展自主维权的同时,利用私人关系加强与地方官员的

---

[1] 袁枚:《随园诗话》(第3卷),人民文学出版社1962年版,第630页。
[2] 李渔:《李渔全集》,成文出版社2006年版,第281—283页。

联系，争取让其采取"出示禁止"等方式对文稿进行公权力保护。

第四节　版权保护的古代起源争论

正是基于上述公文、私人笔记等史料，早期学者提出应当将版权保护的历史追溯到我国宋代，认为"第一次禁止重印私人书籍的事可溯至南宋时代"[1]；"宋朝时候，我国不仅是当时世界上印书最发达的国家，而且也很可能是最早明文提出保护版权的国家"[2]；"在古文献中，找到了铁的证据，雄辩地证实了版权制度首创于中国"[3]。知识产权专家郑成思教授更是明确指出，"从宋《东都事略》及清《书林清话》中的史料看，版权始于中国是无疑的"[4]。但上述解释存在一个明显的制度悖论，即安守廉教授之问：如果我国在宋代就产生了版权保护的社会活动，缘何至800多年后清政府方才颁行我国第一部《著作权律》？

对于这一悖论，有学者认为，一方面在于社会机制，"无论从封建政府颁发的禁止民间擅自刻印历法的法令，还是从禁止私人和书坊主不经允许翻刻他人出版物的告示来看，封建政府在保护著作者的权益和裨益社会进步之间寻求平衡的意愿都处于一种无意识状态"，"形式上体现为对国家公权力的强调，和对民间私权利的轻视"。[5]另一方面，儒家传统尤其是理学所强调的"重义忘

---

[1]　罗文达：《中国版权法》，载《报学》1941年第1期，转引自放之：《"保护版权始于我国宋代"前人早有论述》，载《法学研究》1986年第2期。
[2]　庄布：《我国宋代就有保护版权的做法》，载《编辑学刊》1986年第2期。
[3]　邹身城：《保护版权始于何时何国》，载《法学研究》1984年第2期。
[4]　郑成思：《版权与版权制度》，载《法学研究》1985年第2期。
[5]　冯念华：《元明清时期我国书籍的版权保护》，载《大学图书馆学报》2007年第6期。

利"思想使得知识阶层很难高举财产保护的大旗而主张私权保护，这对于著作财产权的产生及其必要性具有一定的负面影响。

亦有观点直指封建社会与封建王权抑制版权制度之生长。宋代的知识保护萌芽没有发展成为知识产权制度与中国封建社会的土壤不能滋生出私法制度两个命题之间具有极大的相通之处，而市民社会的缺失以及私权意识的淡薄造成了知识产权成长土壤的贫瘠，使知识产权保护萌芽与近代意义上的知识产权制度之间出现了真空地带。同时，中国古代无法发展出一套版权制度也与当时的集权政治相关。

职是之故，具体到关于应当将宋代作为我国版权制度的起点的观点，当前法学界通说则持否定看法。一般而言，学界认为中国的版权制度应当起始于清末，且更多来自外部压力。吴汉东教授就曾指出，"中国的知识产权制度起始于清末，我不太赞成中国的知识产权保护在宋朝就有了的说法"；"知识产权制度是一个舶来品，当时清政府制定过《振兴工业给奖章程》《商标注册试办章程》《大清著作权律》等，这是最早的知识产权制度"[1]。一般认为，清政府于1910年颁行《大清著作权律》之前，我国历史上并未诞生现代意义上的版权法，《大清著作权律》也不是由我国宋代的版权保护现象自行发展的结果[2]。

---

[1] 吴汉东：《WTO与中国知识产权保护》，载吉林大学理论法学研究中心编：《法律思想的律动：当代法学名家演讲录》，法律出版社2003年版，第441页。

[2] 冯念华：《我国宋代版权保护与现代版权法的比较》，载《图书馆工作与研究》2005年第1期。

第二章
中国版权法的近代起源

自 19 世纪中叶鸦片战争爆发以后,清政府在与西方列强的诸次战争中屡次战败,被迫签订了一系列不平等条约。自此,中国被迫卷入了全球化的历史大潮,成为世界市场不可或缺的东亚环节。"如果说,在明清之前相当长的历史时期中,中国思想一直处在自我完足的状态中,那么,在明清以来,中国已经不再能够维持它思想与学术的'自给自足',中国近代思想与学术已经融入了世界思想与学术的知识背景中,或者说,世界的知识、思想和信仰已经不由分说地进入了中国,而那个'中国'已经不再是'天下',而只是'万国'格局中的'清国'"[1]。中国开始面临"数千年未有之变局",如何开展自救已经成为彼时

---

[1] 葛兆光:《近代·学术·名著以及中国》,载《读书》1999 年第 4 期,第 85—89 页。

知识群体所急切寻求解决的问题。

当时的知识分子秉承中国传统士大夫的"先天下之忧而忧"精神,开始积极寻求救国救民的良方,"师夷长技以自强"[1],学习西方已经成为一种本能反应。在寻求解决该问题的道路上,近代知识精英愈发重视制度的重要性,由器入道,认为这才是近代西方强盛之端,通过模仿式的"变法图存"愈发成为普遍共识。"法既积久,弊必丛生,故无百年不变之法。"[2];"如今日中国不变法则必亡是已……早一日变计,早一日转机,若尚因循,行将无及。"[3]而版权制度所具有的开启民智、繁荣文化的作用愈发受到重视。

第一节 "开启民智":建立版权制度的功利主义目的

清末关于版权保护的理论讨论认为,实施版权保护应当成为中国的主动制度选择,但其目的并未着眼于现代著作权法意义上的保护私权,而是更多放在开启民智、培养人才等公共政策上。1898年3月,《格致新报》在"答读者问"栏目中,曾有署名为"西泠寓公陈仲明"的读者提问,"闻欧美诸国,凡有人新著一书,准其禀官立案,给以牌照,永禁翻刻,以偿作者苦心。中国倘能仿行,似亦鼓舞人才之一助",并向该报咨询具体制度细节。由此可见,当时知识阶层关注版权法的首要目的在于"鼓舞人才",属于功利主义,旨在应对日渐败坏的时局之技术需要与智识需求,

---

[1] 屈向东:《从自由主义到社会主义:五四时期陈独秀人权思想的嬗变》,西南政法大学2010年硕士学位论文。

[2] 汤志钧编:《康有为政论集》(上册),中华书局1981年版,第212页。

[3] 严复:《救亡决论》,载王栻主编:《严复集》(第一册),中华书局1986年版,第40、50页。

而非现代著作权法保护作者权益、促进文化繁荣的权利本位。为此，该报介绍了彼时美国对于英国出版物的盗版侵权，认为"欧洲各国之律，较美为严"，并简单介绍了法国版权保护流程，尤其指出损害救济制度，"倘有翻印，禀官追究，又须出费若干耳"[1]。

1899年3月20日，梁启超在其主编的《清议报》上翻译刊登了原发表于日本《东洋经济新报》的一篇文章[2]，该文认为"改良之策，其中最急者在以经世实用之智识，供给四万万人也。夫经世实用之知识，改良之基础也"，因此，"预谋改良者，必自布版权制度始"。为了增强该文的影响，《清议报》甚至同时发表论文的评论文章，提出由于清政府的法律实施存在地区差异，尤其是在偏远内地全面实施版权保护可能存在一定难度，可以在京师和通商口岸先行严格实施，偏远内地的版权保护则可相对松弛，以协调地区差异。

1901年，由学者邵之棠所编《皇朝经世文统编》在《中西士人问答：论著书》一文中，通过中西士对话交流的方式，对西方版权制度进行了初步介绍。西士首先介绍，西方"朝廷本有禁令：凡某人之书初成……翻印者为之查究，故著书者得于著成后坐收其利"。反观中国，书籍刊行后，"坊间翻版同时发卖"，如果国家"申明一禁，严究翻刻……当亦无损于为政之体统"，"士达于吏，吏白于朝，何难之有"。该文也通过西士之口，对于著作财产权进行了初步介绍。西士认为，作者"以数十年之辛苦，易数十金笔墨之资，岂不可惜"，并指出中国自宋元以降传统版权保护活动的实际效果较差，保护案例稀少，"每见书肆所卖之书，其首页间有'翻刻必究'字样，而从未闻以翻刻书籍肇成诉祸者"。为了贴近

---

[1] （清）朱开甲等：《格致新报》（第五册），1898年3月13日。
[2] 有学者推测该文作者实为梁启超，但尚未形成定论。参见李明山：《梁启超：近代中国倡导版权的第一人》，载《编辑学刊》2003年第1期。

帝制中国的治理话语，西士介绍这种财产权保护并非基于单纯的个人财富积累，而是在于回归教化乡里、昌盛文教的政治目的，读书人"又知仕进之外，尚有著书致富之一途，则一切钻营苟且之习……诸事皆可不作，岂不安贫乐业，皆为敦品励学之儒哉！""严究翻版，则将来士之致富岂可限量哉！"

1903年4月，严复上书管学大臣张百熙[1]，在《与张百熙书》中提出"今夫学界之有版权，而东西各国，莫不重其法者，宁无故乎，亦至不得已耳"，强调以法律形式保护作者及出版者权益属于通例，有必要进一步研究这种通例背后的制度逻辑。随后，严复明确将国家版权立法与当时重要历史任务"开启民智"以救亡图存相挂钩，强调版权立法的重大意义，不可轻忽。"国无版权之法者，其出书必希，往往而绝。希且绝之害于教育，不待智者而可知矣。又况居今之时，而求开中国之民智，则外国之典册高文所待翻译以输入者何限……今夫国之强弱贫富，纯视民之文野愚智为转移，则甚矣版权废兴，非细教也。"

1904年，美籍传教士林乐知在《万国公报》发表《版权之关系》[2]一文，其中对版权的权利内容进行了分析，首先界定了版权的内容，认为"夫版权者，西国以保护著书者、印书者之权利也。彼著书者、印书者自有之权利，谓之版权，国家因以保护之"。随后，其表明版权保护属于政府的法定职权，并非国家特权或者恩赐，"保护乃国家之责任，而非其恩私也"。最后林氏单纯从著作财产权之制度逻辑，提出应当对作者的智力成果进行法律保护，认为"著书者瘁其心力，印书者出其资本，而共成一书以供给社会，使社会中之人皆得此书之益，则必思有以报之，于是

---

[1] 严复：《与张百熙书》，载王栻主编：《严复集》（第三册），中华书局1986年版。
[2] 林乐知：《版权之关系》，载林乐知主编：《万国公报》（第183卷）。

第二章　中国版权法的近代起源

乎有版权。今一书通行，即有贸利之奸商不劳而获，而著者与原印者或因之而亏累……于是有保护版权，此西国立法之源也"。

由于林氏系来华传教士，对于当时晚清困境虽存有体认，但绝非如本国人一般有强烈之民族情感，这也使其在理解版权内容时，救亡图存的色彩并不如前述国人讨论之浓重，而更多从近代版权的制度机理出发予以分析。此外，林氏来华前毕业于美国南方名校埃默里学院（今埃默里大学）并获文学学士学位，对美国版权制度及其发展历史应有所涉猎。1789年《美国宪法》第1条第8款第8项就已规定国会有权"为促进科学和实用技艺的进步，对作家和发明家的著作和发明，在一定期限内给予专有权利的保障"。根据该条款，美国于1790年制定本国第一部版权法。林氏撰写此文时，该法制定并实施已逾百年，前述文章一定程度上代表了林氏对美国版权法的理解与体认。

在《大清著作权律》颁布后，1911年正月民政部发布《为将著作遵章呈报注册事出示晓谕》，其中更是明确指出版权制度的立法目的，即"照得文明进步惟恃智识之交通，学术昌明端赖法律之保护。近世欧洲各国，其文艺、美术之能日新月异者，良由定有专律，以资维持。我国载籍素称宏富，技艺亦甚精良，惟往往有殚毕生心力著成品物发行未久，翻制已多，是著作者尚未偿劳，而剽窃者反已获利，殊非所以奖励学术之道"。清政府显然已经认识到中国传统保护方法之不可为继，制定专门法律对于促进学术交流、开启民智至关重要。而民智之开启仅为基础，清政府希望以此短期内应对"救亡图存"之民族危机，"其更广远的目标是国家民族的改造，以臻中国于近代化"[1]。

----

[1]　陈万雄：《五四新文化的源流》（修订版），生活·读书·新知三联书店2018年版，第155页。

因此，当前主流观点认为，"迄今为止，没有历史证据证明有自然法上的理由促成了这部法律的形成。相反，许多证据表明，这部法律是一部在紧迫的政治改革压力背景下制定的制定法，其立法动因完全是在于功利主义的因素"[1]。"在缺少人权保障的封建专制制度下，除了少数几个牌记以外，不可能为现代版权制度留下多少本土资源。对中国近现代版权制度的建立具主导意义的是'外来因素'的影响。"[2] 显然这种功利主义成为版权立法的重要驱动力。

第二节 "各国公例"：中外商约谈判中引入版权保护规则

与八国联军战败后，清政府被迫于1901年签订丧权辱国的不平等条约《辛丑条约》，其中要求清政府"允定将通商行船各条约内，诸国视为应行商改之处，及有关通商各他事宜，均行议商，以期妥善简易"。而在续约之前，《保护文学和艺术作品伯尔尼公约》（以下简称《伯尔尼公约》）[3] 亦是刚刚通过三十余年，西方列强具有急迫的经济诉求，乘商约修订之际，要求以条约的方式，使其出版物在华获得版权保护。1903年清政府分别与美国、

---

[1] 董皓：《自然权利的实现还是功利主义的立法：从历史角度看中国版权法的哲学基础》，载刘春田主编：《中国著作权法律百年论坛文集》，法律出版社2013年版，第81、82页。

[2] 周林：《中国版权史研究的几条线索》，载周林、李明山主编：《中国版权史研究文献》，中国方正出版社1999年版，第8页。

[3] 1886年9月《伯尔尼公约》(Berne Convention for the Protection of Literary and Artistic Works) 通过，彼时签约国有英国、法国、德国、意大利、瑞士、比利时、西班牙等10国，并于1887年12月生效，系世界上首个国际版权公约。

日本签订《中美续议通商行船条约》（以下简称《中美商约》）和《中日通商行船续约》（以下简称《中日商约》），均设置版权条款，对美国、日本出版物在华予以保护。该条款对于后续《大清著作权律》之起草亦具有重要影响。

（一）商约版权条款的国内讨论

与前述版权国内保护的整体支持观点相反，对于中国是否应给予外国作品版权保护的问题，学者大多持相对保守的态度，提出应当看到此类保护可能对于接受域外知识，尤其是翻译外文著作方面所产生的负面效应。1902年，蔡元培先生撰写《日人盟我版权》[1]一文，其中就曾提出中国作为后发国家贸然加强版权保护可能阻碍中国融入世界、获取先进文明之智识，"我国论者，又以东书译述，于今方滋，文明输入，此为捷径，版权一立，事废半涂……译事艰阻，有识所憾。"

由此，翻译权成为清政府对外商约谈判版权条款的重点内容。清末管学大臣张百熙亦曾向时任日本国驻华公使内田康哉致函，其中涉及部分关于中美、中日商约谈判中的版权议题，其表示，"知现议美商约内有索取洋文版权一条，论现在各国有版权会，原系公例"，但版权保护对于尚处于初步开启国门阶段的中国而言，"书籍不流通，则学问日渐否塞。虽立版权，久之，虽外国书无人过问，彼此受害甚多"[2]。

随后，张百熙向朝廷重臣刘坤一致函，阐释版权国际保护与清末经济社会发展的不相适应之处，尤其是可能阻碍翻译外文、开启民智这一重要历史任务的推进。其表示，"闻现议美国商约有索取洋文版权一条，各国必将援请利益均沾……现在中国振兴教

---

〔1〕 蔡元培：《蔡元培全集》（第一卷），中华书局1984年版，第160页。
〔2〕 政艺通报社编辑编：《皇朝外交政史》（卷四），上海政艺通报社1902年版；政艺通报社编辑编：《政艺丛书》，上海政艺通报社1902年版。

育，研究学问，势必广译东西书，方足以开通民智。论各国之有版权会，原系公例，但今日施之中国，殊属无谓……不立版权，其益更大。似此甫见开通，遂生阻滞，久之，将读西书者日见甚少"，故而促请刘坤一不立版权，"坚持定见，万勿允许，以塞天下之望"。

对于张百熙的顾虑，兹事体大，刘坤一专门复电对于商约中的版权条款进行初步解释，尤其是对翻译权进行澄清，表示商约版权条款并非完全禁止中国翻译，但整体基调并不十分肯定，"惟版权一事，昨接吕（海寰）盛（宣怀）两钦使电，日本现订约款，只声明日本特为中国备用，以中国语文著作书籍及地图，应得一律保护"，同时对于部分书籍不予版权保护。此外，"惟前准美国送到所索版权一款，内有'中国政府允许保护美国人民之书籍地图，所译之书、所携之件'云云。似所请保护亦指彼洋文原书及华文著述者言之。洋文似未尝不准我用华文译印"。

而身处商约谈判第一线的吕海寰、盛宣怀，专门就版权问题复电予以解释，首先解释了版权保护的范围与方式，表示"东西书皆可听我翻译，惟彼人专为我中国特著之书，先已自译及自印售者，即我'翻刻必究'之意，上海道厅领事衙门早有成案，势难不准"。其整体的解释思路立足于我国版权保护的传统历史资源以及地方保护实践，从而便于打消朝廷内以张百熙为代表部分知识群体的顾虑。同时，其认为"平心而论，自译印其自著之书，本人费许多心血，若使其书一出，即为他人翻印，亦恐阻人著述"，表示如果无法禁止他人翻印，实际上对作者创作也将产生阻遏效应，影响作品的创作与传播，从而无助于开启民智这一历史任务的实现。

同时，一些外国知识群体也积极译介西方版权内容，以解释版权国际保护的制度优势，避免国内的误解误读。例如，1903年

10月，美籍传教士林乐知与《万国公报》编辑范祎译述《版权通例》，其中首先介绍了世界主要国家的版权保护期限，并表示"今中国不愿入版权之同盟，殊不知，版权者，所以报著书之苦心，亦与产业无异也"，将版权与其他有形财产权利进行类比，以便于彼时国人予以理解[1]。"若昨日发行，今日即已为人所剿袭，是盗也"，这也是与盗窃有形财产这一常见、且为国人所熟知的侵权类型进行类比，便于公众逐步接受版权保护的国际通例。

(二) 对外商约谈判中版权条款之议定

在与美国、日本的商约谈判中，清政府就版权条款问题与对方进行多回合商谈，尤其在前述国内知识群体关于翻译权被限、阻碍知识进步主张的压力下，积极争取翻译外国出版物的权利，避免为中国吸取外国知识增加条约障碍。同时，为了打击宣扬革命思想的书籍，清政府要求商约中增加限制"有碍治安"书籍传播的内容，也反映了其保守性。

1. 中美商约版权条款的谈判过程

1902年，中美商约谈判之初，在美国提交的通商行船条约草案中，曾提出初步的版权条款，即"无论何国若以所给本国人民版权之利益一律施诸美国人民者，美国政府亦允将美国版权律例之利益给予该国之人民。中国政府今允，或为美国人民之物业者，由中国政府援所允保护商标之办法及章程极力保护，俾其在中国境内有印售此等书籍、地图、件或译本之专利"。但在1902年9月12日的谈判中，盛宣怀明确表示版权条款的译文"不够清楚，以后再讨论"，明显带有以技术性细节迟延谈判，为深入研究该问题争取时间的目的。

---

[1] 值得注意一点，"报著书之苦心"显然与英美法系版权法过去坚持的"额头流汗"标准较为接近，但该标准造成"独创性"中"创"的标准过低，可能造成对事实之垄断，故而被弃置。

而在1902年9月24日的谈判中，清政府谈判代表表示"反对保护版权，恐怕因此提高书价使穷一点的人买不起书"。经过较长时间辩论，清政府代表并未改变该意见。此点显然受到前述国内讨论的影响。在1902年9月27日的谈判中，双方重点讨论权利保护期限以及适用范围，美方代表最初建议将版权保护期限确定为14年，但张之洞主张为5年，"或者在章程里规定，不列入商约"，且主张"保护版权应当以交通便利的地区为限"。最后双方商定版权保护期限为10年，并将草案提交彼此政府审议。

在1902年9月30日的谈判中，由于发生前述管学大臣张百熙就版权条款的顾虑致电事件，在此次谈判中，美方对该条进行了专门解释，表示"不禁止把美国书籍译成汉文"，清政府代表"希望把什么应当受保护以及什么不必保护，说得更清楚一些"，获得美方代表同意。1903年3月17日，根据前述谈判内容，美方提交版权条款的修订版本，但清政府代表仍认为该条款需要修订。1903年4月3日，清政府代表提出，应当增加"除以上所指各书籍地图等件不准照样翻印外，其余均不得享受此版权之利益。又彼此言明，不论美国人所著何项书籍地图，可听华人任便自行翻译华文刊印售卖"，并获得美方认可。1903年8月29日，清政府代表提出对于有碍中国治安的书报进行限制。最初，美国代表表示反对，"美系民主之国，报律甚宽，非他国可比。报纸常有诋毁美总统之事而并无大罪"[1]。但经过清政府代表的坚持，1903年9月3日，美国代表同意增加"凡美国人民或中国人民为书籍报纸等之主笔或业主或发售之人，如各该件有碍中国治安者，不得以此款邀免，应各按律例惩办"。至此中美商约谈判中版权条款基本确定。

---

〔1〕 王彦威纂辑、王亮编：《清季外交史料》（第174卷），书目文献出版社1987年版。

2. 中日商约版权条款的谈判过程

1902年6月16日，日本提交十款条约草案中曾提及版权保护问题，具体为："中国国家允定一章程，以防中国人民冒用日本臣民所执挂号商牌，有碍利益，所有章程必须切实照行。日本臣民特为中国人备用起见，以中国语文编成之各书籍、地图、海图及其余一切著作，执有印书之权。即由中国设法保护，以免利益受亏。"[1]这是将版权与商标合并进行法律保护。嗣后，经过双方讨论，对该条款进行修订，以便区分商标与版权之保护，并设定中国制定相关立法以满足条约的义务，同时界定了版权国际保护的对口管理部门，即海关。该条款具体为："第一节，中国国家允定一章程，以防中国人民冒用日本臣民所执挂号商牌，有碍利益。所有章程必须切实照行。第二节，日本臣民特为中国人备用起见，以中国语文著作书籍以及地图、海图执有印书之权，亦允由中国国家定一章程，一律保护，以免利益受亏。第三节，中国南北洋大臣应在各管辖境内，设立注册局所，归海关管理。凡外国商牌并印书之版权各章程在该局所注册。第四节，中国人民所执商牌及印书之权一经按照日本国章程注册者，如日本臣民冒用，应得一律保护。"[2]

但对于该条款，国内学界政界多认为对于日方保护过甚，而对中国保护过微，双方权利义务有所失衡，故而恳请修改呼声较大。其中，以张之洞的修改意见较具代表性，其主张不应当在边远地区实施版权保护，以利于当地知识传播，"至远省不禁翻刻，原以偏僻之地，购致新书不易，故宽其例，以劝新知"。在保护期

---

[1] 中国近代经济史资料丛刊编辑委员会主编：《辛丑和约订立以后的商约谈判》，中华人民共和国海关总署研究室编译，中华书局1994年版，第212页。

[2] 北平故宫博物院编印：《清光绪朝中日交涉史料》（卷五九之卷六十），北平故宫博物院1932年版，第23页。

限上，不宜过长，以五年为限比较适当，"新书日出四五年后，视四五年前旧书已近陈言，故禁限拟以五年"[1]。然而，上述主张均未能获得日本方面的认同而未被纳入条约内容。

嗣后，1903年6月，张之洞要求在商约版权保护条款中再增加一款，"中国既允保护日本版权，则日本亦应帮助禁阻有害于中国之书籍、报章，以尽报施之谊"，对于此条款，日本代表认为"外国向准言论自由，此事万办不到"[2]，日本政府亦认为此条恐怕与日本法不合，难以同意。张之洞遂拒绝在整个商约上签字。为了使商约尽快订立，日本政府遂在此条款予以让步。由于"日本成了清政府政治迫害者的避难所，不仅是康有为、梁启超等保皇党人的大本营，而且还是孙中山等革命党人宣传民主革命的重要基地"[3]，革命党人在日本更是出版书籍、报纸，大力宣扬革命思想，引起清政府之忌惮。例如1901年5月10日，革命党人创办的《国民报》在东京编印出版；"革命党之大文豪"陈天华的《猛回头》也是于1903年在东京出版。这可能也是张之洞宁可拒绝签字，也要迫使日本让步的核心原因。

第三节 "请为严究"：权利人的维权诉求日渐高涨

清末作者和印刷商继续坚持宋明以来所传承的"示谕"等被动保护方式，同时积极行使诉权或者应对外部诉讼，版权法律愈

---

[1] 王彦威纂辑、王亮编：《清季外交史料》（第163卷），书目文献出版社1987年版。

[2] 李永胜：《清末中外修约谈判中的知识产权保护问题》，载《大连大学学报》2012年第4期。

[3] 罗宏、许顺富：《湖南人底精神：湖湘精英与近代中国》，新星出版社2017年版，第290页。

第二章　中国版权法的近代起源

发受到重视。此外，在中西交通的时代变迁背景下，涉外版权纠纷开始为清政府施加更大的外部压力。

（一）涉外版权纠纷不断增加，外交压力凸显

1895年，英籍传教士李提摩太与《万国公报》华人编辑蔡尔康合译《泰西新史揽要》一书，由于该书适应了中国人认识世界的需要、顺应了维新思想兴起的潮流[1]，在华风行一时，曾被梁启超称为"述百年以来，欧美各国变法自强之迹，西史中最佳之书也"[2]。由此，该书的价格一再走高，"陡增二十倍不止"[3]。为赚取巨额利润，一些书商纷纷盗版印刷，严重损害了作者的合法权益，为此广学会亦曾连续8天在《申报》刊发翻刻必究声明[4]，但并未发挥实际作用。根据李提摩太回忆，该书仅在浙江省杭州一地"就有不少于六个盗版本"[5]，而在四川省，该书的盗版本高达十九个[6]。

为遏制盗版继续蔓延，李提摩太以及广学会曾向上海地方官府寻求公权力救济。1897年，博文书局、赐书堂未经许可盗印该书，广学会将其诉至由西方列强实际控制的上海会审公廨，诉称该书"系会中人所撰，曾发各书坊代售，赐书堂、博文书局竟敢私自翻刻，改名《各国新政瀛寰志略》，今由会中人查悉，请为严

---

[1]　正如李提摩太在序言中表示，"此书为暗室之孤灯，迷津之片筏，详而译之，质而言之，又实救民之良药，保国之坚壁，疗贫之宝玉，而中华新世界之初桄也，非精兵亿万、战舰什百所可比而拟也"。详见姚彦琳：《晚清译著〈泰西新史揽要〉风行一时的原因探析》，载《文化创新比较研究》2021年第33期

[2]　梁启超：《读西学书法》，载梁启超：《饮冰室合集·集外文》，北京大学出版社2005年版，第1163页。

[3]　[英]李提摩太：《本广学会第十一届年报纪略》，载《万国公报》1898年第120期。

[4]　《〈泰西新史揽要〉翻刻必究》，载《申报》1896年6月21日—6月28日。

[5]　[英]李提摩太：《亲历晚清四十五年——李提摩太在华回忆录》，李宪堂、侯林莉译，江苏人民出版社2018年版，第211页。

[6]　卢明玉：《西人西学翻译与晚清救国良策的探索》，北京交通大学出版社2018年版，第31页。

究"。后来经过审理,最终判决"以两书坊擅自翻刻他人之书殊有不合,判令各罚银洋五十元,并具改过,切结存案备查。严等(书坊主人)一再求减,明府不准"。鉴于清末银洋具有较高的购买力,甚至一些地方"多死一人赔赏银洋二百元,烧毁的村庄,每间屋五十元"[1],由此可见,上述判决的赔偿数额相对较高,几乎接近一间房屋的价值,惩罚不可谓不重。但鉴于盗版盈利丰厚,盗版侵权态势始终难以得到实质性遏制。

1896年4月,美籍传教士林乐知和《万国公报》华人编辑蔡尔康合作完成《中东战纪本末》,由于该书"对甲午战争的报道极为详细,对战争胜负原因的分析相当深刻,提出的改革建议多有可取之处",因此成为甲午至戊戌年间最畅销的书籍之一[2]。由于彼时国人正在深刻反思中日甲午战争失败之缘由,该书出版可谓恰如其时,"多次再版至二万二千余册,仍供不应求,随之出现大量盗版,致使美国驻上海总领事在1896年正式向清朝苏松太道提出抗议,要求帝国政府明令禁止盗印此书,这大概是近代中国政府第一状涉外版权官司"[3]。面对外交压力,苏松太道不得不出示谕禁止翻印。

本年十二月十八日接美总领事佑来函:"据本国林教士禀:《中东战纪本末》暨《文学兴国策》计订十本,倩(请)图书集成局刊印行世,曾登告白,无论何人,不得翻印,如违禀究。兹尚有《中东战纪本末》(续编)两本(续编改作四卷)一并行世,近闻

---

[1] 李月启:"清末民初新城姓氏械斗始末",载中国人民政治协商会议大余县委员会文史资料工作委员会编:《大余文史资料》(第2辑),大余县委员会文史资料工作委员会1986年版,第77页。

[2] 王林:《〈中东战纪本末〉与甲午中日战争》,载《福建论坛(人文社会科学版)》2009年第4期。

[3] 朱维铮:《导言》,载李天纲编校:《万国公报文选》,生活·读书·新知三联书店1998年版,第24—25页。

有书贾翻刻冀图渔利，请饬查示禁"等由到道。除函复并分行外，合行出示谕禁，为此示。仰书贾坊铺人等一体知悉：尔等须知，教士所著前项书籍，煞费经营，始能成编行世。既曾登明告白，不准翻印，尔等何得取巧翻版，希图渔利。自示之后，切勿再将前书出售，致干究罚。切切，特示。

此案中，外籍传教士作为权利人向母国寻求外交保护，进而以外交手段向中国官府施压，或者选择向列强控制的会审公廨起诉，都被认为具有保护实效，成为外籍译者后续较为常见的维权策略。例如，1897年，法国驻上海总领事也曾就翻译书籍的版权保护问题向苏松太道交涉，要求地方官府"出示晓谕，仰各书坊贾人等知悉，不准翻刻，如敢故违，提究不贷"。1902年，英商图书集成局在华亦遭遇图书盗版问题，为此该局负责人曾向英国驻上海总领事面陈侵权纠纷，经过该领事交涉，苏松太道发布谕禁告示，"所有该局扁字铜板排印新旧书籍均不准照缩重印，其新书并不准重刊翻印，改头换面，以图射利。如敢故违，或被指告，定提究罚不贷"。但告示后，翻印侵权仍有发生。为此该局起诉未经许可翻印的书商至会审公廨，最终判决书商将已翻印之二十四史印稿及照相玻璃片等一并呈案销毁，复罚洋银五百元。

1902年，英籍传教士傅兰雅曾向会审公廨起诉，主张部分书商未经许可即翻印《格致汇编》，被控书商辩称所印之书与《格致汇编》并不相同，并不认同翻印指控。为此，会审公廨官员将《格致汇编》与被控侵权图书进行比对，发现并无差别之处，最终判决相关书商"各罚洋银二百五十元，并将此书底稿呈案焚毁，取具遵结备查"[1]。会审公廨所使用审判方法，实际上与现代著

---

[1] 《严惩翻印》，载《申报》1902年8月1日。

作权法所适用的"接触+实质性相似"已经较为类似，即将涉案图书进行比对，以判断是否存在侵权之情形。

除请求地方官府颁布示谕告示、起诉至会审公廨外，一些外国权利人亦使用广告形式，声明版权保护，试图以外交保护相威胁，从而遏制盗版印刷。例如，1902年7月，英商中外书业公会就曾在《申报》刊登广告，声明将使用外交手段对版权予以保护。

本书会恭遵上谕，采办中外书籍，如天文地理政治法律，及各学堂读本与图书等，无不购备，聘请中东西名儒，编辑有用图书以饷学者。本书局曾采办印行之书尺，托上海理文轩一家出售，书上均有中英文图章为凭，如坊间翻印或割裂全书，本书会当禀请本国领事移文提究，射利者鉴诸。

1903年，会审公廨受理了美商图书集成局指控华商陈鹤甫翻印《时务通考》案。在该案中，会审公廨将原被告所印之书进行核对，结果发现"原书共有四万七千五百四十一行，然陈鹤甫所印《增广时务通考辑要》，内中只有一千一百七十五行不同，其余皆是雷同，核计不过十分之一"，最后确定被告翻印行为成立。此种方法与现代著作权法"实质性相似"的判定方法已经较为类似。

苏松太道管辖当今上海主要地区，中西交往密切，译书、印刷、报刊等文教产业较为兴盛，面对外国领事官员的外交交涉，积贫积弱的中国难以对等反制，苏松太道作为地方官府更是承受了直接的外事压力，使地方官员不得不加大对侵犯外国作品版权行为的打击力度，甚至在告示中明确使用"痛恨"等情感强烈之表达。例如，一份《谕禁告示》表示："查近年来各书贾往往将洋人所著书籍擅自翻印图利，叠经各前道暨本道出示禁止，不啻三令五申。乃该书贾仍敢私行翻印，希图获利，实属故违禁令，深堪痛恨……为此示仰书贾坊铺人等一体知悉，嗣后倘敢再将《笔算数学》及洋人所著各项书籍私行翻印，混售渔利，一经发觉，立从严究，决不宽贷。"[1]

(二) 沿袭宋明保护实践，寻求官府救济

1. 示谕禁止翻印

与前述外国传教士或者外籍译者相比，中国作者或者出版商缺乏外部维权资源，无法利用外交手段向地方官府寻求救济，自然而然转向内部法治传统，大多援用宋明以降的保护惯例，积极向地方官府阐明盗版印刷对于昌明文教之弊，从而劝说地方官府积极保护作者或者出版商之利益。例如1897年，《时务报》就曾向苏松太道寻求公权力保护，在其禀文中主张：

本年六月，寓沪官绅捐资创设时务报馆，除每月出报三本外，复拟多印新译新著各时务要书，以期沾溉士林，增广闻见。惟近日坊间书贾气习，每将他人新刻之书翻印，希图射利，而雠校不讲，伪讹兹多。又或将书中语改头换面，更易新名，大失原意，误人不浅。况时务各书，将以明练学识，讲习交涉，必字字核示，乃能有益学者，苟沿讹袭误，混淆耳目，所害尤大，不可不防。

同年，《新学报》亦向苏松太道提出类似保护请求，主张"往往有等不肖书贾翻刻他人著作，欺世牟利，或改头换面，暗仿格式，剽袭名目，以伪乱真"，造成"有妨学术"之严重后果。1898年，我国近代第一家大学出版机构和重要的外籍汉译出版机构——南洋公学译书院成立。作为官办译局，译书院的外籍汉译选题注意对接公学教育宗旨和国家的战略需求，凸显出洋务派经世致用、注重实效、因时通变的实学思想内核。通过学科门类上的横向取舍和同一学科外籍的纵向筛选，广泛译介国外军事、商

---

[1]《示禁翻印》，载《申报》1897年7月18日。

学、教育类的政治、法律书籍，为国家政治提供了宝贵的域外借鉴，并成为我国近代教科书编译、出版的发轫之地，解决了制约我国教育近代化的重要问题[1]。由于译书院的翻译思路切合彼时的社会问题，"海内风行"。但该院也面临盗版盗印的问题，甚至一些不法书商被处罚后仍"故智复萌，妄行翻印"。于是，该院于1903年请求地方官府布告，"凡译书院译印官书，均不许他人翻刻，以符奏案，以保版权"。嗣后，苏松太道即颁布示谕，明确"一经查出翻印情弊，即指名呈控，照例从严惩办等情，并粘书目清单到道……翻刻渔利，违干查究"等内容。

由此可见，与前述外国传教士比较单纯的财产保护请求相比，本土权利人之主张多强调盗印"雠校不讲，伪讹兹多"，有碍于学术研究、昌盛文教的传统儒家的学术宗旨，更对清末以来开启民智以育英才，进而改变积贫积弱之历史目标形成阻碍，从而实现了传统儒家话语与近代救亡话语的结构性结合。

但对于医药书籍，由于其事涉重大，甚至涉及人命，对其颁布示谕的态度较为慎重。例如，1908年，千顷堂书局曾出版一批中西医书籍，考虑到不法书商可能进行盗印，该书局请求地方官府予以示谕保护。但由于此类保护公示性强，且具有一定的官府背书性质，地方官府认为"当以所刊医书是否可以行道济世"，即医药书籍是否存在明显谬误作为保护的前提条件。如果书籍诱导医师误诊，轻则延误病情，重则害人性命，故而官府态度较为慎重。为此，官府将涉案书籍转往医学研究会进行审查，"择其学有根底者详加考校"，结论为"此书融贯中西医书，纵未能集医学之大成而以之行道济世，尚不致有流弊等情"，故而示谕公告予以

---

[1] 陆晓芳：《晚清翻译的实学性——南洋公学译书院外籍汉译考论》，载《东岳论丛》2014年12期。

第二章　中国版权法的近代起源

保护。

2. 上书学部，请求版权特权保护

一些权利人的作品屡屡被盗印，经济上蒙受重大损失，在地方官府示谕公布也难以发挥实质保护作用的情况下，其便会选择利用个人关系、身份向学部（中央最高教育主管部门）上书，请求予以版权保护。例如，文明书局创办者、户部郎中廉泉于1903年就曾上书管学大臣张百熙，提出版权保护请求。

独是出版专卖之权为五洲之公例，各国莫不兢兢奉守，严立法条，所以奖成劳、防冒滥，赏能振学之微权，使天下纵横捭阖之才，跅弛轶群之士，弛说骋辞、争新侈奥、奇伎异能、放言高论之流品，莫不范以国家之正轨，衡于公府之品评。万派同归，千条共贯，秩然有条而不紊，懔然有戒而不违焉。此东西各国学术之所以日兴，学权之所以有统也。

今海内求新之士日多，新学之书日出，采长弃短，应用无穷。诚宜择其平正而无疵累、驯饬而有见闻者，曲加奖励，以便畅行。嗣后凡文明书局所出各书，拟请由管学大臣明定版权，许以专利，并咨行天下大小学堂、各省官私局所，概不得私行翻印，或截取割裂以滋遗误，而干例禁，则学术有所统归，而人才日以奋迅矣。伏望迅断施行，学界幸甚，天下幸甚[1]。

对于廉泉的上书，张百熙予以专门答复，其主张，研读西学必须了解翻译西方著作，而低劣的译者，翻译质量必然堪忧。文明书局勤勉翻译以提升译书质量，应当颁以版权保护[2]。

---

[1] 廉泉：《廉部郎上管学大臣论版权事》，载《大公报》1903年5月22日。
[2] 张百熙：《管学大臣批答廉惠卿部郎呈请明定版权由》，载《大公报》1903年6月4日。

欲治西学，必精西文；欲译新书，必深旧学。不读周秦两汉之书而能通欧亚两洲之驿者，无是理也。近来译本风行，日新月异，大都后生初学，稗贩东邻。朝习和文，夕矜迻译，求合于信达雅之旨者，百不一见。无怪《原富》诸书之横绝译林，只义单词皆同环宝矣。该局主其事者多通人胜流，所称新书宜择其平正而无疵累、驯饬而有见闻者，加奖畅行，洵为确论。嗣后文明书局所出各书，无论编辑评述，准其随时送候审定，由本大学堂加盖审定图章，分别咨行，严禁翻印，以为苦心编译者劝。该局益当详慎从事，惠兹学界。至于书贾之谋毁版权，心最巧诈，即如本大臣前刊暂定应用书目，咨发各省翻刻印行。闻外省遂指为准翻书目内所刻原有版权各书，有意影射，殊堪痛恨。此等市侩设想，断非士类所为，因答该司员来呈，纵言及之，亦以见牟利者之何所不至也。

同时为了确保地方能够切实保护文明书局著作，廉泉亦向地方大员呈文请求版权保护，其中包括时任直隶总督的袁世凯。袁世凯后续同意予以版权保护，并要求下级地方官府予以运费优惠[1]。

为咨明事：据户部郎中廉泉具禀，京城设立文明分局，由沪运京之书请豁免运脚，并请各省保护版权等情到本督部堂。据此，除批具禀该员在沪设立文明书局，编译教科书并新学各书，复于京师设立分局，以便士林，请将由沪运京之书概行豁免水脚。查招商局轮船装运官书向免半价，现在兴学为自强根本，但能全免，即可照办，候行核议，详复饬尊。至该局编译印行之书，无论官私局所，概禁翻印，以保版权，并候分咨各省抚院，转行遵照抄由批发等因。印发外相应咨明贵部堂院，烦请查照施行。须到咨者，计粘抄禀。

---

[1]《北洋大臣袁宫保为文明书局咨各督抚文》，载《大公报》1903年1月19日。

但这种个别性的保护方式仅限于特定的出版商或者部分出版物，难以持久地对作品进行版权保护，且考虑到廉泉的前官员身份，对于身为普通人的作者而言，注定很难沿袭此类保护方式。

（三）中国企业积极应诉，杜绝外企滥用版权

随着涉外纠纷数量不断增加，中国企业也开始积极应诉，避免外国企业挟西方政府之权威，滥用版权打击中国竞争对手，并取得了初步成功。

1. 日商斋藤秀三郎英文读本案

1908年，日本商人斋藤秀三郎聘请一位名为村上的律师向会审公廨起诉，声称至诚书局马华甫未经许可，将其享有著作权之英文读本翻印，"译成汉文，一字不易，在中国各报广告，招来发卖，原告版权受损甚巨"，并提供了计算赔偿的方法，即先"查清被发行本书"，为六万四千本，随后按照每本印税九千，合华九分计算，两者相乘，"合英洋九千七百六十元"。同时，其请求将"翻读本书版，一并交案，分别充公销毁，以重版权"。嗣后，该日商通过日本领事向会审公廨提出，"闻被告现先将所用纸版及翻印书本藏匿，以图湮没证据"，请求"立即派差分往至诚书局、作新社两处，将翻印书籍及纸版等查封，以防止藏匿"。此类请求已经与现代著作权法上的诉讼证据保全请求较为类似。

面对日商的咄咄逼人，上海书业商会向会审公廨呈文。首先，其援引《中日商约》第5条，主张"我国对于此书，原本自无保护之责"；其次，以日本翻译实践强调平等保护，该文参照日本在加入《伯尔尼公约》之前大肆翻译西方著作的行为，认为"日本未入版权同盟之前，其所翻译翻印之西书，不啻汗牛充栋，何未闻西人出而干涉"，从而削弱日商所谓维权的正当性；最后，其强调如果支持日商诉请，就会造成"不惟商等受其影响，全国教育实蒙其害"，甚至"损失国权"的负面后果。

41

为了营造有利于华商之舆论，上海书业商会同时向上海道、农工商部、两江总督、江苏巡抚呈文，以争取中央主管衙门、地方官府对华商之版权保护。上海道曾批答，原告之诉旨在"夺华商书业之利"，根据条约，"孰是孰非，不难立判，应据约护持，以维华人书业"。农工商部在向上海道所札文中表示，该案"当经具呈会审公堂申明约章，剖析事理，吁请驳复在案"，并担忧"版权一事，关系甚巨，外人尝试要挟之技，仍恐效尤者多"。而江苏巡抚的批答则更为强硬，表示"被日人斋藤秀三郎一再诬控，阻我进步，非徒有碍于学界前途，即主权所在，必至操纵由人，阴受挟制。仰苏松太道迅即查明案卷，按约力争"，同时表示译书兹事体大，"中国民智尚未大开，亟应选择东西洋有用书籍，广为译印，以期增长智识，灌输文明"。

对于上海书业商会的呈文，会审公廨大体上持赞同态度，嗣后会审公廨在向日本驻沪总领事发出的照会中提出，从条约来看，该呈文"极为中理"，同时"翻印而并非华文者，中国未入版权同盟，按照条约，斋藤秀三郎亦无控告之权。此事关系我中国全体教育前途甚大，本分府断难稍涉迁就。相应照抄原禀函致，即祈贵总领事查照，将案注销为荷"，建议日本总领事撤诉息事宁人。鉴于清政府较为统一、明确的反驳态度以及会审公廨的销案建议，斋藤秀三郎也自知理屈，在会审公廨庭审时拒不到案，该案最后也就不了了之[1]。

2. 美商经恩公司《世界通史》案

1910年，美商经恩公司向商务印书馆发送函件表示，虽然双方在先商业合作未能达成，但商务印书馆存在未经事先许可的翻译行为，故而从纽约发送商业函件，表示双方可以就该批书籍的

---

[1] 蔡晓荣：《晚清华洋商事纠纷之研究》，苏州大学2005年博士学位论文。

第二章　中国版权法的近代起源

在华合作事宜进行讨论。

兹闻贵馆将本公司出版之简要英文法教科书翻印，加以删订，求合中国程度，已有人将书送到此外。又闻贵馆尚拟将本公司出版之买儿斯"通史"及万韦士所著之各种数学书翻印，虽本公司亦知，按照万国版权公例，原不能禁止贵馆之翻印，然书为公司之书，贵馆似应先与本公司商议，请其许可，或酌许以余利，方合正办。况鄙人曾与颜博士详言，此等事未始不可商议也。此时若由本公司迳设印刷厂于中国，或尚可挽救，于本公司亦未始无大益。现公司正在研究此问题，且有数家与本公司已有成说矣。究竟贵馆对于此事之意，奚若敢请明示。盖本公司于设立印刷厂一事，可此可彼，悉视来示为枢纽耳。

上述函件看似温婉平和、有理有据，但实际上美商已经请求驻沪总领事进行外交施压，请地方官府示谕禁售。对于该函件之应对，商务印书馆并非"单兵冒进"，而是选择以产业协会的方式共同应对。1911年2月，上海书业商会向上海道呈文，首先从情理入手，"伏查我国翻印欧美书籍，岁有出版，诚以国民知识未足，不能多编西文书籍。而外国书价奇昂，惟翻印始可廉售，为国民生计及教育进步计，不得不然"。随后从法理分析，援引《中美商约》第11款[1]，指出《世界通史》"并非专备中国人民之

---

[1] 该条内容为："无论何国，若以所给本国人民版权之利益，一律施诸美国人民者，美国亦允将美国版权律例之利益给与该国人民。中国政府今欲中国人民在美国境内得获版权之利益，是以允许凡专备为中国人民所用之书籍、地图、印件、镌件者或译成华文之书籍系经美国人民所著作或为美国人民之物业者，由中国政府援照所欲保护商标之办法及章程，极力保护十年。以注册之日为始，俾其在中国境内有印售此等书籍、地图、镌件或译本之专利。除以上所指明各书籍地图等件，不准照样翻印外，其余均不得享此版权之利益。"

43

用,按照条约,即不得在我国享有版权",不应受我国官府之保护。但美总领事的外交施压违反《中美商约》,"意存尝试",如果不依照条约予以反驳,"此风一开,不惟商业受其影响,教育前途亦将大有阻碍。且又损失国权,他日遇有交涉,更无援引辨(辩)论之地"。最后从应对策略上,商会在文中为官府出谋划策,以消解其面临的巨大外事压力。"并请自是以后,遇有各国领事,误听各该国书商之请,要求版权情事,伏乞查照成案。即将所送图书,发交职会,先行警(察)阅,是否按照条约,可给版权。"嗣后,上海书业商会向上海道的上级政府两江总督、江苏巡抚呈文表达类似意思,以求对上海道决策有所影响。

对于上海书业商会的呈文,上海道作为地方官府难以单独抉择,故而一方面"呈报外务部管(察)核,以便驳复",从而安抚上海书业商会;另一方面向美国领事回复以避免纠纷扩大。但美商经恩公司并不满意此结果,嗣后将商务印书馆诉至会审公廨。

在案件审理过程中,会审公廨就法律适用问题向上海道呈文,从中国法、外国法、国际条约等三方面进行分析,以供上海道参酌。首先,对于中国法的规定,会审公廨认为,"中国本国法律,本不承认版权",处理方式侧重于泄露秘密、妨害治安,而非以近代版权保护思维进行处置。因此本案中,"商务印书馆并无假冒字号之事,则翻印售卖迈尔通史,按律故无应得之咎由"。其次,从外国法视角来看,各国版权立法基本不出《伯尔尼公约》之范围,由于中国并未签订《伯尔尼公约》,"外国之著作者,在中国亦不能借口于中国著作例之利益"。最后,从中国签订的国际条约来看,只有《中美商约》第 11 款涉及著作权,但"查美约第十一款所许之著作权,系以专为中国人民教育之用为限制,其余皆不得援以为例。此案迈尔通史作于千八百八十九年,为中学以下各学堂之用,其非专为中国人民之用,已无疑义"。同时,从书籍的内

第二章　中国版权法的近代起源

容分布上，"全书七百七十九面，言中国历史事实者，仅有九面。更无从借口，自应视该书为其余，皆不得援以为例之书之例"。基于上述法律分析，会审公廨最终判决美商经恩公司败诉[1]。1911年3月，上海道亦致上海书业商会表示，"奉南洋督宪张批发贵会禀：美商误认版权，请据约驳拒由"。

但该案并未因此终结，后续美国总领事甚至联合英国等西方列强共同向清政府施压。英商伊文思书馆主张商务印书馆"不但窃印美国书籍，至将英国书籍一律窃印，减价售卖"。为此，清政府外务部向英国公使朱尔典照会予以解释，"上海商务印书馆所印之美国史书，并各种教科书，其原书本并非专备中国人民之用，即不在条约不准翻印之列。该馆此举，确为普及教育起见，诚如来照所谓善举者，意非专在攘利。且中国未入版权同门，商家翻印书籍既非有违条约，自属无凭禁止"。但由于英美书商持续与本国领事、公使沟通，要求予以保护，清政府外务部持续受到压力，故而向上海道致函，主张"自行妥商，以期和平了结"。嗣后，上海道致信商务印书馆表明上述态度。1911年8月，在收到上海道信函后，商务印书馆态度有所缓和。同时鉴于《中美商约》的明确规定、商务印书馆坚持维权，以及清政府较为明确的反驳态度，美国总领事态度逐步软化，并参与双方调解以帮助实质解决纠纷。鉴于此，此案终于逐步走向商业自行化解。

伏查前抄示外务部丞参来函，允美卫署使所请，金恩公司与敝公司自行妥商和平了结，并声明不得作为公事云云。今美总领事来函，有由本署派员陪往互商之语，敝公司不能承认。又美总领事函称：倘两面不能议决，有延公正人别等一判断之良法等语，

---

[1] 蔡晓荣：《晚清华洋商事纠纷之研究》，苏州大学 2005 年博士学位论文。

敝处亦不愿遵办。果金恩公司自知,此事本为两国条约所许,商议系由特别通融。所开办法,果属和平,敝公司亦无不愿和平了结也。肃此奉复。

  上述两案能获得成功,很大程度归功于上海书业商会的居中斡旋与大力支持。上海书业商会在成立之初就以为会员企业与外国出版商的版权纠纷提供法律支持、提供官方沟通渠道为己任。在这两个案件中,上海商会一方面研究《中美商约》《中日商约》之具体条款,做到主张有据、以理服人;另一方面作为沟通涉事企业与上海道、江苏巡抚、两江总督、外务部、学部等各级衙门的制度桥梁,协调各级衙门以统一、明确的意见支持中国企业,从而最终促使外国滥用权利的企业或者个人知难而退。

第三章

《大清著作权律》的制定过程与规范内容

《大清著作权律》共计5章、55条,篇章坚持"总—分"结构,第一章为通例,第二章为权利期限,第三章为呈报义务,第四章为权利限制,第五章为附则。该法经过较为规范的程序后予以颁布。

第一节 立法讨论

1904年,户部郎中廉泉向商部尚书载振上书请求立法,认为"司员窃维版权之事,中国尚无专条。今之招股集资设局编译者,皆思书成专利,以酬其后。若版权不保,我当辛苦缔造之劳而他人坐享其成利,则著述译纂之业,谁复为之?是于文化之启闭所系,正自非浅。请贝子爷大人念私家纂译之勤劳,援东西各国之公例,将版权法律奏准通行，于朝廷兴学、保商之政教不无裨助"[1]。同年，《商务报（北京）》亦刊文讨论著作权法的立法问题，认为"国家自建立商部以来，一切保商新政无不亟图兴办，版权专利之律，闻亦拟参订章程，次第颁行，吾知此后新学之博兴固可以翘足俟也。我中国硕彦鸿儒尚其传名山之绝业，发经济为文章，以媲美文明各国也可"[2]。

1905年，《时报》曾专门刊文讨论著作权立法问题，提出：

专卖之法，所以劝兴艺业，乃五洲各国公例。至于著作者之有版权，尤为文明之要点，非他商业可比。是以各国出版律例，至繁极密，翻版与代售科以同罪。故新书日出不穷，版权所有，莫敢侵夺，富强渊源，实基于此。吾国新学今始萌芽，所译西书不过如九牛之一毛，至专门学科，能议者益复寥寥。此次美日商约，皆订版权专条，日本书肆，咸思编译汉文书籍，贩运来华，夺我利权，且以资我开化为词。吾之版权不能自保，而外人之著作吾官长必遵约为之保护，严禁翻印，主客之情，颠倒若此，吾恐有志之士从此焚书，而市贾无赖之徒转得窃取他人所有，增删割裂，以谋射利，或借用洋商牌号开设书店，以冀得保版权。此于文化进退，社会消长所关匪细。

由此可见，版权立法一方面缘于国内侵权翻印猖獗，却无法以禁；另一方面是由于日本等国恶商利用无著作权法之漏洞，侵害中国企业之利权。长此以往，缺乏养分，中华文化断无进步之可能，社会发展亦可被阻碍，兹事体大，不可不慎重以对。

---

[1] 廉泉：《廉部郎声覆商部请奏订版权法律呈稿并批》，载《大公报》1904年4月17日。

[2] 《论版权》，载《商务报（北京）》1904年第23期。

第三章 《大清著作权律》的制定过程与规范内容

为了供国内立法参酌、了解国际规则，1908年，清政府派驻德国柏林的代办和商务参赞，以观察员身份参加了《伯尔尼公约》成员国在柏林修订该公约的大会，这是近代中国第一次参加此类国际会议。参加会议能够了解版权的国际保护规则，为下一步立法搜集相关资料。

此外，陶葆霖还对著作权立法之必要性进行了专门撰文研究，因此有必要对其著作权立法思想进行专门研究。陶葆霖（1870—1920年），字惺存，号景藏，浙江秀水（今嘉兴）人，1902年留学日本法政大学。归国后，陶葆霖曾应邀在商务印书馆担任编辑，后曾任《东方杂志》主编。1911年，商务印书馆创办《政法杂志》，陶葆霖任主编，著有《共和国教科书·法制概要》《论著作权法出版法急宜编订颁行》《惺存遗著》《调查户口章程释义》等，其中《论著作权法出版法急宜编订颁行》是清末较早、成系统地讨论著作权立法的文章，应当详细分析。

1902年5月，清政府曾开始变法修律，颁布了一道上谕："现在通商交涉，事益繁多，著派沈家本、伍廷芳，将一切现行律例，按照交涉情形，参酌各国法律，悉心考订，妥为拟议，务期中外通行，有裨治理。俟修订呈览，候旨颁行。"[1]"务期中外通行"，显然是要符合国际通例，避免与国际通例相冲突；又要结合中国实际，避免所移植的著作权制度水土不服。但著作权法最初并未得到变法机关的重视。为此，陶葆霖在《论著作权法出版法急宜编订颁行》一文中，首先对清政府"犹于关系教育前途最为密切之著作权法与出版法二者，竟阙而不举"表达了遗憾，并认为"第按之今日情形，二法之颁布，实为万不容缓者"，大力呼吁著作权法、出版法尽早出台。

---

[1]《清实录光绪朝实录》（第498卷）。

随后，陶葆霖梳理了著作权法的制度发展历史，并将其分为特许时期、权利主义时期、世界性权利时期三大历史阶段。关于著作权法的制度起源，陶葆霖认为，"实在印刷术发明以后"，"当欧洲十五六世纪之间，政府始有保护原著书者之利益"。"若有翻刻者，可向之要求损害赔偿，此为著作权之起源。略如今日之专卖特许，故学者称此时期为特许时期。"但这种保护并非一种人人享有的权利，而是一种政府"恩赐"式的特权，"全由政府之任意判断"，"若政府审查认为不必奖励，则不必保护也"。在特许时期之后，著作权法制度开始迈向权利主义时期。此种转变何以产生？陶葆霖认为，著作权"乃因著作者事实而当然发生之权利也"，强调著作权的自然属性。陶葆霖将著作权与更为传统、与日常生活话语更为熟悉的有体物进行比较，以便于社会公众能够理解此种自然属性。"此权利与有体物（动产不动产等）之所有权全同，盖由人之脑力所生出物，即无形之劳力所作出者，法律上当然有此权利。其权利非由政府之审查认定而生，乃因著作之事实而生。至此而著作权始为完全之财产权矣。"但这种权利主义最初仅发生于特定国家，而非普遍现象，侵权人只要在未实施版权保护的其他国家即可实施未经许可的复制行为，从而使该版权保护流于形式。因此，跨越国界、迈向世界实际上已经成为著作权的下一步历史任务。基于上述分析，陶葆霖认为，"出国境一步，即可翻制，其保护亦未为完全。是以近来各国，皆互结条约，互相保护。驯至因学者之提倡，美国美艺协会成立，旋经各国政府公认，卒成国际同盟，于瑞士开万国会议，而定著作权保护之万国同盟条约矣"。

陶葆霖还介绍了对著作权保护的四种理由，即创作者保护主义、劳力说、报酬说、人格说。创作者保护主义认为，"吾人以思想能力新创作一物，法律即保护之，此理由与所有权之根本同"。

第三章 《大清著作权律》的制定过程与规范内容

"吾人因脑之作用,由社会现象而制出之物,即为著作者与著作物之间,有特别关系也。"劳力说则认为,"著作权之根本,非由创作,乃由智能的劳力而生,譬如土地之所有权,因垦辟之劳力而得;房屋之所有权,因建筑之劳力而得;著作之所有权,则因汇集材料之劳力而得也"。报酬说则认为,"对于著作者之劳力而与之报酬,盖著作者裨益一国之文明最大。社会之发达,人类之幸福,实利赖焉。故不可不给予报酬"。人格说则提出,"思想者为人格之一要件,故他人不能剽窃模拟,以侵害其人格"。

中国应当选择遵循何种思路建构本国的著作权立法? 陶葆霖对于这一政策选择问题提出了自己的认识。首先,陶葆霖区分版权保护与出版审查为不同的两种政府事项,"譬如有一极不洁之物,置公众之处,警察可以其有碍卫生而禁止之,然不能因此谓其物之所有权亦随之丧失。如有窃取或毁坏之者,仍不能免窃盗罪及损害赔偿之处分也。由此观之,版权之保护与出版之检定,全属两事,其理甚明"。其次,陶葆霖结合中国版权保护历史进行分析。陶葆霖认为,从我国版权保护历史来看,"保护思想之意多、保护财产之意少",并认为我国传统学者将著作刻印多数作为"慈善事业"的重要内容,这与近代著作权追求财产利益正好相反。但自近代以来,翻译事业勃兴,译本保护诉求逐步显现;近代学堂发展,催生教科书保护主张。同时,清政府设立商部,也为版权保护提供了管理部门。根据上述版权保护的客观现实,陶葆霖认为,彼时中国与欧洲第一时期接近。但随着出版物增多,对其也有审查之必要,故而有必要制定警察法予以审查。但著作权法与警察法并不相同,前者"纯属保护个人私权"。根据彼时经济现实来看,"此时亦编订著作权法及著作登记法(著作权法未颁布以前尤应先定暂行章程),庶著作权根本,及发生之方法,均有所依据"。在具体立法思路上,陶葆霖认为,"但当定为法令,删

51

尽向来衙署延阁需索之弊，使人民不至望而生畏"。但对于中国具体采取何种司法政策，"则当内按国情，外察大多数国之立法例，择其最新而使用者……教育进步，民智通塞，胥视此为转移"，强调既要符合彼时中国经济社会发展的国情，又要符合国际通例，避免法律移植水土不服。

第二节 立法程序

根据清末的立法程序，《大清著作权律》经过民政部草拟草案、宪政编查馆复核、资政院三读通过，而后方请旨奏行。

（一）民政部起草草案

1910年9月，清政府民政部就著作权草案提交奏折，其中重点表达其立法目的，尤其是仿行外国立法以促进学问进步、畅通思想交流。"窃为著作一端，东西各国均设专律，确立范围，保障权利，故学问、艺术日异月新。现在预备立宪，国民程度正期继长增高，欲谋思想之交通，必得推行之无弊。臣部职司警政，首在保卫治安，而高等治安警察之中，尤以集会、结社、新闻、著作数端为最要，所有《报律》《结社集会律》等，业经臣部奏请核定施行，则著作权之专律自当及时拟订。"在完成草案起草工作后，民政部按照立法程序，"谨拟成著作权律五十五条，作疏通证明，加具按语，咨送宪政编查馆复核"。

但缘何奏折中提及警政，且从警政入手论证《大清著作权律》之立法缘起？这源自民政部职责之变迁。1906年11月，清政府改组中央机构，将巡警部改为民政部，职权极重，"掌管全国地方行政、礼教仪制、巡警、疆理、营绝、卫生、寺庙、方术等事务，为全国公安、民政、内务最高行政机关。部内设承政、参议二厅。

第三章 《大清著作权律》的制定过程与规范内容

承政厅掌本部总汇事务，参议厅掌本部谋议事务。另设民治、警政、疆理、营绍、卫生五司。民治司职掌稽核地方行政、编查户口、整饬风教等；警政司职掌核办教练、警察等。除此之外，民政部还直辖京师内外城巡警总厅、习艺所、教养局、高等巡警学堂、消防队、工巡捐总局等机构。另外还可监督顺天府尹，对直省民政等官员也有统属、考核权"[1]。由于民政部执掌警政，甚至直辖京师巡警总厅，警务色彩浓厚。由此观之，著作出版本非细务，正向关涉文教昌明，反向与清政府所谓的危险思想控制相关，兹事体大，由民政部从警务治安入手，可谓带有强烈的管控色彩。同时，清末民政部亦有"掌管版籍、整饬风教、绥靖繁物，以奠邦治"[2]之职责，由其承担《大清著作权律》之起草工作亦属于履责有据。

（二）宪政编查馆复核

宪政编查馆是清末负责筹划及实施宪政的专门机构，其负"统一全国法制之责"，主要负责"议复奉旨交议的有关宪政折件，以及承准军机大臣交付的调查备件；调查各国宪法，编定宪法草案；考核法律馆修订的法典草案以及各部院、各省所订的各项单行法规；调查各国统计，颁定格式，汇成全国统计表及各国统计表"[3]，其职能权限类似于彼时实行内阁制政体国家内的"法制局"。

在 1907 年 8 月颁布的《宪政编查馆办事章程》中，第 11 条规定："本馆有统一全国法制之责，除法典草案应由法律馆奏交本馆考核外，如各部院、各省法制有应修改及增订者，得随时咨明

---

[1] 皮纯协、徐理明、曹文光主编：《简明政治学辞典》，河南人民出版社 1986 年版，第 199 页。

[2] 朱贤枚：《历代政区人口官制科举概要》，江西教育出版社 1985 年版，第 321 页。

[3] 马玉娥主编：《世界法律大事典》，法律出版社 1993 年版，第 44 页。

该管衙门办理，或会同起草，或由该管衙门起草，咨送本馆考核，临时酌定。"根据上述规定，民政部在完成草案起草工作后，要将《大清著作权律》草案提交宪政编查馆进行考核，而后方能提交资政院议决。嗣后，"民政部拟定著作权律一案，先经咨送宪政编查馆复核竣后，于本年八月二十九日具奏，请交资政院议决，照章办理"，完成了宪政编查馆对《大清著作权律》的复核程序。

（三）资政院决议

仅仅两个月后，即1907年11月16日，资政院就呈交《资证院奏准著作权律折》，其中写明了两方面工作。一方面是完成立法程序性工作，即根据《资政院章程》第15条、第16条关于立法程序性之规定[1]，由资政院总裁、副总裁分别会同军机大臣或各部行政大臣具奏，请旨裁夺。另一方面是就《大清著作权律》之内容进行实体审查，并经过三读程序对法律条文内容进行修订，但仍保持了5章55条之基本框架结构。"开议之日，初读已毕，当付法典股员会审查，并经民政部派员到会发议。该股员会一再讨论，提出修正案，于再读之时，将原案与修正之案由到会议员逐条议决；复于三读之时，以再读之议决案为议案，多数议员意见相同，当场议决。计原拟著作权律凡五章五十五条，经修正议决其各条中，意义字句互有增损，仍定为五章五十五条"。

---

[1]《资政院章程》第14条："资政院应行议决事件如左。一、国家岁出入预算事件。二、国家岁出入决算事件。三、税法及公债事件。四、新定法典及嗣后修改事件。但宪法不在此限。五、其余奉特旨交议事件。"第15条："前条所列第一至第四各款议案应由军机大臣或各部行政大臣先期拟定，具奏请旨，于开会时交议。但第三款所列税法及公侵事件、第四款所列修改法典事件，资政院亦得自行草具议案。"第16条："资政院于第十四条所列事件议决后，由总裁、副总裁分别会同军机大臣、或各部行政大臣具奏请旨裁夺。"

第三章　《大清著作权律》的制定过程与规范内容

第三节　《大清著作权律》的文本与释义

《民政部为拟定著作权律草案理由事致资政院稿》系在 1910 年 9 月左右，民政部在经过宪政编查馆复核后，依律向资政院提交议决的法律文件。该稿主要为立法理由解释，与后世的立法说明较为类似，是理解《大清著作权律》最为重要的官方解释文件。同时，在《大清著作权律》颁布后，亦有民间学者对其进行私人解释，最早、流传最广的法律释义则是由清末学者秦瑞玠所作的注释。

秦瑞玠，字晋华，江苏无锡人，光绪丁酉优贡，早年曾赴日本法政大学学习，回国后曾任河南省知县等职。1912 年以后，秦瑞玠曾任北京临时参议院议员、江苏吴县（今已撤销）地方审判庭推事等职，后由张謇推荐任农商部参事。1922 年 12 月，其任代理农商部次长[1]。在《大清著作权律》颁布以后，秦瑞玠曾为此撰写清末最早的著作权法释义，并交由商务印书馆出版发行。清政府总体对于包括《大清著作权律》在内的法律章程由私人注释与解释持保守态度，要求"呈进"后方能予以援引适用。例如宪政编查馆曾专门就法律解释之问题上奏，认为应当以"官定解释"为依据[2]，奏章具体内容如下。

历来法律章程内笺注解释，皆系由在事臣工纂辑，奏请钦定，方准颁行。其私家撰著律例注解之类，未经呈进者，一概不得援用。诚以立法之权统之君上，断不容人自为说，致淆观听，而紊

---

[1] 崇世健：《秦瑞玠与中国最早的著作权法释义》，载《江南论坛》2014 年第 6 期。
[2]《宪政编查馆奏定章程应以官定解释为据片》，载《政治官报》1909 年第 663 期。

政纲。自上年《谘议局章程》通行后，各省遇有疑义皆电咨臣馆，随答随复，或推广待申之意，或驳正质难之词，皆期得所折中，俾免阻碍。已由臣馆将节次答复电稿、咨稿汇印成册，先后通咨各省，一示奉行者以率循，一资讲习者之研究。嗣后京外各衙门于奏定章程有疑义者，应以官定解释之说为据。其各处坊间所刻之私家笺注解释均不得援以为据，以免辗转相承，致滋谬误。臣等为慎重立法起见，谨附片具陈，伏乞圣鉴，谨奏。

但正式法律解释可能难以涵盖所有条文，而非正式法律解释则更加细致。因为后者能够援引正义标准、理性原则、公共政策、道德信念、社会思潮、地方习惯、乡规民约、社团规章、权威性法学著作、外国法等解释法律，其对法律适用、法律普及具有较好的参考价值。以《大清著作权律》为例，官定解释的《民政部为拟定著作权律草案理由事致资政院稿》仅不到两千字，也只是对部分条文进行解读；而秦瑞玠所著《著作权律释义》，对全部条文逐条进行注解，内容丰富，涉及比较法[1]、公共政策等诸多解释方法，篇幅达到62页，字数也近乎《民政部为拟定著作权律草案理由事致资政院稿》的十余倍。因此，本书将兼采正式的法律解释与非正式的法律解释，将《民政部为拟定著作权律草案理由事致资政院稿》与《著作权律释义》作为主要的解释资料进行分析。

（一）通例

《大清著作权律》第一章为"通例"，类似于后世立法的"总则"，共计4条。

第一条 凡称著作物而专有重制之利益者，曰著作权。称著作物者，文艺、图画、帖本、照片、雕刻、模型皆是。

---

〔1〕 由于秦瑞玠曾求学日本，多以日本法解释、评析具体规则。

第三章 《大清著作权律》的制定过程与规范内容

第二条 凡著作物,归民政部注册给照。

第三条 凡以著作物呈请注册者,应由著作者备样本二分,呈送民政部;其在外省者,则呈送该管辖衙门,随时申送民政部。

第四条 著作物经注册给照者,受本律保护。

《民政部为拟定著作权律草案理由事致资政院稿》所阐释的立法说明如下。

第一条 谨案,本条为揭明著作权定义。良以今日人民法律思想尚属幼稚,义意不明,每启误解,故将著作权内容和盘托出,以资易于适用,且范围采用广大主义,不特文艺之著作物加保护,即美术物亦列于保护之中。盖图画、帖本、照片、雕刻、模型等类,与文艺同为精神劳力之产物,文艺既加保护,美术固不可不加保护也。

按美利坚、匈牙利等国著作权法规定,著作者于著作物有重制及发行之权利,然发行权利本包含于重制之中,不重制即不能发行,无待辩也。美、匈等国既言重制,又言发行,是重复之规定矣。故本条采德意志、比利时立法主义,仅规定重制之权。

第二及第三、第四条 谨案,第二、三、四等条规定所以明检定之权限,及欲受本律保护之方法也,其不呈报检定者不在保护之列,自不待言。

通过上述立法说明,清政府认为,彼时民智未开,人民法律认知尚属幼稚,面对此等社会现实,有必要将著作权以"下定义"的方式明确、清晰地向社会公众传达,避免后续法律适用不统一之情形。同时,清政府认为,在权利客体上,著作权范围应有所扩张,将美术作品纳入保护范畴。同时参照德国立法,在条文中仅规定"重制"(即"复制"),而不规定发行,并通过比较法予

57

以解释。清政府认为，美国、匈牙利等国既有复制、又有发行，属于重复规定，考虑到复制之目的在于发行，因此复制之范围必然包含发行，从而未单独规定发行。但从当前著作权法的发展趋势来看，发行权单独成权已然成为各国立法之通例，原因在于复制与发行仍存在控制范围上的差异。前者控制以印刷、复制、拓印等方式，将作品制作成一份或者多份的权利；后者则控制将作品的原件或者复制件以出售或者赠与方式向公众提供的权利。虽然实践中复制权往往与发行权一起使用，但鉴于两者控制范围上的差异，当前各国立法仍将其列为不同的著作权内容。但彼时，复制与发行进行合并立法，形成所谓的"大复制权"，似乎亦能满足当时经济社会发展的版权保护需要。此外，值得注意的一点是，彼时著作权的权利取得并非自动取得，而是强调以"注册"为前提[1]。

《著作权律释义》亦持近似看法，认为"重制，谓将原著作物照样更作之，实即翻印仿制之意。所以特云重制者，盖因重制二字，义较简括，且翻印仿制字样，宜属他人言之，而不宜属著作权者本人言之故也"。"重制"与现代著作权法下的复制基本一致，但《著作权律释义》仅将其限定于他人之行为，而非权利人本人，与现代著作权法有所差别，盖由于现代著作权法下权利人亦享有"复制权"，可自行复制或者许可他人复制。而《民政部为拟定著作权律草案理由事致资政院稿》未有此类解释，似为秦瑞玠个人见解。此外，对于复制与发行的关系，《著作权律释义》亦主张德国、比利时立法更为合理，认为"发行权本已包含于重制之中。不重制即不能发行，而不发行亦无须重制故也"。

---

〔1〕 中国近代著作权实行注册取得制，而非自动保护原则。1910年，《大清著作权律》规定，作品唯有先向民政部注册登记并申领执照后方可享有著作权保护。参见郑晓龙：《一套法学教科书引发的著作权纷争》，载 https://www.chinacourt.org/article/detail/2022/11/id/7024017.shtml，最后访问日期：2023年3月17日。

此外,《著作权律释义》解释了缘何民政部是著作权注册之机关。之前草案曾规定,"由民政部检定,转咨农工商部注册给照,此非特多一间接,手续不便,抑且检定系审别其内容,为出版之取缔,与著作权之保护,另为一事"。因此,为避免徒增注册手续且区分著作权之保护与书籍出版内容审查之行政事项,由民政部作为注册机关较为妥当。此外,对于民政部所颁发之"执照",《著作权律释义》将其定性为"注册之证券也"。

(二) 权利期限

《大清著作权律》第二章为"权利期限",分为"年限"与"计算"。其中第一节"年限"包含6条条文。

第五条 著作权,归著作者终身有之;又著作者身故,得由其承继人继续至三十年。

第六条 数人共同之著作,其著作权归数人共同终身有之,又死后得由各承继人继续至三十年。

第七条 著作者身故后,承继人将其遗著发行者,著作权得专有至三十年。

第八条 凡以官署、学堂、公司、局所、寺院、会所出名发表之著作,其著作权得专有至三十年。

第九条 凡不著姓名之著作,其著作权得专有至三十年;但当改正真实姓名时,即适用第五条规定。

第十条 照片之著作权,得专有至十年;但专为文书中附属者不在此限。

《民政部为拟定著作权律草案理由事致资政院稿》具体的立法说明如下。

第二章 谨案,第二章为规定著作权期间,凡权利无特别规

59

定，则继续于永远著作权，继续而必定以期限者。良以规定著作权立法精神，固为保护著作权者利益，仍以不害社会之公益为要也。倘使不特定继续期限，认著作权为其永远之专权，则必将垄断其利益，高腾其价格，使世人不能得其著作之利，是非所以谋学术发达之道。故今日无论何国法律，均以发行后经过一定年限便消灭其权，使世人得自由重制之。

第五及第六条　谨案，各国规定著作权期间。有最长者，如西班牙，著作者终身后，继续至八十年；法兰西、比利时著作者终身后，继续至十年。有最短者，如英吉利，著作者终身后，继续仅七年；日本昔日版权法规定，著作者终身后，继续仅五年。然期间失之长与偏于短其弊相等，故本律第五及第六条规定，采用德意志、奥地利、匈牙利等国主义，定为著作者终身后，继续至三十年。

第七条　谨案，本条为规定著作者死后之著作权期间。世固往往有若干著作，终其身不及刊行，而待后之子孙始克公于世者，故本条特表而出之。

第八条　谨案，官署学堂、公司、局所、寺院、会所等类为无形人格。就理论言之，不得以无形人而有著作似也，然官署等类发行著作，实际往往见之，如各部院统计表册、铁路公司报告即其类矣。

第九条　谨案，著作物揭载作者姓名氏与否，为作者之自由，故不揭载真实姓氏，而遵照章程呈报，亦得享受本律保护。

第十条　谨案，照片期间必较他种著作物缩短者。因照片系依光线作用而成，为事尚易，非若他种著作物须费几许意匠经营也。故照片著作权期间毋庸规久远。

关于第二章的总体立法目的，清政府显然在试图寻求作者与社会公众之间的利益平衡。如果永久保护作者之权利，其类同

第三章 《大清著作权律》的制定过程与规范内容

"垄断",社会公众无法获得著作之内容,这明显不利于学术昌明、学问发展。同时,通过比较法分析,各国立法通例均规定著作权一定期限后予以消灭,而后使公众自由复制传播。根据上述目的,清政府参酌西班牙、法国、比利时、英国、日本、德国、匈牙利、奥地利等国家立法之权利保护期限,选择相对适中的保护期,即"作者终身+死后三十年"。保护期限之长短系属于知识产权政策问题,而非一简单的数字长短之选择。例如近年来,知识产权保护水平较高的《全面与进步跨太平洋伙伴关系协定》(CPTPP)将《跨太平洋伙伴关系协定》规定的"作者终身+死后七十年"予以冻结,"虽然不利于激发创作者的热情,但加快了知识、技术传播的速度,减少了文化垄断的可能,降低了公众进行文化创作时的成本,有助于促进知识、技术在经济增长中的推动作用"[1]。因此,清政府结合比较法做出此一选择较为合理。《著作权律释义》也认同保护期限的平衡理念,认为"若年限过长,则由一人垄断其利,非所以谋学艺发达之道,有妨社会公益。然使积年累月,竭精殚智之所为,仅数年即归公有,亦谁复肯尽力于著作",因此保护期限不宜过长也不宜过短。

《大清著作权律》第 7 条则是清政府立足于本国法治资源对于"死后刻印"的目的解说。在中国历史上,由于一些作者害怕产生争议而在生前遭受压力、未及撰写完毕便猝然离世、相关信息保密甚至个人隐私等原因,使作品在作者死后才得刊印发行。例如,清末著名的校勘学者劳格,"因过度忧伤劳累,死于丁宝书家。临终时,将所著《读书杂识》手稿十数册交于丁宝书,言其为毕生精力所在,希望能在死后刻印成书"[2]。曾国藩亦有部分手稿涉

---

[1] 屈向东:《CPTPP 知识产权规则下越南法律修订研究及其对中国的启示》,载《武大国际法评论》2022 年第 3 期。

[2] 任继愈主编:《中国藏书楼》,辽宁人民出版社 2001 年版,第 602 页。

及其对宁国府救援不力应负责任之事而未能收入《曾国藩家书》全集，故而在其死后才予以刊行[1]。因此，清政府通过此传统，证明"死后三十年"保护期限之合理性。

《著作权律释义》亦认为第7条"为著作者本人尚未发行之规定。其本人既故，自无终身可言"，其主张著作权保护期限应以"遗著发行之日为始"，并认为《德国著作权法》以"著作者死后为始"并不妥当，如果作者身故后几十年方能出版发行，其权利即将消灭。另，此处"继承人"应当"指子嗣及原稿之接受人"，如果做其他解释，如无子嗣，遗著可能无法出版；代为发行，则可能使其子嗣继承的权力无法转移，"全失著作权为财产权得自由移转之本义矣"。

《大清著作权律》第9条不同于第7条，与中国评判匿名出版物之态度截然相反。历史上，匿名出版的背后亦有社会压力、个人隐私、信息保密等原因。例如1764年7月伏尔泰匿名刊印《哲学辞典》，"老谋深算的伏尔泰当初对自己最为亲密的朋友也保守着秘密。他对达兰贝尔发誓说，这部讨厌的小辞典决不是他写的，而是撒旦的作品。他请求达兰贝尔使所有人相信他与这部辞典无关。其实，这部《哲学辞典》确实出自伏尔泰的手笔，他之所以这样做也是用心良苦的，他担心，万一这部辞典受到指责的话，不怀好意的人肯定又会把矛头指向《百科全书》。他认为《百科全书》已经屡遭厄运，再也受不起无辜的株连了"。[2]

实际上，在我国历史上匿名出版物一直被法律禁止，一旦查明，作者将遭到重罚。"匿名的方式或不具名，或具假名，或冒用

---

[1] 唐浩明编著：《唐浩明评点曾国藩家书》（上），文汇出版社2018年版，第429页。

[2] 张占军编著：《话说百家传奇故事——给我们的启示》（思想家）（5），吉林电子出版社2006年版，第178。

第三章 《大清著作权律》的制定过程与规范内容

别人之名……匿名文书不是光明正大的事物，历代王朝常把它当作'妖言'看待，明令禁止，违者处罪。或不予理会，抱一种'见怪不怪，其怪自败'的态度。"[1]当然，这主要与我国历史上的匿名出版物大多针砭时政、批判当朝恶政相关，几乎每一次出现都能触发当权者之忌惮，从而采取较为严厉的态度。"凡投隐匿姓名文书告言人罪者，绞。见者，即便烧毁。若将送入官司者，杖八十。官司受而为理者，仗一百。被告言者，不坐。若能连文书捉获解官者，官给银一十两充赏。"甚至在清代也曾规定，"凡以匿名文书告发他人有罪者，定罪为绞监候。虽然举报之事为事实，但匿名举报者仍有罪，被告者虽有被举报之事，仍不获罪"。[2]而《大清著作权律》则为被朝廷认定为合法的匿名出版物的法律保护提供了制度依据。当然这并非清政府本身的自主进步，而是在法律移植的大背景下不得不做的妥协。同时，考虑到第2条所规定的由民政部给照，匿名出版物势必要进行内容审查，由此为合法的匿名出版物与非法的匿名出版物划定了界限。

《著作权律释义》从权利本位出发，认为"著作物揭载著作者姓氏与否，为著作者之自由。故不揭载真实姓名，亦得注册保护"，但匿名后，无法确知其生死，从而只能限定三十年之保护期限。同时对于改名与否，《著作权律释义》参照日本法之规定，认为改名"以在期间内为限"，以此作为后续该类问题的学理解释。

《大清著作权律》第8条与第10条分别规定了法人作品权与照片著作权保护的问题。前者将公法人与私法人的著作不加区分，

---

[1] 谢苍霖、万芳珍：《三千年文祸》（第三版），江西高校出版社2015年版，第342页。

[2] 彭勃主编：《中华监察执纪执法大典》（二），中国方正出版社2002年版，第624页。

一律认定为法人作品。"公法人是以公共利益,即提高政府效能、满足公众需要和改善公共福利为目的而设立的法人,如国家、行政区域单位、国家机关以及一些国家的国有企业等。私法人是以私人利益,即其成员的财产利益或其他利益为目的而设立的法人。"[1]但从后来的法律发展趋势来看,公法人所创作的著作实际上已经被限缩,例如我国《著作权法》(2020年修正)规定"国家机关的决议、决定、命令和其他具有立法、行政、司法性质的文件,及其官方正式译文"不予以著作权法保护,其背后法理逻辑在于,此类带有公共属性之文件,不应由国家机关垄断,而应当被社会公众所共享。

《著作权律释义》认为,"官署等虽非自然人,而亦得如自然人之有著作,实例甚多,如各署统计年鉴、各校讲义及一览表等皆是"。因此,该条之解释为,"官署学校等自己著作而自己发行之者,此等著作权为官署等法人所有"。同时,由于法人并非自然人,不存在自然死亡之期限,法人作品之保护仅限于自发行之日起三十年内。

《大清著作权律》第10条是讨论照片的著作权保护问题,与现代著作权法关于照片的规定有相同亦有差异,整体来看,其受到摄影技术与器材发展的影响较大。相同之处在于,两者均认可在拍摄过程中未能体现拍摄者的独创性的照片,不应予以版权保护。该立法说明甚至提及"照片系依光线作用而成,为事尚易",实际上是带有对十九世纪末照相机所用技术的法律评价,认定其独创性难以与作品之创作相提并论。但"从1839年特格勒(Daguerre)照相机的发明至今已有一百四十余年的历史,照相机从简

---

[1] 江平、王家福主编:《民商法学大辞书》,南京大学出版社1998年版,第215页。

第三章 《大清著作权律》的制定过程与规范内容

单的光学、机械结构，发展成为光学、精密机械（包括工程塑料）和电子技术相结合的现代摄影仪器，尤其是电子新技术的应用，使近代照相机走上现代化、自动化的新阶段"[1]。成像技术的发展带动了摄影方法的繁荣，因此法律对于摄影作品的态度也在当代随之改变。由于摄影师在拍摄时对于光线的选择、角度的裁量、阴影的选取、场景的布置等都是依据其内心的审美经验以及心理活动而展开的，所得到照片是摄影师的智慧成果，被认定具有"独创性"而获得现代著作权法之保护。但是即使在当代，在摄制过程中缺乏独创性的作品依然无法获得版权保护，例如根据严格的规范要求拍摄的护照照片或者仅仅是翻拍他人摄影作品的作品。

《著作权律释义》也认为，"照片，亦为美术上著作物，其著作权所以仅有十年者，盖因照片只依光线及化学之作用而制成，非若别种著作，要费几许劳力与时间之故"。此外，《著作权律释义》对于条文中"不在此限"的法律含义提出异议，认为《大清著作权律》规定不清楚。"究为不得专有至十年之久乎，抑可过于十年之限乎？如可过于十年之限，究得专有若干年为止乎？且此十年以上之著作权，究为照片著作者所专有乎，抑为所附属之文书著作者所有乎？均易致疑误。"为此，其建议参照日本法相应的制度设计，"插入文艺学术之著作物中之写真……与其著作权同一期间内继续"。

《大清著作权律》第二章第二节为"计算"，共计5条。

第十一条　凡著作权，均以注册日起算年限。
第十二条　编号逐次发行之著作，应从注册后，每号每册呈

---

〔1〕　中国科学院技术条件及进出口局、中国科学院干部进修学院：《科学器材试用教材 仪器仪表部分 第一分册 光学仪器》，中国科学院技术条件及进出口局、中国科学院干部进修学院1982年版。

报日起算年限。

第十三条　著作分数次发行者，以注册后末次呈报日起算年限，其呈报后经过二年尚未接续呈报，即以既发行者为末次呈报。

第十四条　第五条规定，以承继人呈请立案批准之日起算年限。

第十五条　第六条规定，以数人中最后死者之承继人呈请立案之日起算年限。

清政府立法说明如下：

第十二条　谨案，编次发行之著作，如杂志、报告书等类是也。此种著作或多或少，本无定限，故计算由每册呈报日起算。

第十三条　谨案，分数次发行之著作，如字典、讲义录之类，接续发行一部分合全部分，始成一册是已。此种著作既须俟各部分完备，始作为一种著作物，自应由末次呈报日起算年限也。其发行后经过二年尚未发行，即以既发行之部作为末次。呈报者因呈报后经时过久，仍未接续呈报，若不加以限制，必生无穷弊端，故二年后所发行之物，应作为新著作另行注册也。

第十四条　谨案，子孙发行先人遗著。其先人既故，本无终身可言，故计算以该子嗣呈请立案批准之日起算。

第十五条　谨案，本条规定，譬如甲乙丙三人共著一物，其中乙死最后，即以乙死后其子呈请立案批准之日为起算标准也。

《大清著作权律》第11条规定了起算日期，由于前述要求民政部注册给照，自然从注册之日起计算保护期限。《著作权律释义》认为，"谓注册为权利确定之始期。故计算年限，应自注册日起。所谓权利确定者，盖即权利巩固之义，非谓注册后始取得其权利"。但该注解似乎与《大清著作权律》第2条"凡著作物，归民政部注册给照"、第 4 条"著作物经注册给照者,受本律保护"并不完全兼容。按照这两条理解,注册应当为确权程序,而非类似于现代著作权法的自愿登记程序。但《著作权律释义》则将该条解释为"著作权自为著作者所固有,惟不经注册,不足以呈诉赔偿,故注册实为对抗第三者之条件,而非著作权成立之要素",似乎与法律条文之本意相抵触。

《大清著作权律》第 12 条、第 13 条规定了连续出版物、同一出版物分次发行的版权保护期限的计算规则,其坚持两年的保护期限,对于两年后所发行的出版物,应当另行注册。对于连续出版物,《大清著作权律释义》认为,按照《大清著作权律》的规定,每次都要求呈报会造成呈报次数过多,"在远省或苦其烦"。从权利保护的角度来看,似乎有必要通过民政部批准,"得免逐次呈报之烦"。对于同一出版物分次发行作品的版权保护期计算,《著作权律释义》认为,"此种著作,既须各部分完备后,始成为一种著作物,自应由末次呈报日起算年限,以完成一个之著作权。但若呈报后经时过久,仍未继续,而不加限制,则著作权之期间,可至非常延长,殊多流弊"。面对这一问题,《著作权律释义》认为坚持两年保护期殊为必要,"故若间断二年以后,始复继续发行,应作为新著作物,另行注册,更自其呈报发行时起算年限"。

《大清著作权律》第 14 条规定了遗著的版权保护要求。由于作者已经死亡,并无终身保护的适用条件,因此,"死后三十年"的保护期应当自"立案批准之日起算"。第 15 条规定了合作作品的保护期起算标准,即以最后去世的作者的子嗣"呈请立案之日"起算保护期。《著作权律释义》将第 14 条与第 15 条合并进行分析,并举例进行说明,"甲、乙、丙三人共著一物,其中乙死最后,即以乙死后其承继人呈请立案批准之日,为起算标准"。但反观日本法,则以作者死后或者最终死亡者死亡日期起算。两国立

67

法差异之原因在于，清政府"警察户籍法均未完备，无出生死亡之届出可据，故以是为之证明，如旧制令报身故之例欤"。同时，由于"承继人之呈请立案，并无一定期限。呈请后至批准，又需时日"，导致最终保护期限会超过三十年。

(三) 呈报义务

《大清著作权律》第三章为"呈报义务"，包含 8 条。

第十六条 凡以著作物呈请注册者，呈报时应用本身姓名；其以不著姓名之著作呈报时，亦应记出本身真实姓名。

第十七条 凡以学堂、公司、局所、寺院、会所出名发行之著作，应用该学堂等名称，附以代表者姓名呈报；其以官署名义发行者，除第三十一条第一款规定外，应由该官署于未发行前咨报民政部。

第十八条 凡拟发行无主著作者，应将缘由预先登载官报及各埠著名之报，限以一年内无出而承认者，准呈报发行。

第十九条 编号逐次发行之著作，或分数次发行之著作，均应于首次呈报时预为声明；以后每次发行，仍应呈报。

第二十条 第五条至第七条规定，其承继人当继续著作权时，应赴该管衙门呈报。

第二十一条 将著作权转售抵押者，原主与接受之人，应连名到该管衙门呈报。

第二十二条 在著作权期限内，将原著作重制而加以修正者，应赴该管衙门呈报，并送样本二分。

第二十三条 凡已呈报注册者，应将呈报及注册两项年月日，载于该著作之末幅；但两项尚未完备而即发行者，应将其已行之项载于末幅。

《民政部为拟定著作权律草案理由事致资政院稿》对该章并未

第三章 《大清著作权律》的制定过程与规范内容

做说明,可能认为此章节规定属于程序性、技术性问题,只需要按照技术要求呈报即可。《著作权律释义》亦持有类似刊发,其认为"本章非著作权之实质的规定,而为关于著作权之手续的规定。题为呈报义务,盖即呈报方法之意,为著作权行使所应履行之手续,为一种附加的条件,而非真正之义务。草案说明,谓此种义务,系听许者而非强制者,实与人民普通对于国家之义务不同。盖若不愿行使其著作权,即可不行呈报,但不能享受本律之保护而已"。因此,不按照要求呈报,仅影响著作权之保护,而非承受相应的法律责任。

但从规则内容来看,该章仍有值得关注之处:第一,匿名作品"实名化"。根据《大清著作权律》第 16 条之规定,即使匿名作品在呈报时,也应当呈报真实姓名。考虑到彼时政府信息保密尚未有意识建构且缺乏制度保障,此类呈报可能架空匿名作品的制度逻辑。《著作权律释义》亦认为,"然在不著姓名之著作,而必使呈报时记出真实姓名,是直不许发行不著姓名之著作,与第九条〔1〕规定之意不合"。同时考虑到注册的公信力,"然呈报注册,理宜公布,使有公证力,并非密存部档。即不使揭载于著作物,而必令呈报时记出。注册公布,是即与著作物之揭载无异",使匿名作品完全被架空。为了协调解决该问题,《著作权律释义》提出可以著作权人呈报,而非作者,避免提交作者信息,因此"不宜照通常解释,视为原著作者之姓名,而应作为呈报之著作权者之姓名,始与第九条不相触背",实现《大清著作权律》的内容协调自洽。

第二,《大清著作权律》第 18 条关于无主作品的保护。我国

---

〔1〕 凡不著姓名之著作,其著作权得专有至三十年;但当改正真实姓名时,即适用第五条规定。

69

历史上一些作品流传较广，但"历年既久，欲悉其姓名住址而得其许诺，势有所难。使因此而致有用之书，竟不能公之于世，亦殊可惜"。为了文化传播，无主作品有必要发行，但为了平衡可能尚在人世的权利人的利益，《大清著作权律》建立了"准呈报发行"制度，即通过登载在官报或者各地著名报纸予以公示，督促权利人及时行权，如果到期无人承认为作者，则官府准予发行。

第三，根据《大清著作权律》第21条之规定，"将著作权转售抵押者"，权利人与买家双方可以"连名"方式，共同到衙门呈报，避免因为第三人纠纷影响著作权之行使。"著作权之转售抵押，所以必使呈报者，盖欲据以注册公布，使得对抗于第三者之故。否则一再售抵，接受者常受意外之损失……总为权利之转移，在接受其权利者，应计及自己之利益，与原主连名呈报。"

第四，修订再版也要求权利人到衙门呈报，并送样本留存。《著作权律释义》指出，"盖恐修正之程度过甚，或将变更原著，而名实不符，致多流弊之故，决非再版三版略加订正增补，即须呈报……故重制时之呈报，应视其修正之程度何如以为断"。由此可见，只有进行较大程度的修改时，才需要另行呈报并送样本留存；反之，无需呈报。

（四）权利限制

第四章为"权利限制"，共3节27条，是整部《大清著作权律》中内容最多的一章。第一节为"权限"，具体内容如下。

第二十四条 数人合成之著作，其中如有一人不愿发行者，应视所著之体裁，如可分别，即将所著之一部分提开，听其自主；如不能分别，应由余人酬以应得之利，其著作权归余人公有，但其人不愿于著作内列名者，应听其便。

第二十五条 搜集他人著作编成一种著作者，其编成部分之

第三章 《大清著作权律》的制定过程与规范内容

著作权，归编者有之；但出于剽窃割裂者，不在此限。

第二十六条 出资聘人所成之著作，其著作权归出资者有之。

第二十七条 讲义及演说，虽经他人笔述，其著作权仍归讲演者有之，但经讲演人之允许者，不在此限。

第二十八条 从外国著作译出华文者，其著作权归译者有之；惟不得禁止他人就原文另译华文，其译文无甚异同者，不在此限。

第二十九条 就他人著作阐发新理，足以视为新著作者，其著作权归阐发新理者有之。

第三十条 凡已注册之著作权，遇有侵损时，准有著作权者向该管审判衙门呈诉。

第三十一条 凡著作不能得著作权者如下：
一、法令约章及文书案牍；
二、各种善会宣讲之劝诫文；
三、各种报纸记载政治及时事上之论说新闻；
四、公会之演说。

第三十二条 凡著作视为公共之利益者如下：
一、著作权年限已满者；
二、著作者身故后别无承继人者；
三、著作久经通行者；
四、愿将著作任人翻印者。

《民政部为拟定著作权律草案理由事致资政院稿》仅对《大清著作权律》第 24 条、第 28 条进行了立法说明，具体内容如下。

第二十四条 谨案，数人合成之著作，数人应有平等权利，毋待言也。然以一人之异议而牵动全体，不特余人受其拖累其害，且及于公益法律于此不能不加以限制，故规定能分别之著作，听其提开，否则给以报酬也。

第二十八条　谨案，各国于翻译多视为重制之一种方法括之于著作权中，如日本著作权法第一条即揭明此义。我国现今科学多恃取资外籍，不能不变通办理，故本条揭明著作权归译者有之。

对于《大清著作权律》第24条，即对于合作作品发生争议时如何解决的问题，清政府认为有必要做出特别说明。实际上，这个问题在现代亦存在。清政府认为，数人合作而成的作品，如有一人不愿意发行，应视作品的结构而定，即如果异议作者所撰写的部分可区分，则应当予以剔除，否则应当向权利人付费，这一点与现代著作权法的处理路径较为类似；但如果无法区分，其他权利人则应当付费以获得异议权利人的版权，从而实现合作作品版权在作者内部的"闭环流转"，该规则与现代著作权法存在明显差异。现代著作权法坚持权利本位，仅因持有异议就通过类似强制的手段剥夺其权利，即使法律要求类似"收购方"付费，亦与权利本位的立法理念与规则逻辑不相符。但在彼时，此规则显然有助于加速文化传播、知识闻达，似有其正面价值。

《著作权律释义》认为此条中付费金额实难确定，"惟其酬偿之额若干，每有争论，往往要挟把持，仍多梗阻。此亦惟有一任当事者之协议，无从豫（预）定标准，及出以强制"。同时，对于著作权强制转让后归何种主体享有，其认为以其他权利人共有为宜。"为依于法律而使著作权之一部移转，然权利虽已移转，归余人公有。"

《大清著作权律》第25条规定"汇编作品"的权利归属，这与现代规则较为类似，即承认汇编者享有版权。《著作权律释义》从类似现代著作权法"独创性"的研究角度论证汇编作品应当获得版权保护的合理性，认为"然其搜集之方法，编排之次序及体裁等，亦几费斟酌，决非易事。故苟可视为编成一种著作者，自

第三章 《大清著作权律》的制定过程与规范内容

当与著作者同视"。但其面临的问题与现代著作权保护汇编作品时亦面临的问题类似，即如何协调汇编作品与原作品之间的利益衡平，尤其避免借"汇编"之名行"侵权"之实的行为。因此，《著作权律释义》将其解释为"惟编者与著者均有著作权，则必两妨。故规定编者所有之著作权，惟以其编成之全部分为限。而所被搜集之各部分，其著作权仍归原著者所有。然或名为搜集编成，而实系剽窃割裂，则侵害著作权甚巨，故加但书禁止之……集成汇刊，名编辑而实假冒，流弊无穷，此处解释，宜从严格"，明确了严格解释以保护原作品之著作权。

《大清著作权律》第 26 条关于"委托作品"的权利归属，则与现代规则相反。前者将权利直接赋予"出资者"，即委托人一方，而现代规则更加强调双方意思自治以确定权利归属，当双方就此问题未达成合意时，才可直接通过法律规定权属，且规定"受托人"系适格权利主体。究其义理，《大清著作权律》有过于偏袒资方之嫌，一定程度上折射该部法律的阶级性。《著作权律释义》亦认可归属于出资者的规则，并认为"惟既同为出资，亦自有应得之权利"，但《著作权律释义》细化了委托者与受托者之间的法律关系，并主张不同的法律后果：①出资收买稿本而刊行之，是为民法之让渡契约；②出资聘人包工而成一种著作，是为民法之请负契约；③出资聘人计工而成一种著作，是为民法之雇佣契约；④出资者与著作者合刊一种著作物，而分配其利益，是为民法之营利组合契约，与著作者借资自刊相等。其中，第一种为让渡物质载体之所有权，被认为属于《大清著作权律》第 21 条所谓的转售及接受；第二种、第三种被认为属于"约其人为某种行为，并非购其所有之权利，即本条所谓出资聘人而成者是也"，属于《大清著作权律》第 26 条适用之情形。但从现代著作权法上来看，此观点亦与英美法系的规定较为类似。"《英国著作权法》第 11 条与《美国著作权法》第 201 条均规定，除雇佣合同另有规定外，雇佣作品归属于雇主或者作品为其创作的他人。"[1]第四种情形被认为"出资者只有发行权，而著作权仍为著作者所独有，并非著作者与出资者所共有，此则非特不在本条范围之内"。

同时，《著作权律释义》也指出，未经合同自治之安排而仅靠法律推定权利归属似有不妥，"虽出资聘人，自有当事者间之契约，而本律，则非但为之推定，且为之明确规定，以其著作权完全归出资者有之，而于原著作者无关"。为了尊重两者之间的关系，《著作权律释义》提出在署名权保护方面予以协调，"故著作物之列名与否，仍视出资者与著作者之佣聘契约而定"。

《大清著作权律》第 27 条规定了"口述作品"的权利归属，与当代规则较为接近。《著作权律释义》亦从独创性要件中"创"的方面入手解释此类作品的权利归属，认为"盖因其全由讲演者之智能发生，笔述者不过记载之以达其意，故也"，即在口述作品的形成过程中，笔述者并无智力创作行为，仅为忠实记录讲演者之内容，故而难以被认定为权利主体。

《大清著作权律》第 28 条规定了"翻译作品"的权利归属。该条规定的"从外国著作译出华文者，其著作权归译者有之"，与现行《著作权法》第 13 条规定的"改编、翻译、注释、整理已有作品而产生的作品，其著作权由改编、翻译、注释、整理人享有……"基本相同。对于赋予翻译人版权的制度机理，《著作权律释义》亦认同翻译属于智力创作活动的看法，认为"盖翻译虽不得视为著作，究与翻刻不同，须费几许日力而后成，故应奖励之，与著作者同视"。对于如何平衡原作品与翻译作品的权利人的利益关系，

---

[1] 付继存：《著作权法的价值构造研究》，知识产权出版社 2019 年版，第 120 页。

第三章　《大清著作权律》的制定过程与规范内容

"各国法之于翻译，本视为重制之一种方法，包括于著作权之中，非经原著者之许诺，不能翻译"。但彼时清政府正是依靠引进译文振兴教育之时，如果完全遵循作者许可制，一旦作者不许可，势必产生阻碍，不利于文教进步和技术应用。为此，《著作权律释义》提出，"我国现今科学多恃取资外籍，正利用翻译之自由，且未加入万国著作权同盟，不为侵害各国著作权中所包含之翻译权，故不必得原著作者之允许，而可任意翻译，且于已译之本，为有法律所许之独立著作权也"。此论似有利用制度漏洞之嫌疑，但考虑彼时救亡图强、挽救民族危亡之重大历史任务，最大效能利用法律制度服务该目标具有天然正当性。

《大清著作权律》第29条似乎与专利法上的"创新性"有所混淆，但也可将其理解为"衍生作品"之保护。如此理解并未将"衍生作品"中原作品权利人对其的许可纳入规制，似乎将其完全视为一种新作品，可能清政府目的就在于此。

《著作权律释义》则是从智力成果的可版权性角度来理解该条文，认为"法律认著作权而加以保护，必须自己别费思力者始可。若仅就他人著作而略附批评注解，或加一二图画附录，及其余同性质之修正增减，此只就原作修饰，而并无新理之阐发，不足视为新著作。其足以视为新著作与否，不但应视其内容之优劣异同，并须视其篇幅之多少，此惟有于事实上决定之"。但从现代规则来看，可版权性的重要条件"独创性"，是作品中要体现作者创造性的智慧劳动成果和个性特征，强调表达是新的或原创的，而非被表达的思想观念是新的或原创的。但《著作权律释义》似乎更侧重思想观念的新颖与否，与现代规则存在根本性差异。

《大清著作权律》第30条则是赋予权利人寻求救济之权利。《著作权律释义》认为，"呈诉必先注册，不外乎增大注册之功用，且证明权利之确实"，可见其认可注册具有确权功能。但此理解与

75

《著作权律释义》对第23条之释义内容"盖著作权律之呈报,专为注册,以保护其权利起见,而权利之行使与否,出于自由,不能因其不为注册之呈报,而即禁其著作不得发行"似乎相互抵触,亦与《大清著作权律》第2条、第4条之内容相冲突。因此,注册系确权程序,无注册即无法寻求公权力救济,当为正解。

《大清著作权律》第31条规定了其不予保护的范围。"法令约章及文书案牍"与现代著作权法的规定基本一致,《著作权律释义》认为,"法令等,本应以官报公布,广告公众,咸使闻知,不能听令私人专利。且官书公文,乃官公吏职务上所应为,非可使发生著作权,而借以取利",可见法律的公共属性以及官吏依照职权制作两大因素使法令约章,文书案牍不应予以版权保护。

但"报纸记载政治及时事上之论说新闻"则相对复杂一些,如果指代的是单纯的事实消息,不予保护则与当代规则较为类似;但如指代带有独创性的新闻评论,将其列入不予保护之范畴于著作权法理不合,也容易导致报纸之间相互抄袭的现象。受此规定影响,民国时期出现了"早报晚报之间相互抄袭、转载,同时出版他报上之电报,从无线电窃听新闻"等报界乱象,从而使戈公振等报人发出"经验宏富之记者,每能利用其推理力,捷足先得,是其所费之心思与财力,有应受到尊重之价值,此所以新闻所有权问题"[1]的呼声。《著作权律释义》一方面强调新闻报道的公共属性,认为其"在公益上自使人自由重制";另一方面对于并非单纯的事实消息给予版权保护,认为"然如小说及他专件论文等,投稿登入,并非政治及时事上之论说新闻,自得由原人有其著作权,此解释中应有之义"。

同时,"各种善会宣讲之劝诫文"不予保护,似因其内容,即

---

[1] 蔡斐:《戈公振新闻思想研究》,中国传媒大学出版社2017年版,第59页。

第三章 《大清著作权律》的制定过程与规范内容

劝诫文此类导人向善的文章，"非可借以取利"，传播越广，劝善能力越强，此点对于传播儒家道德伦理大有帮助。另，该点似与西方教会的现场宣讲亦有类似之处。整体而言，清政府试图通过对善会中具有公共属性、一定教化或者慈善功能的文章不予版权保护，从而使其广为流传，实现引导人以善为念、劝人向善的社会功能。"公会之演说"则与政治活动密切相关。《著作权律释义》指出，"公会演说，如资政院、谘议局、府厅州县等自治会、议员之演说，及在审判厅不禁旁听时，判事、检察、律师等之演述，其余政谈集会之演说等皆是"。由此观之，此类演说系社会公众参与公共政治生活讨论之表现，为保障公众参与政治生活，不宜予以版权保护。

《大清著作权律》第32条规定了作品视为进入公共领域的类型，其中"著作权年限已满者"与现代著作权法认定基本相同。对于"著作者身故后别无承继人者"，现代规则并非直接认定进入公有领域，而是归国家所有；而《著作权律释义》一方面承认这种情形较为少见，认为"论实际，殆罕有财产权而无人承继者"；另一方面考虑到失权的法律后果过于严苛，应当设立较高的适用条件，即"无子嗣+未转售+未抵押"同时具备才会失权。"所谓别无承继人者，盖非特无子嗣且并未转售或抵押在外，始可以其著作视为公共之利益，否则无子嗣之著作者，其著作权仅得及身专利，且因著作者身故，而接受人之权利一朝丧失，殊失之酷"。

对于"著作久经通行者"，《著作权律释义》似乎认为其是对先已经进入公有领域的作品的再次确认。但对于如何判断"久经通行"，《著作权律释义》提出，"至少必须在三十年以外，否则照第六、七等条，本在专利年限以内，即照第五十三条之例，亦自尚可呈报注册，不能强作为公共之利益"。"愿将著作任人翻印者"属于权利人对于自己权利的自愿处分，视为放弃权利、自愿使其

77

作品进入公有领域，但"不必由法律强制之"。

从上述"权限"的内容来看，其实际上是混合了权利归属规则、权利限制规则以及权利救济规则，从而使该章节的标题与其内容并不完全一致。例如，该节规定了翻译作品、汇编作品、委托作品等作品类型的权利归属，同时还规定了权利救济方式。此外，该节亦在不予保护、权利限制等方面进行了规定。

第四章第二节为"禁例"，具体内容如下。

第三十三条 凡既经呈报注册给照之著作，他人不得翻印仿制，及用各种假冒方法，以侵损其著作权。

第三十四条 接受他人著作时，不得就原著加以割裂、改窜，及变匿姓名或更换名目发行，但经原主允许者，不在此限。

第三十五条 对于他人著作权期限已满之著作，不得加以割裂、改窜及变匿姓名，或更换名目发行。

第三十六条 不得假托他人姓名发行己之著作；但用别号者不在此限。

第三十七条 不得将教科书中设问之题擅作答词发行。

第三十八条 未发行之著作，非经原主允许，他人不得强取抵债。

第三十九条 下列各项，不以假冒论，但须注明原著作之出处：

一、节选众人著作成书，以供普通教科书及参考之用者；

二、节录引用他人著作，以供己之著作考证注释者；

三、仿他人图画以为雕刻模型，或仿他人雕刻模型以为图画者。

《民政部为拟定著作权律草案理由事致资政院稿》并未对该节内容作出任何法律解释。而从第33条的内容来看，其堪称整个

第三章 《大清著作权律》的制定过程与规范内容

《大清著作权律》权利保护体系的"总则性条款",规定未经许可,他人不得翻印仿制,及用各种假冒方法以侵损著作权。《著作权律释义》认为"各种假冒方法"这一兜底性条款,内容非常宽泛,"乃包括的规定,如第三十四及第三十七条等,凡可间接侵损著作权者皆是",以图对权利进行宽口径保护。

第34条则是针对更加具有中国本土特色的侵权行为而进行的法律规制。如前所述,自宋代开始,盗版书商就实施"割裂、改窜及变匿姓名或更换名目发行"等侵害行为,而实施行为的前提在于获得出版物。因此,第34条试图从获得物质载体的源头出发对此类行为进行规定。《著作权律释义》从人格权出发,主张著作权与所有权转让存有差异,认为"普通之财产权,一经转售之后,应悉由接受者处置,而转售者不能过问。独著作权不然,虽发行及专利之事,属于财产权,而可以脱转,然至改窜等事,及其名目与姓名,则属于人格权,而非当然一并脱转者。苟不得原主之允许,而任意改变更换,是损其名誉,夺其自由"。该论述与现代著作权下人身权中的保护作品完整权的立法目的已经非常接近。

上述第34条系对仍处保护期的作品保护,第35条则是对已经进入公有领域的作品的保护。进入公有领域的作品是否应当保护,彼时仍存在一定争议,有观点认为该类作品即可肆意处理。《著作权律释义》中回应,"然期限虽满,不过消灭其专有重制之利益,至其原著作上之人格权自存,仍应保护。法律恐人有疑限满而后即可任意处置,亦不作为侵损,故须特设此明文之规定",即该作者的人身权利不受保护期之限制,仅有财产权利适用该期限,故而"割裂、改窜及变匿姓名或更换名目发行"这类损害作者名誉之行为,仍在禁止之列。

第36条涉及假冒他人姓名出版发行著作。《著作权律释义》认为该词条可能并非旨在保护著作权,只有从民法基本精神来看,

79

从保护人格权的角度方能得到解释。"此必非所以保护著作权之意。盖法律之精神，在禁止著作者之姓名被他人假托，非禁止著作者之著作不得用他人姓名。"而且从实践来看，"诈称当世有名著作者之姓名……即影射作伪，损害所被假托者之名誉"较为常见。

第37条规定"不得将教科书中设问之题擅作答词发行"，实际上是保护作品的内容，认为此部分内容之版权应当归属作者。

第38条涉及未发表作品的破产豁免财产地位。《著作权律释义》认为，"著作之物及权利，亦为一种财产，可以转售抵押。故当破产时，亦自得以之抵债。但未发行之著作，则尚未公之于世，不得反于著作者之意。而强以抵充，盖尊重其自由与名誉，且顾及学艺美术之影响故也"。但从现代规则来看，未发表作品已经不具有破产豁免财产地位，目的是避免权利人假借"作者利益"逃避债务，从而有效保护债权人之合法权益。同时，法人作品发表与否会影响其保护期计算，因此发表与否仅将影响破产程序中此类权利的经济价值的高低，而并非破产豁免。

第39条则是建构了"合理使用"的清末版本。《著作权律释义》认为本条第1款之豁免范围过宽，何谓"普通教科书"并不十分清晰，且"参考"亦在合理使用之列，被认为"无关于教育普及之目的"。但平心而论，彼时民智未开，多数民众未受到良好教育，《大清著作权律》较宽的豁免口径有利于进行教育普及，提高国民素养。本条第2款关于适当引用合理使用的规定，《著作权律释义》提出，"不至过于冗长，自均可引用"。本条第3款规定雕刻模型与图画之间相互复制属于合理使用。《著作权律释义》认为，"图画、雕刻、模型，此三者制作之方法各殊。故虽以同一景色样本而重制之，亦不为假冒，且正利其能相仿效，以促美术之进步"。但从现代规则来看，雕塑可能被认定为立体美术作品，未经权利人许可，对立体美术作品以平面形式（如宣传手册中的插图）加以使用，构成了对该立体美术作品作者享有的复制权的侵犯。因此，该合理使用规则已经被废止。

第四章第三节为"罚则"，具体内容如下。

第四十条　凡假冒他人之著作，科以四十元以上四百元以下之罚金；知情代为出售者，罚与假冒同。

第四十一条　因假冒而侵损他人之著作权时，除照前条科罚外，应将被损者所失之利益，责令假冒者赔偿，且将印本刻版及专供假冒使用之器具，没收入官。

第四十二条　违背三十四条及三十六条规定者，科以二十元以上二百元以下之罚金。

第四十三条　违背三十五条、三十七条之规定，及三十九条第一款、第二款之规定者，科以十元以上一百元以下之罚金。

第四十四条　凡侵损著作权之案，须被侵害者之呈诉始行准理。

第四十五条　数人合成之著作，其著作权遇有侵损时，不必俟余人同意，得以径自呈诉，及请求赔偿一己所失之利益。

第四十六条　侵损著作权之案，不论为民事诉讼或刑事诉讼，原告呈诉时，应出具切结存案，承审官据原告所呈情节，可先将涉于假冒之著作，暂行禁止发行；若审明所控不实，应将禁止发行时所受损失，责令原告赔偿。

第四十七条　侵损著作权之案，如审明并非有心假冒，应将被告所已得之利，偿还原告，免其科罚。

第四十八条　未经呈报注册，而著作末幅假填呈报注册年月日者，科以三十元以上三百元以下之罚金。

第四十九条　呈报不实者，及重制时加以修正而不呈报立案者，查明后将著作权撤销。

第五十条　凡犯本律第四十条以下各条之罪者，其呈诉告发期限以二年为断。

《民政部为拟定著作权律草案理由事致资政院稿》并未对该节内容作出任何法律解释。

《大清著作权律》第 40 条设定假冒复制以及知情销售的行政责任。《著作权律释义》认为，本条"假冒"与第 33 条所述"假冒"相互衔接，前者为后者之行政责任。同时，为了控制假冒仿制品的市场流通，该条亦设定了知情销售者的行政责任，但此类责任仅限于"知情"，即明知假冒而销售的情形，"不知情者不坐"。

《大清著作权律》第 41 条规定了假冒复制的民事责任。除第 40 条所载明之行政责任外，"然损害赔偿，为民法上制裁，所以为私权之救济"，如果缺乏民事责任，"两者相衡，过于轩轻"。因为仅靠行政责任难以有效制止此类侵权行为，"区区十元二十元以上之罚金，亦不足以示禁"。同时，"将印本刻版及专供假冒使用之器具，没收入官"，与现行《著作权法》"没收、无害化销毁处理侵权复制品以及主要用于制作侵权复制品的材料、工具、设备等"之规定基本相同。《著作权律释义》主张，由于该条"未明言以所有者为限，是则凡寄存者、抵押者、凭借者，概在没收之中，或致第三者因之受损，此于解释上宜为之区别者也"。但实际上，"专供假冒之器具"，由于其本身旨在实施非法目的，现行著作权法明确"不予补偿"，《著作权律释义》之解释路径已经被后续立法所废弃。

《大清著作权律》第 42 条规定了违反第 34 条及第 36 条的行政责任，第 43 条规定了违反第 35 条及第 37 条的行政责任，这两

第三章 《大清著作权律》的制定过程与规范内容

条内容均系行政处罚。第 44 条规定著作权司法保护的程序要件，即权利人之呈诉。第 45 条规定了合作作品的救济方式，在合作作品侵权后，合作作者无需其他作者同意，可"径自呈诉，及请求赔偿一己所失之利益"。《著作权律释义》认为该条缘于等待一致同意可能存在时间拖延、被其他作者掣肘等问题，故而可自行起诉，因为"凡共有之权利，通常于其权利之行使，必须得共有者各人之合意，殊多牵制，故本条为此特别之规定"。

《大清著作权律》第 46 条设立了停止侵权禁令的清末版本，规定在原告申请立案时出具"切结"（保证书）后，法官可根据案件情况，先行暂停假冒出版物出版发行，但如果审理后侵权不成立，应判令原告承担赔偿责任。第 47 条规定了过失减轻责任。《著作权律释义》认为侵权行为的主观状态实在难以判断，因"假冒之果为有心与否每多争执，谓非有心不得不由被告者任证明之责"。即使在确定无心之失后，所要偿还的"被告所已得之利"，在金额确定上也存在一定难度。"所谓已得之利者，为现受之利益，其全未得利者无论已（矣）。即既往之所得，亦不必悉数追缴。惟现存银货，及应收各款，责令偿还，所谓其利益现存之。"即以作出司法裁决时的时间节点判断"已得之利"，而非回溯到侵权行为实施。

《大清著作权律》第 48 条、第 49 条规定了著作权人呈报不实的法律后果。《著作权律释义》认可呈报不实、存在欺瞒官府之情形理应惩戒。"著作权之呈报注册，为自由的而非强制的，虽不呈请注册，亦自无妨，惟未注册而冒混为注册，则宜示罚。"但由于第 49 条规定了呈报不实导致失权之严苛后果，《著作权律释义》认为"是亦宜有制裁，然究不能剥夺其著作权……罚例之最重者无过于此"。同时，比较前述侵权人的民事、行政责任与权利人呈报不实的法律责任，可谓权利保护与打击侵权严重失衡，形成

83

"假冒者为宽,而于著作权者为酷矣",《著作权律释义》认为对于呈报不实"藉示薄惩"即可实现法律公平。第 50 条则设定了两年的诉讼时效。

(五) 附则

《大清著作权律》第五章为"附则",规定了实施时间、法律衔接、注册公费等事项,具体内容如下。

第五十一条　本律自颁布文到日起算,满三个月施行。

第五十二条　自本律施行前,所有著作经地方官给示保护者,应自本律施行日起算,六个月内呈报注册;逾限不报或竟不呈报者,即不得受本律保护。

第五十三条　本律施行前三十年内已发行之著作,自本律施行后,均可呈报注册。

第五十四条　本律施行前已发行之著作,业经有人翻印仿制,而当时并未指控为假冒者,自本律施行后,并经原著作者呈请注册,其翻印仿制之件,限以本律施行日起算,三年内仍准发行,过此即应禁止。

第五十五条　注册应纳公费,每件银数如下:

一、注册费银五元;

二、呈请继续费银五元;

三、呈请接受费银五元;

四、遗失补领执照费银三元;

五、将著作权凭据存案费银一元;

六、到该管官署查阅著作权案件费银五角;

七、到该管官署抄录著作权案件费银五角,过百字者每百字递加银一角;

八、将著作权凭据案件盖印费银五角。

第三章 《大清著作权律》的制定过程与规范内容

第51条规定，颁布文到日起算，满三个月施行。《著作权律释义》认为，由于"各省远近不同，交通便否各异，公文官报到达日数，现尚无划一之规定，更难保无辗转延搁之事，惟有于实际到达之日起算之而已"。虽然清末电报事业已经发展迅速[1]，但由于《大清著作权律》篇幅较大，仍可能通过火车、马骡等交通方式传递，各地接受法律文本的时间可能早晚不一。划定单一僵化的施行时间，使本就消息不畅、交通不便的地区在较晚的时间收到法律文本，反而使其只得以较短时间来做实施准备，不利于《大清著作权律》在这些地区的实施落地。

第52条规定了《大清著作权律》颁布之前各地府衙通过告示方式宣示保护出版物的衔接问题。本条规定，对于地方官府已经出示谕予以保护的出版物，应当在"六个月内呈报注册"于民政部。但同时规定"逾限不报或竟不呈报者，即不得受本律保护"。《著作权律释义》则认为，"虽逾限者，似宜稍加制裁。然在逾限以后，未报以前，遇有侵损，不得照本律呈诉赔偿，亦不复得援据地方官（给）示保护。其所受制裁，已无过于此"。由此可见，规定的法律后果过于严苛。当然，从清政府的立法思路来看，试图在短时间内建立统一、有序的版权登记秩序有其合理性，但以向权利人施压甚至可能损及权利之方式实现，则有失公平。

第53条规定，在《大清著作权律》施行前三十年内已发行之著作，自该法施行后，均可呈报注册。《著作权律释义》认为，"所以定为三十年者，盖以本律之年限为标准，而以后绳前，含有溯及已往之性质"，即实施有利于保护权利的溯及既往。对于超过

---

[1]"咸知电报之利，或本无而创设，或已有而引申。其尤要之区，则陆线、水线兼营，正线、支线并设，纵横全国，经纬相维……形成涵盖沿海、沿江，与铁路相表里，遍及除西藏以外省区的电报通讯网络。"参见《清史稿》（第151卷），载《交通志·电报》。

三十年的，如果"再行继续，期限过长，有妨公益故也"，可能会将已经进入公有领域的出版物重新定义为私人权利，从而损害文化传播这一公共利益。

《大清著作权律》第 54 条设定"过渡期"制度。规定在该法实施之前，已经发行的出版物被他人翻印仿制，但当时并未被指控为假冒的，如著作权者呈送注册并骤然禁绝，对于这些人的利益将会造成较大冲击，因此《大清著作权律》设定三年的过渡期，侵权者应当将其已经完成的翻印仿制之件销售完毕，过后即予以禁止。《著作权律释义》对该条进行了全书篇幅最长的释义注解。

第一，实施该"过渡期"的前提是《大清著作权律》施行后作者呈请注册。"倘自本律施行后，原著作者始终不呈请注册，则此项著作，全视为公共之利益，可以自由翻印仿制……原著作者以其向未立案给示之著作，一旦依照本律呈请注册，以谋享有本律之保护，是则从此以后，固无论何人，断不能再行翻印仿制"。

第二，有必要适度照顾未被指控假冒的出版商的利益。对于《大清著作权律》施行前未被指控为违法，未被任何地方官府颁布示谕主张保护，也未被指控违反习惯法[1]的翻印书商，"自不能处以假冒之罚，且其业经翻印仿制之件，仍应准许发行，不得以本律之溯及力而致使受意外之损失"。但此时如何处理在先翻印者与在后呈请注册的作者之间的利益衡平成为重要的立法选择。《著作权律释义》认为，"然苟因此之故，使得依然陆续发行，则甚失原著作者所以呈请注册保护之意"，因此设定三年的过渡期，以协

---

[1] 此类习惯法多指行会习惯法。从我国历史来看，"行会习惯法自然只能是商业行会习惯法占主体地位。商业行会习惯法在行会习惯法中占主要部分反映了商人控制商品流通、销售乃至控制生产的状况。许多商业行会往往把行商与坐商两者置于一身。有的商业行会习惯法还规定了自己购置原料，进行加工，由本店销售，即前店后场，以店为主。这种以销售控制生产的形式能更有效地阻止竞争，垄断市场"。参见刘建民编著：《商业行规及其疑点、热点、重点、难点》，立信会计出版社 1999 年版，第 210 页。

第三章 《大清著作权律》的制定过程与规范内容

调这两者之利益。

第三，已被指控假冒的出版商不适用该过渡期规则，且仅限于制成件。"已被指控者，其所翻印仿制，不得再有发行权，且即本条许有发行三年之限者，亦只准于限内将已成之件照数发行，不得陆续添印发行。"但实践中，制成件的判断势必成为焦点问题。《著作权律释义》指出，应当借鉴日本法相关规定，"履行一定之手续，以资证明"。具体方式是引入行政官员审查制度，"概须证明其为现存之事实以后，由行政官为之检印，限有检印者，始得发行。我国于此，亦宜效之，于本律而外，另以行政官命令，规定本条实施之手续"。这样能避免不法书商利用制度新旧过渡之机，假借现存"制成件"实施新的侵权行为，同时也有助于后续民事诉讼中，法官能够利用行政官员之认定，查明是否存在上述侵权行为。

第四，指控应当指向作者具有指控的权利基础，而非实际实施指控之事实。《著作权律释义》认为，在先并未指控，并非指已经发现假冒、已经认识到假冒可以指控但未能指控。考虑到彼时我国幅员辽阔，很多地区交通不便，如果单纯以是否存在"实施指控之事实"作为客观标准，对于地处偏远的侵权书商，权利人甚至并不知情，其侵权翻印，令权利人"防不胜防，常有发觉为难，一时不及控诉者"，反而放纵了侵权书商。

第五，"过渡期"规定的适用原则应当坚持权利保护优先原则。《著作权律释义》提出"自当以向未禁止为兼须保护之理由，断非以先未发觉为可使幸免之理由……本条规定之主义，专为旧例所许者免受意外之损，非使向归专有者失其保护之权，此解释者所宜注意也"。

《大清著作权律》第55条规定了公费之金额。"注册应纳公费，实为注册税，即外国之登录税。"但《著作权律释义》中就第

55条第5款"著作权凭据存案费"进行了专门说明。"著作权凭据,一似给以凭据,始得有著作权者,实则著作权为著作者固有之权利,特非呈报注册,不得以其权利对抗之于他人。一经呈报注入部册,并公布之于官报,是即著作权确实之凭据。"《著作权律释义》虽然一直坚持现代著作权法的自动取得观点,但与《大清著作权律》第2条、第4条以及《民政部为拟定著作权律草案理由事致资政院稿》中所作出的"不呈报检定者不在保护之列"之法律解释相背离,似乎有以外国法强行解释本国法之嫌。

第四章
《大清著作权律》的短暂适用

通过上述文本与释义分析可以发现,《大清著作权律》作为我国历史上第一部版权法,不仅较为全面地勾勒了著作权的基本制度体系,也为著作权保护意识在华传播与宣传做了积极工作。但自 1911 年 1 月《大清著作权律》颁布至 1912 年 2 月清朝灭亡仅一年左右时间,而如前所述,仅法律文本送达各地方就可能占去月余时间,再加之获得法律文本后,相关官员进行培训、学习、理解之时间,实际法律适用的期间可能更短。因此,学界一般认为该法"未及全面实施,辛亥革命即爆发,加之清末社会的腐败,社会政治的动荡,其实际作用大为降低"[1],从而认定《大清著作权律》的法律适用实际作用非常有限。但从瞿同

---

[1] 姚琦:《清末著作权立法初探》,载《青海师范大学学报(哲学社会科学版)》1996 年第 4 期。

祖先生研究法制史之教诲,"我们应该知道法律在社会上的实施情况,是否有效、推行的程度如何,对人民的生活有什么影响等"[1]来看,该法的实际适用仍应当做更加具体的分析。整体来看,《大清著作权律》之适用并非毫无成果,而是如同婴儿学步迈开重要意义的第一步,为我国后续著作权法的发展与完善提供了非常宝贵的第一手实践经验。

第一节 著作权呈报登记

(一)起呈报样式,便于民众呈报注册

《大清著作权律》作为我国历史上第一部版权法,虽然规定了著作权登记制度,但如何呈报登记、应当提交何种材料、民政部将如何审定这些材料等问题均缺乏过往成例,不仅主管部门面临操作性难题,而且地方对于如何组织实施"呈报登记"更是不知从何做起。加之彼时民智未开,除少数知识精英外,大多数民众对此类制度实施缺乏基本认知,制度落地难以得到民众的理解与支持。如果此问题不解决,恐怕亦无民众愿意呈报注册。为此,《大清著作权律》专门在法律正文后附随三种呈报样式,让民众根据不同的事由选择不同的呈报样式,通过"完形填空"的方式降低呈报门槛。具体呈报样式如下。

著作权呈请注册呈式

具呈姓名

为呈请著作权注册事,窃某人有某种著作,照著作权律,随

---

[1] 瞿同祖:《中国法律与中国社会》,中华书局2003年版。

第四章 《大清著作权律》的短暂适用

送样本，呈请注册给照一体保护。伏乞。

民政部查核施行。须至呈者。

年　月　日　　籍贯　住址　姓名　押

呈请继续著作权呈式

具呈姓名

为呈请继续著作权立案事，窃某人有某种著作，业经于某年月日呈报注册给照在案。现在著作者某，已于某年月日身故，理应遵照著作权律，呈请继续著作权一律保护。伏乞。

民政部查核施行。须至呈者。

年　月　日　继续人籍贯　住址　姓名　押

呈请接受著作权立案呈式

具呈姓名

为呈请接受著作权事，窃某人有某种著作，业于某年月日呈报注册给照在案。现在愿将著作权转售、抵押与某人接受。照著作权律，呈请接受著作权一体保护。伏乞。

民政部查核施行。须至呈者。

年　月　日　原注册人、接受人籍贯　住址　姓名　押

通过上述方法，权利人可根据不同事由选择不同的样式，再加上自己的姓名、书名、给照日期、身故日期、册数等内容，即可完成呈报。这有助于规范民政部以及地方受理呈报登记衙门的受理操作，避免各地呈报文件不统一而引发权利确权、转让、许可等纠纷，同时也为民众呈报登记提供了简单易行、清楚明了的初步登记指引，以当事人看得见、听得懂、能理解的方式实现了登记制度落地。

91

（二）民政部督促著作权利人积极呈报注册

1911年正月，民政部发布《民政部为将著作遵章呈报注册事出示晓谕》，其中在介绍数条关于权利的保护期限后，表示部分法条"与著作人权利及著作权年限均有密切关系。为此出示晓谕，士民人等一体知悉，如有以上各节情事，仰即迅速遵章呈报，以免假冒而卫私权"，试图以此激励权利人积极呈报注册，以期保护私人权利。

当月二十三日，民政部警政司在回复著作权注册局的咨文中表示，"查本司于正月十六日业将京内各衙门一律通咨在案，兹开单片复。至该律印刷，本系合巡警道属官任用章程订为一册，相应将该印刷本移付贵局查照，即祈将该章程折出付还，以凭备用可也"。在该答复的附件中，"民政部警政司开列已将著作权律通咨京内各衙门清单：宪政编查馆、会议政务处、军机处方略馆、起居注馆、吏部、外务部、农工商部、邮传部、学部、法部、海军部、陆军部、法律大臣、度支部、礼部、高等审判厅、地方审判厅、理藩部、大理院、都察院"共计21家京内衙门。通过上述政府文件可以看出，民政部一方面作为负责部门，向社会公众"喊话"，督促其积极呈报注册，在确权后进行权利保护；另一方面加强与政府内其他部门的信息沟通，促请其积极配合《大清著作权律》落地实施。

（三）公众呈报登记情况

在前述准备活动下，已经有企业或者个人向民政部提交呈报注册请求，其中以出版量较大的商务印书馆较为积极。1911年2月，即在《大清著作权律》颁布后次月，商务印书馆即按照前述呈报样式，向民政部提交注册申请，内容为："具呈上海商务印书馆有限公司代表、候选道夏瑞芳，为呈请著作权注册事，窃馆有初等小学，高等小学，及女子学校教科用书并地图等，计共八十

第四章 《大清著作权律》的短暂适用

一种，每种二份缮具清折，遵照著作权律随送样本，呈请注册给照一体保护。伏乞。民政部核查施行。须至呈者。"[1]通过文本可知，该呈文与民政部在先发布的样式完全一致，亦可知此类样式确实发挥了规范与指引功能。经过审查，民政部当月即批复商务印书馆之申请，认为"该馆自行编辑各书应准照章缴费，再行注册给照"，此外涉及委托创作之作品（第26条）、著作权受让之作品（第21条），须做更加严格审查后再行确定。民政部此种处理甚为妥当，对于较为容易确定著作权的，先行注册赋权；对于确权存在一定难度的，可以后续再行处理，体现了效率优先的行政审查思路。面对民政部的批复，商务印书馆后续再行提交申请："查馆呈请注册各书均系出资聘人所成之著作，其著作权应归窃馆所有。核与著作权律第二十六条相符，谨遵章呈报缴公费，敬祈注册给照一体保护。"此后，商务印书馆两个月内提交多达二百四十部书籍的注册申请。1911年4月，民政部批复："据呈并清单书籍二百四十种均悉，仰即照章缴费，赴部领取执照可也。此批。"[2]

此外亦有个人向民政部呈报登记，例如，法律专家熊元翰[3]与他人共同编辑完成《法学丛书》，依照《大清著作权律》，向民政部呈报注册，于1911年6月2日领取执照，从而获得了著作权保护。1911年2月，北平职员雷雨琴，为"旧存前科状元刘春霖小楷字帖"呈请注册著作权。民政部批复称，"所呈样本查系他人著作……四种仅备样本一份……碍难照准批"。后雷雨琴提交凭据证明已经原作者允许，并再备样本两份，得准注册领照[4]。此

---

[1] 中国第一历史档案馆：民政部档案 21-0731-0001。
[2] 中国第一历史档案馆：民政部档案 21-0731-0008。
[3] 熊元翰曾任京师地方审判厅推事，其编写了《法学通论》《监狱学》《刑法总则》《刑法分则》《国法学》《国际公法》等多部著作，部分著作经过何勤华教授等当代学者点校，至今在售。
[4] 李熠君：《论清末著作权登记制度》，对外经济贸易大学2021年硕士学位论文。

外，亦有之前出版发行著作之作者呈报注册。官员王建中呈文称其书于"本年十二月初一日出版，恐有奸商翻印希图牟利，为此呈请准予照章注册以重版权"。民政部批复，"所请照章注册之处……遵照著作权律办理，再行呈部核办"，要求其按照著作权的呈报注册程序申请即可〔1〕。

该著作权呈报登记活动甚至一直延续至民国初年。民国肇造，内务部〔2〕就曾发布通告，称"查著作物注册给照，关系人民私权。本部查前清著作权律，尚无与民国国体抵触之条。自应暂行援照办理。为此刊登公报，有凡著作物拟呈请注册，及曾经呈报未据缴费领照者，应即遵照著作权律分别呈候核办可也"〔3〕，从而实现了著作权登记的制度衔接。仅仅一年后，内务部即"注册各著作物，计共百数十种，均经分期刊登公报"，并承认清末在先注册作品的合法性，认为"前清遵律注册所取得之著作权，亦当然继续有效"。

第二节　著作权行政执法

由于《大清著作权律》实施时间较短，民政部行政执法活动主要是协调地方官府推进该法实施落地，并以"示谕"方式提供临时性保护。1911年正月，民政部在《大清著作权律》颁布后，即向各省督抚就快速推进该法发出咨文。在《民政部为迅速推行著作权律

---

〔1〕 李熠君：《论清末著作权登记制度》，对外经济贸易大学2021年硕士学位论文。

〔2〕 中华民国成立后，著作权管理部门发生变化，"新成立的内务部代替了清末的民政部，担负地方行政、选举、赈恤、救济、慈善、感化、人户、土地、著作版权、土木工程、礼俗宗教、卫生、社会治安等职能"。参见丁芮：《管理北京：北洋政府时期京师警察厅研究》，山西人民出版社2013年版，第28页。

〔3〕 吴永贵主编：《中国出版史》（下册·近现代卷），湖南大学出版社2008年版，

第四章 《大清著作权律》的短暂适用

出示晓谕事致各省督抚咨文》中，民政部表示"本部会奏著作权律，前经抄录通行在案。查原律虽经通行，人民恐未及周知，致届时或难发生效力，应即出示晓谕，以利推行。相应咨行贵督、抚，希即转饬各府厅州县，迅速遵照办理可也"，并载明咨文收文衙门〔1〕。

但由于《大清著作权律》规定，"本律自颁布文到日起算，满三个月施行"，期间三个月的著作权如何保护实属实践问题。为此，民政部仍坚持以"示谕"的传统方式要求各地官府对某些具有重大意义的著作物进行专门保护。例如在《大清著作权律》修订过程中，民政部应湖广总督之咨文颁布《民政部谘各省不准翻印湖广法政学堂讲义文》，具体内容如下。

警政司案，呈准湖广总督咨法政学堂呈：称该堂发行校外讲义已于本年三月初一日起，按月发行两册，诚恐各省市肆书贾射利翻印，请咨会民政部立案，并转饬各省巡警道，遵照示禁，以重版权。嗣后凡该堂印行各种讲义，其版权应专属学堂，无论何人及何项公所学堂，不准翻印，违经查出，必须究罚等。因前来查，原书尚无违碍之处，应即照准示禁翻印，除咨照立案外，相应将样本一册，咨送查照，转饬遵照办理可也。

上述做法亦被山东、奉天（今沈阳市）所借鉴，其也积极请求民政部批文予以保护，甚至在《大清著作权律》经过资政院议决后，此类"示谕"方式也并未完全消失。例如，1910年12月，民政部发布《民政部咨奉天新印各书请饬巡警道严禁翻印文》〔2〕，此时《大

---

〔1〕 收文衙门包括："各省督抚总督：直隶、东三省、湖广、两江、两广、云贵、闽浙、陕甘、四川。巡抚：吉林、黑龙江、河南、山东、山西、新疆、湖南、贵州、江苏、江西、安徽、浙江、广西、陕西。"

〔2〕《民政部咨奉天新印各书请饬巡警道严禁翻印文》，载《四川官报》1904年3月7日，第32册。

清著作权律》已经在资政院议决修改通过。考虑到三个月的过渡期，此类示谕有助于在此过渡期内对部分出版物实施临时保护。

但同时，此类保护的普遍性以及可及性不应被夸大。通过现有资料来看，此类临时性保护数量较少，大多由地方主官启动，因为其在清政府具有较强的话语权，所以此举有利于督促民政部积极行事。例如前述湖广法政学堂讲义咨文，系该学堂向湖广总督建言，称"该堂发行校外讲义已于本年三月初一日起，按月发行两册，诚恐各省市肆书贾射利翻印，请咨会民政部立案，并转饬各省巡警道遵照示禁，以重版权。嗣后凡该堂印行各种讲义，其版权应专属学堂。无论何人及何项公所学堂，不准翻印，违经查出，必须究罚"[1]。而湖广总督作为清末九位最高级的封疆大臣之一，民政部对于其诉求势必积极回应。此外，此类临时性保护在适用对象上，多限于清政府官办学堂之讲义、教科书，此类书籍贩卖收入已经成为官办学堂的重要收入来源，甚至有地方官员抱怨"地方款由各厅州县按名摊解，讲义价由购阅之人呈缴，均不能按时收到。故该堂月支经费不得不全数由派办处垫支"[2]。因此，讲义之版权保护，本就事涉清政府自身经济利益之保护，故而民政部会积极回应。

第三节　著作权司法保护

著作权之司法保护以建设健全之司法制度为前提。1907 年开

---

〔1〕《督部堂陈照会法政学堂邵监督准民政部咨准校外讲义版权立案文》，载《湖北官报》1909 年 10 月 10 日，第 83 册。

〔2〕《抚部院为筹议各属应解法政学堂补助费及征收讲义费办法缘由来往文批》，载《广西官报》1910 年 2 月 17 日，第 56 期。

第四章 《大清著作权律》的短暂适用

始,清政府仿照日本法院体制,决定在各省设高等审判厅,府(直属州)设地方审判厅,州县设初级审判厅。全国的法院被分为初级审判厅、地方审判厅、高等审判厅、大理院四级,分设于州县、府、省、中央,四级三审制推向全国。各审判厅分别采用独任制或合议制。初级审判厅和地方审判厅的第一审案件由推事一人单独审判,二审、三审的案件由3—5名推事组成合议庭进行审判。此外,各省的按察使改为提法使司,负责地方司法行政事宜。全国各级审判厅和检察厅都受法部的行政监督,地方各级审判厅和检察厅又同时受本省提法使司的行政监督。至此,中国近现代司法机关体系初步确立[1]。

健全的司法机关体系为著作权司法保护提供了组织机制。如前所述,《大清著作权律》仅施行一年左右满清王朝即告覆灭,但其仍在1915年11月北洋政府颁布《著作权法》之前得到继续援引适用。在此期间,已经有权利人积极向当地司法机关起诉,请求予以保护。为更为有效地保护著作权,1913年,内务部援引《大清著作权律》通告著作权的司法保护[2],并以出版量较大的商务印书馆为例,对已经审结、已经起诉但尚未审结、已经取证准备起诉等三种情况进行司法统计,具体情况如下。

兹据商务印书馆呈报:山东东昌府善成堂书铺翻印本馆曾经注册初等小学新修身、新国文、新算术各书,业赴东昌起诉,奉判勒令缴版销毁,赔偿损失。并称,现在各省书业,图利假冒,百出其计,现经起诉,已奉判结者则有解县同善斋、怀庆华文石

---

[1] 熊月之主编:《西制东渐——近代制度的嬗变》,长春出版社2005年版,第67页。

[2] 内务部:《著作一经注册遇有侵损即得向该管审判衙门遵律呈诉通告文》,转引自周林、李明山主编:《中国版权史研究文献》,中国方正出版社1999年版,第133页。

印馆、西安树堂等家。案经诉讼，尚未完结者则有汕头华英书局、潮州云璧斋林兰书店、汉口中华图书局、于子男恒德堂、宏文堂、崇文堂、焕新堂等家。证据发现，正拟起诉者则有长沙群济公司大文书店、重庆维新社、恒新书社、同经阁、合川同文书馆、广安郁文堂、岳池文盛堂、顺庆源顺堂、云南务本堂、明星堂、开明书局直隶深泽三义堂、桂林翰文堂、南宁文海楼、富文堂、石渠书局、梧州麟经阁、颍州开文印刷局、贵阳文通书局等家。侵害版权，受损滋大，为此呈请通令示禁等情。

面对如此广泛、大量的侵权行为，内务部一方面提出坚持《大清著作权律》的基本规定，强化著作权的法律保护，称"诚恐本律在前清时代施行未久，或未周知，前次布告，容有未悉，特此通告"；另一方面鼓励权利人在遭遇侵权后，积极行使诉权，表示"遇有侵损，即得向该管审判衙门遵律呈诉"，审判衙门亦将加大惩戒力度，"或偿损害，或处罚金，律有专条，断难宽假"。

但此次通告后，侵权诉讼仍有增无减。1913年5月，全国商会联合会转呈上海总商会就禁止翻印之请求，鉴于此类侵权诉讼之广泛性，司法部在其通告中[1]主张严格适用《大清著作权律》，对著作权予以司法保护。"该会原呈所称翻版之案，湘、鄂、粤、鲁、川、豫等省最甚，已经发见正在诉讼中者，几于无省不有等语。足征此项诉讼日渐增多，自非援用该律切实保护不可。"由于民初司法部"具体职掌民事、刑事诉讼事件，户籍、监狱、保护出狱人事务，司法行政事务，监督法官等"[2]，甚至一定程度混

---

[1] 司法部：《通饬严办翻版案件》，转引自周林、李明山主编：《中国版权史研究文献》，中国方正出版社1999年版，第135页。

[2] 艾绍扬、张虎林、张晓明主编：《行政管理小百科》，中共党史出版社1990年版，第316页。

第四章 《大清著作权律》的短暂适用

合审判权、准司法权和司法行政权，在此职权配置下，司法部在前述通告中"饬知各该厅暨兼理诉讼，各该县知事，嗣后遇有侵害版权案件，务须按照著作权律第四十条以下所定罚例，切实办理，勿得稍涉轻纵"，从而奠定了各地严格适用《大清著作权律》以保护版权的司法政策。

中 篇
专利法

中　篇　专利法

专利权"是指依照专利法的规定,专利权人对其所获得专利的发明创造(发明、实用新型或外观设计),在法定期限内所享有的独占权或专有权。制定专利法,就是要通过建立专利制度,保护专利权人依法获得的专利权,从而鼓励创新"[1]。但回顾历史,专利法的制度发展路径存在中西差异,"与西方逐渐形成和自然生长不同,专利对中国而言是无中生有,而且一来到中国,就直接与民族国家、主权国家的政治话语关联上了"[2]。清末中国救亡图存成为国家与民族的首要问题,在与西方的历次战争与交流中,"器不如人"成为朝野上下主要共识。研究器物优劣之背后缘由,西人之专利法由此进入时人之学术视野。故而,保护发明创造的专利法被置于救亡话语谱系中重要的位置,促进技术,尤其是军事技术以应对艰难时局的"政治性话语"逐步成为专利法的主导性意识形态。由此,背负重任的中国专利法在"牙牙学语"中艰难地迈开了自己的第一步。

---

[1] 全国人大常委会法制工作委员会经济法室编著:《〈中华人民共和国专利法〉释解及实用指南》,中国民主法制出版社2009年版。
[2] 康添雄:《专利法的公共政策研究》,华中科技大学出版社2019年版,第49页。

第一章
中国技术价值之古代讨论

从专利法的立法目的来看,其主要在于激励发明创造。先进的技术对于经济社会发展具有正向效应,即"通过专利法所确立的专利制度,使得那些具有实用价值和经济意义,被依法授予专利权的发明创造,成为专利权人的财产权利,专利权人可以依此在经济上得到利益,这对于鼓励发明创造,调动人们发明创造的积极性,吸引更多的资金、人力投入发明创造活动,能够产生重要的作用。这一点,已被国外实行专利制度300多年的历史所证实"[1],故而值得立法予以保护。其中以对技术之正面评价作为保护前提。

中国历史上多以"巧"字指代技术。虽然存在"奇技淫巧"此类对于技术的蔑称,但回归到"巧"

---

[1] 全国人大常委会法制工作委员会经济法室编著:《〈中华人民共和国专利法〉释解及实用指南》,中国民主法制出版社2009年版。

第一章　中国技术价值之古代讨论

字之词源本义，亦可看到其指代技术本身。"巧"可训释为"技巧"，如《说文·工部》："巧，技也"，《说文·手部》："技，巧也"故"技""巧"都可解释为"技巧、技艺"[1]，这也是"巧"一词的本义。《张衡传》中的"衡善机巧，尤致思于天文阴阳历算"；《韩非子·外储说左上》中的"有常仪的，则羿、逢蒙以五寸为巧"等也多是在本义上使用该词。可见，"巧"字本义是指技术本身，无所谓好与坏之价值评价。但值得注意的是，"巧"字亦有其他用法，因此会被赋予道德评判色彩。例如，《墨子·鲁问》中的"利于人，谓之巧"，《论衡·别通》中的"医能治一病谓之巧"，都赋予了"巧"字正面含义，即对人类社会具有积极价值、发挥正面作用。但《礼记·月令》中记载，"毋或作为淫巧"，有注解为："谓奢伪怪好也"，此说对于后世认知技术之功能影响极大。例如，唐代就有"或机巧以趋利，或宴乐以弃时。且一夫不耕，或受其饥；一妇不织，或受其寒者"之论[2]。但上述讨论多聚焦于造物之评价，关于创造者因创造而有所收益的讨论付之阙如。因此，从我国历史来看，技术本身多被笼统地讨论，这使得对于技术的评价一直存在分歧，衍生了"奇技淫巧""机巧"等对于技术研究与应用甚为不利的哲学话语，这也严重阻碍了专利制度的生成与发展。

春秋战国时期，道家对于技术创新与使用抱有强烈敌意，甚至在农业生产中对于提高生产效率、节省人力之有用工具亦持有反对态度。通过流传至今的两则较为类似故事可得知其基本态度。

卫有五丈夫，俱负缶而入井，灌韭，终日一区。邓析过，下

---

[1] 黄群建：《古代词义例话》，中国三峡出版社1995年版，第187页。
[2] 陈尚君辑纂：《旧五代史新辑会证》（第4册 唐书2），复旦大学出版社2005年版，第1361页。

车为教之,曰:"为机,重其后,轻其前,命曰桥。终日灌韭百区,不倦。"五丈夫曰:"吾师言曰:'有机知之巧,必有机知之败。'我非不知也,不欲为也。子其往矣,我一心溉之,不知改已。"邓析去,行数十里,颜色不悦怿,自病。弟子曰:"是何人也?而恨我君,请为君杀之。"邓析曰:"释之。是所谓真人者也。可令守国。"

"五大夫"被解读为道家的化身,"与儒家的观点不同的是,道家反对机巧,连邓析教他们用桥(槔)这种省力高效的工具都加以反对。这是典型的道家观点"[1]。《庄子·天地》中亦记载了一篇类似故事,叙事方式、故事发展、核心思想与前述故事近乎一致。

子贡南游于楚,反于晋,过汉阴,见一丈人方将为圃畦,凿隧而入井,抱瓮而出灌,搰搰然用力甚多而见功寡。子贡曰:"有械于此,一日浸百畦,用力甚寡而见功多。夫子不欲乎?"为圃者仰而视之曰:"奈何?"曰:"凿木为机,后重前轻,挈水若抽,数如泆汤,其名为槔。"为圃者忿然作色而笑曰:"吾闻之吾师,有机械者必有机事,有机事者必有机心。机心存于胸中,则纯白不备;纯白不备,则神生不定;神生不定者,道之所不载也。吾非不知,羞而不为也。"

《老子》中更是明确主张"民多利器,国家滋昏;人多伎巧,奇物滋起;法令滋彰,盗贼多有"。可见,道家反对所谓的"机智"或者"机巧",反对智力发明和技术应用,提倡"绝圣弃智"、回复朴素的自然状态,由此方能社会稳定。有学者认为上述

---

[1] 方勇主编:《说苑》,商务印书馆2018年版,第952页。

第一章 中国技术价值之古代讨论

故事实际上在讨论技术异化问题，即这些破坏人民自然秉性的"机巧"会对人民自我造成损害，甚至形成"扭曲"的对待技术之风气，最终对整个国家产生"滋昏"之恶果，并引用西方法兰克福学派代表人物哈贝马斯的观点予以佐证[1]。但鉴于上述故事中"丈人"甚至拒绝节省人力、增加效率之正面价值，技术尚未使用，讨论"技术异化"似有矫枉过正之嫌。而在"法令滋彰，盗贼多有"的逻辑脉络下，通过法律保护新技术的制度思想在道家理论体系中并无立足之地。

与道家相反，墨家更为重视工具理性，对于机械制造较为擅长，且强调技术研发与应用应当遵循基本的科学规律。《墨子·法仪》提出，"天下从事者，不可以无法仪；无法仪而其事能成者，无有……虽至百工从事者，亦皆有法。百工为方以矩，为圆以规，直以绳，衡以水，正以县。无巧工、不巧工，皆以此五者为法。巧者能中之，不巧者虽不能中，放依以从事，犹逾己。故百工从事，皆有法所度"。《墨子·天志下》亦认为，"故子墨子置立天之以为仪法，若轮人之有规，匠人之有矩也。今轮人以规，匠人以矩，以此知方圆之别矣"。甚至，墨子提出，应当打破所谓的阶层划分，"列德而尚贤，虽在农与工肆之人，有能则举之"，实属对"工肆之人"等技术主体存在价值的高度肯定。

根据该思路，墨家非常注重实际事物之研究及其技术应用。以前述庄子所提到的"桔槔"为例，《墨子·备城门》中有"每三尺设立一个桔槔"；《墨子·备穴》中有"穴且遇，为桔槔，必以坚材为夫，以利斧施之，命有力者三人用桔槔冲之，灌以不洁十余石……桔槔为两夫而旁埋其植，而缚钩其两端"。墨家不仅将桔槔作为城上防御性武器使用，还将其适用于以地道作业破坏城

---

[1] 吴智：《先秦技术思想研究》，东北大学出版社2017年版，第86页。

墙、为攻城部队开辟通路的坑道战争场景中。由此可见，墨家与道家不同，其不仅强调工巧技术，而且注重将这些技术应用到具体场景中，以满足该场景的实际需求。

但墨家可能并不支持对专有技术进行排他性保护的专利法主张，因为这与其"兼爱"理论并不兼容。"墨子反对儒家所提倡的建立在等级和礼义的基础上的仁爱，他主张消除血缘亲疏的差别，打破等级尊卑的界限，提出了人与人之间要'兼相爱，交相利'的政治主张。"[1]简而言之，墨家主张打破阶级界限，近似实现利益的均等化。然而将专有技术赋予特定某些人，并非公之于众，实质上属于"偏爱"，而非"兼爱"，这会造成一部分人有利权，而大部分人无利权之情形，与上述"兼爱"理念可能并不相符。《墨子》一书中将部分机械制造的设计方法和盘托出，亦可窥见墨家基本上不赞同将"机巧"仅仅归属于数人，而是让其进入公有领域，与天下人共享。

儒家关于技术功能的认知则更加复杂，既存在"奇技淫巧"的批评与谴责，也有"有用之物"的正面评价，因此有必要对两方面均予以分析，尤其是对近代接受西方器物造成重大影响的"奇技淫巧"话语进行重点分析。

关于"奇技淫巧"之概念定义存在不同的说法。第一种观点认为，其是中国历代对奢侈品的称谓[2]。第二种观点认为，"奇技"是指"凡器具之利用机械构造或自然力以代替人力所不能为的工作，而其道理又非一般人所理解的事物"，而"淫巧"是指"多余的、过分的技巧"[3]。第三种观点认为，该词出自"《尚

---

[1] 孔子等著：《图解诸子百家》，黄山书社2016年版，第220页。
[2] 于光远主编：《经济大辞典》，上海辞书出版社1992年版，第1297页。
[3] 王振铎：《中华文化集粹丛书 工巧篇》，中国青年出版社1991年版，第208页。

书·泰誓》'作奇技淫巧以悦妇人'……特指殷纣王制作虿盆炮烙陷害忠良取悦妲己的罪恶……完全是非人道、反人道的奇技淫巧,与儒家'备物致用,立成器以为天下利'而反对不利之用的主张完全是背道而驰的……在儒学原典中,'奇技淫巧'原本就是邪恶的象征,就是被声讨的对象"[1]。从前述概念定义来看,第二种观点最为缓和,将"淫"解释为"过分",而非第三种观点所理解的"邪恶"器具;第一种观点中的"奢侈品"之解读,则似乎更接近法家之认知。但无论从何种概念界定来看,"奇技淫巧"在儒家话语体系中整体被认为可能引发社会紊乱、政治败坏而被予以负面评价,如《礼记·王制》曾言:"作奇技淫巧以惑众者杀。"这表达了统治者对于此类技术最强烈的谴责。

同时,先秦儒家也看到技术对于保障社会结构稳定的正面价值,其对于技术功能的认可集中体现在其"高度重视农业技术",认为"以农业为核心的技术体系也最大程度地保障着社会秩序的稳定"[2]。其实,春秋战国时期,为了满足各国竞争之需要,重视农耕成为各国之核心政策选择,如在齐国,"民之能明于农事者""能蕃育六畜者""能医民疾病者",将给予"黄金一斤、直食八石"作为奖励[3]。但从整体历史来看,"奇技淫巧"依然成为阻碍非农业技术研究及应用的主要借口,从而遏制了我国技术的整体发展。

先秦法家在"禁止机巧"上的观察与儒家观点类似,同时形成"重功求利"的功利主义技术思想。法家以"奖励耕战"作为重要的政策手段,为此,需要让农民专心于农业生产,避免其四

---

[1] 徐广权:《东方管理辨微——论剑〈论语〉三难》,青岛出版社2010年版,第116页。
[2] 吴智:《先秦技术思想研究》,东北大学出版社2017年版,第80页。
[3] 杜石然等编著:《中国科学技术史稿》,科学出版社1982年版,第86页。

处随意迁徙而耽误农时。而非农业的"机巧"显然影响了法家施政目标之实现，故而被禁止。《管子·五辅第十》中记载，"今工以巧矣，而民不足於备用者，其悦在玩好。农以劳矣，而天下饥者，其悦在珍怪，方丈陈於前。女以巧矣，而天下寒者，其悦在文绣。是故博带梨，大袂列，文绣染，刻镂削，雕琢采……是故古之良工，不劳其知巧以为玩好，无用之物，守法者不失"。整体来看，管子认为，任何非农业生产、具有单纯装饰功能的器具都不应予以生产与使用。

战国法家代表商鞅则更加直接地强调农业生产在整个国家治理体系中的核心地位，认为"民之力尽在于地利"，因此"机巧"之生产与应用将会挤占本来应投入农业生产目标之人力资源与其他资源，故而应当不加区分地予以禁止。《商君书·外内》记载，"末事不禁，则技巧之人利，而游食者众之谓也。故农之用力最苦，而赢利少，不如商贾、技巧之人。苟能令商贾、技巧之人无繁，则欲国之无富，不可得也。故曰：欲农富其国者，境内之食必贵，而不农之征必多，市利之租必重。则民不得无田，无田不得不易其食……故民之力尽在于地利矣"。战国法家李悝也指出，"上不禁技巧，则国贫民侈。国贫穷者为奸邪，而富足者为淫佚，则驱民而为邪也。民以为邪，因以法随，诛之不赦其罪，则是为民设陷也"，以此劝说君王不要浪费民力生产与农业无关的"机巧"。

同时，为落实"奖励耕战"之目标，法家亦重视军事、农业技术与器物的发展与应用，其他技术则按照上述论述被认定为"玩好"，认为其损害该目标之实现。例如《韩非子·外储说左上》记载，"墨子为木鸢，三年而成，蜚一日而败"，随即讨论技术之优劣，"墨子曰：'君不如为车輗者巧也'……惠子闻之曰：'墨子大巧，巧为輗，拙为鸢'"。实际上，韩非子已经认识到技术与器

第一章　中国技术价值之古代讨论

物优劣对于实现法家目标的深刻影响。《韩非子·问辩》亦提出，"夫言行者，以功用为之的彀者也"，各类技术均以其"功用"作为评判标准，凸显了较强的功利主义技术思想。

整体来看，先秦诸子虽然看到了技术功能的正面价值，但考虑其可能对农业生产这一社会根基产生负面影响，或者沦为奢靡之器物从而败坏人心，因此大多持保守态度。但这种保守的法意识形态导向显然不利于对技术研究及其应用进行法律保护的制度建构，也对后世学术的技术价值认知造成了深刻影响。

受此影响，后世对于技术之研究，仅保留农业、军事技术之研究，例如《汉书·艺文志》记载，"技巧者，习手足，便器械，积机关，以立攻守之胜者也"，将技巧等同于对军士的军事操练。

南宋大儒朱熹早年也曾表示研究自然科学及其应用并非学问大道，以此将终无所得，认为"如今为此学而不穷天理、明人伦、讲圣言、通世故，乃兀然存心于一草木、一器用之间，此是何学问！如此而望有所得，是炊沙而欲成其饭也"[1]。但嗣后其观点有所缓和。在晚年朱熹认为，"小道不是异端。小道亦是道理，只是小。如农圃、医卜、百工之类，却有道理在。只一向上面求道理，便不通了"。可见，朱熹晚年对于学习农圃、医卜之类的"小道"明确持肯定态度[2]。

元朝灭亡后，明朝"洪武元年十月甲午，司天监进元主所制水晶宫刻漏，备极机巧。中设二木偶人，能按时自击钲鼓。上览之，谓侍臣曰：'废万机之务而用心于此，所谓作无益害有益也。使移此心以治天下，岂至亡灭！'命左右碎之"[3]。可见，从明太祖视角来看，这类技术腐化堕落统治者之心智，使其无法聚焦于

---

[1]（南宋）朱熹：《朱文公文集》（第39卷）。
[2]（南宋）黎靖德：《朱子语类》，王星贤点校，中华书局1986年版。
[3]（明）朱元璋：《明太祖宝训》（第4卷）。

以农业为核心的"天下治理",长此以往,社会治理体系终将走向崩溃。同时,此类技术被认定为"作无益害有益也",其实也暗含此类非农技术无法直接解决民众的生存问题,即无法增加农业产出,同时会使民众脱离农业生产与相对固定的土地范围,甚至可能专业生产此类产品,从而长时间脱离土地耕种,由此增加了社会流动性和统治不确定因素,或者使这些人口游离于朝廷管控之外,从而对朝廷造成威胁。明太祖之言论,一定程度上代表了封建社会时期统治者对于技术器物此类"机巧"的总体态度。

受此官方意识形态影响,学者对于技术研究与应用多持保守态度。例如,明代学者许大受认为,机巧器具"纵巧何益于身心?今按彼自鸣钟,不过定刻漏耳,费数十金为之,有何大益?桔槔之制,曰人力省耳,乃为之最难,成之易败,不反耗金钱乎?火车(此指火炮)等器,未能歼敌,先已火人,此又安足尚乎"[1]。

由此,我国古代技术发展虽然延绵不断,但整体时断时续,且须防备被评上"奇技淫巧"之恶语,可谓"夹缝中求生存"。仅以道家为例,道家在后续研究中发明的技术成就涉及铜镜抛光、玻璃制造、单质砷制取、水泥烧制、蒸馏器制造、夹板固定等具有实用性的技术方案[2]。但正如学者罗章龙指出,"种种工艺巧制与发明,若断若续,固尚未完成一种联属之纯正系统,但从长期观察,亦可认为赓续的意识、经验与成就上之进程,足为后代进步经济之凭借,故其厚生利用之功,并不因此而有所未减。至于当时胡以不奖励发明,斯乃由于古人对于工艺发明,深虑其导人心于去本务末,或助富豪之荒淫,故斥之为奇淫技巧。此与西

---

[1] [法]梅谦立(Thierry Meynard)、杨虹帆校注:《明·许大受:〈圣朝佐辟〉校注》,佛光文化事业有限公司2018年版。

[2] 韩吉绍:《知识断裂与技术转移——炼丹术对古代科技的影响》,山东文艺出版社2009年版,第370页。

第一章 中国技术价值之古代讨论

方旧教对新技艺恶其渎神,而动摇宗教信仰,故亦嫉视不遑之情形相似"[1]。

明清之际,随着中西交流逐渐深入,西方科学技术逐步传入中国,如何应对此类技术成为当时知识群体的较新挑战。在此历史时期,战乱频繁,国家对于先进炮铳等军事技术的需求较为旺盛,这为引进西方"有用之物"提供了现实契机,也为知识阶层重新评估技术之价值提供了器物支持。部分儒家学者开始走出宋明理学之范畴,着眼于解决当时较为严重的边疆危机,为此,西方军事技术逐步进入其研究视野。例如,明末学者张焘和孙学诗合写的《西洋火攻图说》[2]一卷,介绍了西方武器的仿制与使用,明代学者赵士桢撰写的《神器谱》合计五卷,达六万余字,为便于理解与适用,仅插图就有200余张,书中详细介绍了西洋铳、掣电铳、鹰铳、旋机翼虎铳、三长铳、镢铳、锹铳、轩辕铳、九头鸟铳、连铳等火绳枪的制造与使用,并阐释了搭载火器的战车的研究、制造与使用。

此次"经世致用"的技术研究与应用思潮延至清初,对少数学者仍存在重要影响。例如理学名臣李光地就曾表示,"西洋人不可谓之奇技淫巧,盖皆有用之物,如仪器、佩觿、自鸣钟之类。《易经》自庖牺没,神农作;神农没,尧、舜作,张大其词,却说及作舟车、耒耜、杵臼、弧矢之类,可见工之利用极大。《周官》一本《考工记》,全说车"[3]。

但纵观康乾盛世时期的历史发展,除李光地寥寥数人外,其他治理阶层对于西方正在如火如荼进行的产业大革命茫然无知,沉迷于"天朝上国"之迷梦中,视西方科学技术为"奇技淫巧"。

---

[1] 罗章龙:《中国国民经济史》,湖南大学出版社2016年版,第301页。
[2] 该书现已不可考。
[3] (清)李光地:《榕村语录》(第14卷)中的《三礼》部分。

如 1793 年，马戛尔尼使团访华，当英国使团邀请乾隆时期重臣、名将福康安参观英国新式武器时，福康安竟然表示，"看亦可，不看亦可。这火器操法，谅来没有什么稀罕[1]"。马戛尔尼对此表示不解，在当天的笔记里记道：他一生中从未见过连发枪，中国军队还在用火绳引爆的枪[2]。后来马戛尔尼使团自陆路回到广州时，看到当地驻军使用的武器多是西方废弃不用的刀、枪、弓箭等过时武备。百余年时间里，中国技术不进反退，器物层面整体落后于西方，这也成为中国在此后历次对外战争中备受欺辱的重要原因之一。

同时，康熙、雍正、乾隆三朝在文化领域限制知识阶层的自由思考空间与研究路径，也阻碍了技术的发展与应用。该时期虽然经济社会发展水平相较于明代确实有所步，但在科学技术领域之成果不如明代丰硕。由此，知识阶层不得不选择校勘、考证古代经典文献的研究范式，最终形成乾嘉学派。这在很大程度上切断了知识阶层对于自然科学的研究与应用，导致这一时期并未形成抽象的科学理论体系，也未能形成实践应用反哺科学理论的良性互动机制。

综上所述，在 1840 年鸦片战争之前，中国知识阶层整体对于技术的研究与应用持相对保守态度，"奇技淫巧"话语在讨论中占据主导地位。虽然在明清之际，随着中西交流之深入，加之强烈的边疆危机与频繁的战争，在一定程度引发了小范围应对现实需要的"技术流复兴"，但随着清朝大一统局面的重新奠定，这一思潮又逐步偃旗息鼓沦为"非主流"，从而最终归于沉寂，直至鸦片

---

[1] [英] 马戛尔尼：《乾隆英使觐见记》，珠海出版社 1995 年版，第 103 页。

[2] 《马戛尔尼访华为何遭遇不快？》，载 https://news.ifeng.com/history/minjianshuoshi/jinmanlou/200907/0701_ 7377_ 1228393_ 2. shtml，最后访问日期：2023 年 3 月 17 日。

第一章　中国技术价值之古代讨论

战争后"数千年未有之变局"时代的到来。

虽然亦有学者认为,"从总体来看,儒家讲求道、为学、致用都要求研究自然,都离不开学习和研究科技、运用科技……儒家自一开始就把研究自然、学习和研究科技当作建立和发展儒学所必不可少的重要工作……并没有贬低科学之意"[1],但这类观点似无法回答缘何工业大革命发生于西方而非中国。儒家学说确实存在与技术研究相一致的地方,例如格物之说,但上述理论似乎扩大了儒家学说与现代技术的兼容性与互通性,也难以诠释自明清以降中国技术发展停步不前之客观现实。

从专利法的制度机理来看,其通过设定法定的排他性权利而保护权利人之利益,主要目的在于激励发明创造,潜在逻辑是认定技术层面的发明创造是"好的"而非"坏的",对经济社会发展具有较大正面价值,故而予以保护。但在中国前述历史背景下,技术被赋予负面影响评价居多,虽然在某时、某地对某些技术进行偶发性保护,也存在一些理论支持技术,尤其是农业、军事技术的大力使用,但历代朝廷官府未能就技术予以律法保护以形成惯例,也未就此进行顶层设计。因此,与前述版权保护是否起源于宋代的争论不同,我们基本上可以认定,中国古代实在缺乏专利保护的文化传统之土壤、制度配套等经济社会发展条件,中国专利保护之萌芽实则起源于清末。

---

[1] 乐爱国:《国学与科学》,首都经济贸易大学出版社2015年版,第288页。

第二章
中国专利法的近代起源

如前文所述,中国专利法之滥觞于清末,但"专利"一词在中国历史上早已有之。缘何早已有"专利"之词语,专利立法却在千年之后姗姗来迟?实质上,古代"专利"一词并非指代专利法意义上之"专利"。因此,有必要首先厘清古代之"专利"与近代之"专利"的差异,避免概念混淆。

第一节 "专利""巧"概念之古代含义

何谓专利?在现代语境下,其多指代专利权、专利证书,或者指代获得专利保护的发明创造本身。例如,有学者认为,"专利是由政府有关部门根据申请而颁发的一种文件,这种文件记载了发明创造的内容,并且在一定时期内给予专利申请

第二章　中国专利法的近代起源

人获有专利发明的独享权益"[1]。这种理解是当前学理研究与日常使用的通说，其将上述三者进行了综合。但在中国古代，由于并不存在此类奖励技术创新的制度架构，"专利"一词实际上并非如同现代含义。由于晚清正处于新旧交替、传统与现代轮换之际，该词在不同词义上的使用造成了使用该词之场景实际并未讨论专利法之问题，但未使用该词之场景反而可能讨论专利法之问题的情形，从而形成古今、新旧词义的"名不符实"。因此，有必要梳理古代该概念之源流，辨析古今概念之差异，从而更加合理地确定中国专利法之近代起源。

"专利"第一种含义，也是最早关于"专利"的记载，是指失德的最高统治者垄断某种生产或流通以掠取厚利，而非现代专利法意义上之"专利"。历史记载，早在2000年前，西周著名的暴君厉王任用荣夷公为卿士，"谋欲专利之事"，主张山川河湖的所有产品悉数归于王室，实现自然资源与社会财富的官府垄断。芮良夫认为，"夫利，百物之所生也，天地之所载也，而或专之，其害多矣！天地百姓，皆将取焉，胡可专也"，进而提出"匹夫专利，犹谓之盗；王而行之，其归鲜矣"[2]的反对意见，甚至发出"周必败"的严重警告，预警执政者实施上述财富垄断势必丧失民心，从而引发社会动荡。此后确实如芮良夫所预测，该政策引发社会民众严重不满。而为了压制国人不满，周厉王实行高压统治，国人"道路以目"，社会自主空间被急剧压缩，最终引发国人起义。

此后，"专利"该等词义逐渐被后世所接受，且广为使用。如西汉桓宽在《盐铁论》中认为，"古者，名山大泽不以封，为天下

---

[1]　龚仰军编著：《产业经济学教程》（第5版），上海财经大学出版社2020年版，第422页。
[2]　叶玉麟选释：《译解国语》，生活·读书·新知三联书店2019年版，第8页。

117

之专利也"[1]。唐代陆贽亦曾写道，"周文之囿百里，时患其尚小；齐宣之囿四十里，时病其太大：盖同利与专利异也"[2]。北宋陈旸在《乐书》中记载，"齐宣王之于国，外有游畋之囿，内有雪宫之乐。游畋之囿，则专利而已，非与民同利也。雪宫之乐，则独乐而已，非与民同乐也"[3]。该章句运用了互文手法，"专利"对"独乐"更是表明了两者的近似含义。

"专利"第二种含义，则是指地方豪强、高官显贵违反法度，侵夺国家与公共利益以谋取私利。例如《左传》中记载，楚国大夫子闾质问作乱的权臣："王孙若安靖楚国，匡正王室，而后庇焉，启之愿也，敢不听从？若将专利，以倾王室，不顾楚国，有死不能。"南朝学者任昉曾表示"富室兼并，前史共蠹；大姓侵威，往哲攸嫉。而权豪之族，擅割林池；势富之家，专利山海"[4]。唐德宗时期，史书记载"裴延龄专利为心，阴潜引纳"[5]；唐文宗时期，刘禹锡曾在《汴州刺史厅壁记》写道"凡关征船算，夺时专利者悉更之，壹遵乎诏条"[6]，称赞令狐楚消灭地方官员乱收税、统一地方税收之功绩。《明史》中也记载，"御史郜永春视盐河东，言盐法之坏由势要横行，大商专利"[7]。专利的该概念在

---

[1] 王贞珉：《盐铁论译注》，吉林文史出版社1995年版，第52页。
[2] （清）曾国藩纂：《经史百家杂钞》（上册），上海科学技术文献出版社2020年版，第610页。
[3] 蒋孔阳：《蒋孔阳全集》，安徽教育出版社1999年版，第642页。
[4] （清）严可均：《全上古三代秦汉三国六朝文》（第七册），中华书局1965年版，第422页。
[5] 田东江：《青山依旧——报人读史札记三集》，商务印书馆2011年版，第148页。
[6] 周绍良主编：《全唐文新编》（第3部）（第2册）吉林文史出版社2000年版，第6865页。
[7] （清）张廷玉等：《简体字本二十六史明史卷》（卷一七〇—卷二五七），吉林人民出版社1995年版，第3838页。

第二章　中国专利法的近代起源

清朝乾隆年间仍在使用。乾隆十四年（1749年）题准（奏经皇帝批准），"势豪不许占揽引窝商铺，不许自定价值。如有专利害民，串通经纪，该御史严行禁饬"[1]。延及清末，仍有部分学者沿用之，如清末曾国藩就曾写道，"一则以用事太久，恐中外疑我擅权专利"[2]。甚至到1872年，《申报》在报道中亦使用该用法[3]。

"专利"第三种含义，则是指个人之自私自利。如北宋司马光曾在其家书中教育儿子促进家庭团结，其言"彼愚者则不然，弃其九族，远其兄弟，欲以专利其身。殊不知身既孤，人斯戕之矣，于利何有哉"？[4]南宋陆游在《东阳陈君义庄记》也曾写道，"后人或贪而专利，或啬而吝出，或夸而广费"[5]。

"专利"第四种含义，则是指精神专注而敏锐。北齐颜之推在《颜氏家训》中写道，"人生小幼，精神专利，长成已后，思虑散逸，固须早教，勿失机也"。此种用法在中国历史上相对罕见，远不如前三种含义之较多适用。

综上所述，中国古代史中"专利"之话语，虽然涉及四种主要含义，但均与现代知识产权背景下的"专利"概念无涉。由此，不能将两者画等号，更不应当将中国专利法之历史追溯至古代，否则就会导致概念混淆。因此，本书并不认同一些早期著作认为的"从西汉开始对盐、铁、茶、丝、瓷器等实行官办或商办的垄断、独占经营，则为我国专利制度的萌芽或雏形"[6]，或者将汉朝

---

[1]（清）《钦定大清会典则例》（第46卷）。

[2] 成晓军：《曾国藩与中国近代文化》，重庆出版社2006年版，第79页。

[3]《专利论》，载《申报》1872年9月25日。

[4] 冯克诚主编：《两宋理学教育思想与论著选读》，人民武警出版社2014年版，第27页。

[5] 任继愈主编：《中华传世文选：南宋文范》，吉林人民出版社1998年版，第605页。

[6] 彭万林主编：《民法学》，中国政法大学出版社1994年版，第396页。

以来的"垄断经营制度"视为"我国专利制度的萌芽时期"[1]，以及"专利的萌芽可以追溯到我国古代西周（公元前771年——距今2700年左右）"等[2]论述。随着专利法史的研究深入，上述自西周开始作为专利法萌芽期之观点并未获得普遍认可，逐渐被"专利源自清末"的学术观点所取代。后者逐步发展至今成为通说，学者大多将清末立法视作我国专利制度的"萌芽期"[3]。

由此，本书后续行文将不拘泥于晚清时期"专利"词语之使用，而是深入概念的背后，查明概念之实质指向，判断其是否涉及专利法相关问题。例如，蕴含技术奖励、排他性保护等制度思想的，虽然未能冠以"专利"之名，也可纳入讨论范围；但如果仅仅以"专利"为名，实则是官府特准的垄断性事业，抑或者专卖、专营，则应当排除出专利法之讨论范畴，从而避免指代混淆，错误界定专利制度之成长历史。

第二节 专利保护必要性的讨论

1840年鸦片战争失败后，清政府被迫与英国签订丧权辱国的《南京条约》，学者魏源在悲愤之余，研究外部世界之实情，撰写

---

[1] 戚庆英主编：《中国科技法讲座》，国防工业出版社1988年版，第50页。

[2] 王正编著：《外国专利知识介绍、应用和查找》，中国纺织机械工业总公司纺织机械研究所1980年版，第1页。

[3] 冯晓青、刘成军：《我国保护发明创造立法和政策文献分析——从〈振兴工艺给奖章程〉到〈中华人民共和国专利法〉》，载《南都学坛》2013年第1期；徐海燕：《中日近现代专利制度的比较》，载国家知识产权局条法司编：《专利法研究》（2010），知识产权出版社2011年版。但在学者冯晓青的文章中，其在历史分期时，将1978年以来的专利立法界定为第五阶段，"专利制度诞生期"，但第三阶段、第四阶段分别为专利制度发展期、专利制度停滞期。先有发展与停滞，后有"诞生期"，逻辑似有不通。

第二章 中国专利法的近代起源

《海国图志》50卷，以介绍世界地理、政治、经济、科技等。正如魏源在书中撰写的，"是书何以作？曰：为以夷攻夷而作，为以夷款夷而作，为师夷长技以制夷而作"，强调抵御外辱之目的。在该书中，魏源首要强调器物之重要性，以打破彼时士人阶层所谓的"奇技淫巧"之保守认知。在《海国图志》中，魏源指出，"古之圣人刳舟剡楫，以济不通，弦弧剡矢，以威天下，亦岂非形器之末，而睽涣取诸易象，射御登诸六艺，岂火轮、火器不等于射御乎？指南制自周公，挈壶创自《周礼》"，并坚持"有用之物，即奇技而非淫巧"[1]，将器物的功用作为判断其正向价值的核心标准。随后，魏源认为西方器物之优良，究其根本还是在于智力创造，日积月累方有西洋器物的技术优势。其提出"今西洋器械，借风力、水力、火力，夺造化，通神明，无非竭耳目心思之力，以前民用，因其所长而用之，即因其所长而制之。风气日开，智慧日出"。最后，魏源认为，技术研究与制造，最终还是需要人来实行。为了激励公众参与器物之制造，魏源提出"于闽粤二省武试，增设水师一科，有能造西洋战舰、火轮舟，造飞炮火箭、水雷奇器者，为科甲出身"，堪称中国近代史上第一次提出的奖励技术制造的法律主张。虽然该主张过于粗疏，仅仅是对"造"的奖励，而非如现代专利规则那样强调技术进步，即对"创"的要件并不注重，故而与现代专利法的基本规则仍有一定差距，但其肯定此类器物的正面价值，并对于制造此类器物予以制度性奖励，可谓中国近代奖励技术制造的"乳莺初啼"。

继魏源之后，对中国科技奖励做出重要论述的是太平天国后期领导人洪仁玕。洪仁玕（1822—1864年11月23日），号吉甫，

---

[1] 璩鑫圭主编：《中国近代教育史资料汇编 鸦片战争时期教育》，上海教育出版社2007年版，第230页。

广东花县（今广州市花都区）官禄布村人，太平天国时期政治家，洪秀全之族弟。在洪秀全等发动金田起义后，洪仁玕曾多次试图会合起义部队，但屡经失败后逃脱至香港。从1852年4月到达香港至1859年4月抵达天京（今江苏省南京市），洪仁玕在香港生活数年，期间曾担任教会牧师，其思想受到西方资本主义文明的影响较大。在抵达天京后，洪仁玕即向洪秀全呈递《资政新篇》，以挽救太平天国之时局。该文具有鲜明的资本主义特色和先进的近代观念，可以说是近代最早提出在中国发展资本主义的施政方案，或者说是中国第一个近代化纲领。该文甚至得到清政府内部部分学者的重视，曾国藩之幕僚赵烈文就曾认为该书"文理较明白，其中所言，颇有见识……观此一书，则贼中不为无人"[1]，做出了较高评价。

《资政新篇》涉及政治、经济、社会、法律等多个领域，经济政策中多个条款涉及近代专利制度，主要集中于"法法类"部分。具体条款内容如下。

兴车马之利，以利便轻捷为妙。倘有能造如外邦火轮车，一日夜能行七八千里者，准自专其利，限满准他人仿做。若彼愿公于世，亦禀准遵行，免生别弊。

兴舟楫之利，以坚固轻便捷巧为妙。或用火用气用力用风，任乎智者自创。首创至巧者，赏以自专其利，限满准他人仿做。若愿公于世，亦禀明发行。

兴器皿技艺。有能造精奇利便者，准其自售，他人仿造，罪而罚之。即有法人而生巧者，准前造者收为己有，或招为徒焉。器小者赏五年，大者赏十年，益民多者年数加多，无益之物有责

---

[1] 王开玺：《清史实录：政治、外交、文化与革命》（下卷），东方出版社2018年版，第430页。

第二章　中国专利法的近代起源

无赏。限满他人仿做。

"准自专其利，限满准他人仿做"，这与现代专利规则立意已经较为接近，即权利人对其发明创造在法定期限内享有独占权或者专有权。但这三项条款坚持了不同的新颖性标准。第一条，通过"能造如外邦火轮车"之标准，表明此条款适用对象仍是仿制外国现有技术，而非如现代专利规则中的新颖性，这一点与前述魏源之认知思路基本相同，仍未脱仿制之范畴。

但在第二条中，其规则用语、规则构成与现代专利规则更加接近，堪称中国专利制度的近代雏形。现代专利规则中的新颖性一般是指，该发明或实用新型不属于现有技术，也没有任何单位或者个人就同样的发明或实用新型在申请日以前向专利局提出过申请，并记载在申请日以后公布的专利申请文件或者公告的专利文件中。该条款中的"首创"之用词与现代专利规则中新颖性之内容较为接近。"至巧"是否属于现代专利规则中的"创造性"仍存在一定争议，后者是指与现有技术相比，所申请的发明有突出的实质性特点和显著的进步。"至巧"在古代话语体系中既可以作为名词指代某种技术，如"拘于鬼神者，不可与言至德，恶于针石者，不可与言至巧"，此处"至巧"指代针石治疗技术[1]；又可指代某种物品的技术极其先进，例如《梦溪笔谈》中有一篇"古物至巧"的小文，关于"至巧"表述为"制作精巧，后人不能为也……功侔鬼神"[2]。在第二条中有"以坚固轻便捷巧为妙"，联系上下文可见，"至巧"强调技术之先进，此亦与创造性之内容较为接近。"兴舟楫之利，以坚固轻便捷巧为妙"，强调技

---

[1] 王庆其、陈晓主编：《实用内经词句辞典》（修订版），上海科学技术出版社2017年版，第246页。

[2] （宋）沈括：《梦溪笔谈》，光明日报出版社2014年版，第129页。

术需要达到积极的效果，与现代规则中的"实用性"基本相同。其中，"兴舟楫之利"是指申请专利的发明创造能够制造或使用，并且能够产生积极效果，而"坚固轻便捷巧"即为该技术方案的积极效果。整体而言，第二条与现代专利规则最为接近，从新颖性、创造性、实用性三个方面对技术方案作出了规定，虽然较为粗疏，但可以说是走出了中国专利制度的第一步。

第三条则强调"精奇利便"，而非强调技术达到"首创"之程度，创造性要求较低，似与现代专利中的"实用新型"较为类似。实用新型是指对产品的形状、构造或者其结合所提出的适于实用的新技术方案，被称为"小发明"，保护水平弱于发明专利。但从王韬所著《制造精奇》一文中可以看出，时人对"精奇"的保护似乎强调对于制造新型器物之保护，认为"英人心思慧巧，于制造一切器物，务探奥窍，穷极精微，多有因此而致奇富者。此固见其用心之精，亦由国家有以鼓舞而裁成之，而官隐为之助也"[1]。从上述论述来看，其又与发明专利之创造性类似，故现代专利规则实难附会彼时之论断。但其论述整体仍然强调器物之实用性，并分别规定根据"器"之大小赋予保护期限五年、十年。至于如何判断"器"之大小，笔者推测当以功用之大小而有所裁定。

1861年，清末学者冯桂芬在《制洋器议》一文中提出奖励科技的相关内容。在该文中，冯桂芬检讨清末战争中器物落后之根源，认为主要在于社会公众"不屑于"研究器物。为此，该文提出的解决办法是，"重其事，尊其选，特设一科，以待能者。宜于通商各口，拨款设船炮局，聘夷人数名，招内地善运思者，从受其法，以授众匠。工成与夷制无辨者，赏给举人，一体会试，出

---

[1] 李天纲、张安庆编：《海上文学百家文库：王韬卷》（005），上海文艺出版社2010年版，第523页。

第二章　中国专利法的近代起源

夷制之上者，赏给进士，一体般试"[1]，通过授予进士此类科举考试最高等级通过者身份，以激励公众重视技术，使用技术改革社会现状。但冯桂芬整体之思路并未出魏源之源流，仍以奖励仿制为主，并未强调类似洪仁玕"准自专其利"等创新保护的思想。在该文中，冯桂芬甚至以国内外历史事件为例，强调学习西方技术以自强之重要性，表示"昔吴受乘车战阵之法于晋，而争长于晋，赵武灵为胡服而胜胡。近事俄夷有比达王者，微服佣于英局三年，尽得其巧技，国遂勃兴"，将技术的学习、引进与国家兴衰荣辱相联系，在当时确实具有一定的先进性。

嗣后，清末外交家薛福成亦根据自己担任驻外使节的经验宣扬专利保护思想。薛福成（1838年4月12日—1894年7月21日）字叔耘，号庸盦，江苏无锡宾雁里人，近代散文家、外交家、洋务运动的主要领导者之一。薛福成对于专利之研究，亦从学习外国法开始，其提出，外国"人人用力格致，实事求是，斯其体也；国家定例，凡创一器者，得报官核给凭单，专享其利，斯其用也"[2]。薛福成认为，创造一物，谈何容易，这个过程"无不学参造化，思通鬼神"，经过较长的研究之后方能有所得，"往往有读书数万卷，试练数十年，然后能亘古开一绝艺者；往往有祖孙父子，积数世之财力精力，然后能为斯民创一美利者"[3]。但薛福成之表述似乎将专利之创造性标准设定过高，即"为亘古开一绝艺"，指从0到1式突破性创新，即打破陈规，改变人们对于某种技术的传统认知，从而实现技术跃进。例如，1952年，麻省理工学院研制

---

[1] 王扬宗编校：《近代科学在中国的传播（上）——文献与史料选编》，山东教育出版社2009年版，第322页。

[2] 丁凤麟、王欣之编：《薛福成选集》，上海人民出版社1987年版，第492页。

[3] 陈振鹏、章培恒主编：《古文鉴赏辞典》（下）（第一版），上海辞书出版社2014年版，第1975页。

了第一台三坐标数控铣床,可用于复杂曲面加工,被认为是机械制造领域的一次技术革命。但从人类技术发展史来看,此类技术革新仍然属于少数,更多系渐进式创新,即对现有技术进行部分改进,以使其效能更高或者更环保等;或者是运用式创新,例如,瑞德西韦(Remdesivir)原本被用于治疗埃博拉病毒,后将其适用于其他病毒确诊病例的治疗。当然,受到经济社会发展水平之限制,我们不可苛责于古人,此处仅做解释。

关于新发明的奖励机制,无非"名、利"二途,通过物质财富或者精神褒奖激励新发明。"由是国家给予凭单,俾独享其利,则千万之巨富,可立致焉。又或奖其勋劳,锡以封爵,即位至将相者,莫不与分庭抗礼,有欿然自视弗如之意,则宇宙之大名可兼得焉。"根据上述分析,薛福成指出,反观中国,"凡百工技艺,视为鄙事,聪明之士不肯留意于其间,此所以少专家也"[1]。同时,中国缺乏激励创新之历史传统与现实土壤,"此兴一艺而彼效之,此营一业而彼夺之,往往有缔造者大受折阅,摹袭者转获便利者矣",缺乏创新之缘由,"此无他,政权不足以鼓舞之也"。仿制者不仅不会受到惩戒,反而在实际经济社会生活中,由于"搭便车"效应,未支出研究创新之成本而获利,在与发明者的竞争中处于优势地位。

为此,薛福成认为,首先应当转变观念。"发愤自强,则振百工以前民用,其要端矣",改变中国古代所抱有的"奇技淫巧"之保守态度,"渐化其贱工贵士之心",尊重技术,保护创新,给予利爵,则中国未来技术人才也将不断涌现。其次,学习西技,仿制机器。"今欲鼓舞人心,似宜访中国之巧匠,给之虚衔,以风励

---

[1] 杜涌、左羽主编:《历代上皇帝书》(文白对照),中国政法大学出版社1996年版,第803页。

之,随时派员带赴外洋,遍游各厂,以窥其奥窔。"最后,仅仅仿制终将受制于西人,为了奖励创新,有必要建立专利制度,以期摆脱依赖而自己有所创新。"有能于洋人成法之外自出心裁者,优给奖叙,或仿西人之法,俾获世享其利,庶巧工日出,足与西人争长矣。"这也是我国较早提出应当仿照西方专利制度而激励技术创新的呼声之一,对清政府制定《振兴工艺给奖章程》产生了较大影响。

同时,薛福成也介绍了类似现代"开放许可"的专利规则,认为"鬻与他人者,则必先报其法于官,官为核定其价,卖者获价后,概不誉省,买者鸠资经营,专享其息"。然而,与现代不同的是,现代专利规则遵循自愿原则,且由权利人实施自主定价,而非官方定价。当时薛福成在介绍该规则时,以美国一名名为"潭思"的人的经历进行说明。该人研发了一种照明技术,因为在美国转让费用不高,其特地前往英国进行技术转让,最后英国相关部门定价为三万五千英镑,不到五十天,其就带着上述金钱返回美国。此制度现在亦被废止,转让基本通过自由定价完成,而非政府定价。

1890年,清末学者王韬的《漫游随录图记》出版。王韬(1828—1897年),苏州长洲(今江苏省苏州市吴中区)人,清末学者、维新思想家、文学家、报人,亦是第一代走向世界的江南知识分子,主张变法维新,倡导改革,是近代早期启蒙思想家,对近代资产阶级革命影响巨大[1]。由于王韬早年曾向太平天国上书建言而被清政府通缉,遂在欧洲等地游历多年,深受西方资本主义思潮影响。归国后,王韬刻印《普法战纪》《弢园尺牍》《瀛壖杂志》《弢园文录外编》《蘅华馆诗录》《瓮牖余谈》《漫游随录

---

〔1〕 杨昇:《王韬:江南知识分子走向世界与现代的先锋意义》,载《连云港师范高等专科学校学报》2015年第1期。

图记》《遁窟谰言》《淞隐漫录》《火器略说》《扶桑游记》《海陬冶游录》等多部著作。《漫游随录图记》系王韬在欧洲游历所记载之游记,其中,《制造精奇》《博物大观》《游观新院》等多篇文章介绍了西方专利制度。

在《博物大观》中,王韬介绍其在参观法国巴黎博物馆时,发现其中亦陈列部分器物,而该部分器物系放置于院子中,载明发明者之姓名,以表彰其功勋,似有我国古代"物勒工名"之意。但实际上,王韬此理解似乎有误,我国"物勒工名"多以监控质量、回溯处罚为目的。《唐律疏议》中记载,"物勒工名,以考其诚,功有不当,必行其罪",即器物一旦发生质量问题,即可寻名而确定工匠,并对其进行处罚,而非表彰功绩。随后,王韬简单介绍了彼时欧洲的专利制度:"西国之例,凡工匠有出新意制器者,器成上禀,公局给以文凭,许其自行制造出售,独专其利,他人不得仿造。须数十年后乃弛此禁,其法亦良善也。"[1]

至英国伦敦,王韬专门写《制造精奇》介绍英国彼时的专利制度。

英人心思慧巧,于制造一切器物,务探奥窍,穷极精微,多有因此而致奇富者。此固见其用心之精,亦由国家有以鼓舞而裁成之,而官隐为之助也。按英俗,凡人创造一物不欲他人模仿,即至保制公司,言明某物,纳金令保,年限由五六年至二十年。他人如有模仿者,例所弗许。违例,准其控官而罚锾焉。设贫人创物,无力请保而乏资自造者,可告富人令验;如效,则给价以求其法,往往有一二倍之价而获利至千百倍者。

---

〔1〕 李天纲、张安庆编:《海上文学百家文库:王韬卷》(005),上海文艺出版社2010年版,第505页。

第二章　中国专利法的近代起源

如前所述，英国早在 1624 年就以"垄断法"为名制定第一部专利法规。但王韬此处所指之"英俗"，应当为英国于 1852 年颁布的《专利法修正法令》。在该法修订过程中，除了将法律之名称从"垄断法"修改为"专利法"，使法律与规则内容名实相符，还"制定了发明专利的获得程序，第一次明文规定专利申请必须提交专利说明书并在规定期限内予以公布，以统一公布英国专利取代以往英联邦国家单独公布专利的形式"[1]。为应对更加专业的专利审查工作，同年，英国设立了专利局，专责专利申请、审查与授权工作。1872 年，为协调各地的专利审查政策与标准，英国开始系统性培训本国专利审查员。而王韬访英的时间恰处于 1852 年《英国专利法》修订后近二十年的时间节点，英国已经积累了相应的法律适用经验，法律在社会上也产生了切实的效果。因此，王韬得以认识"国家鼓舞""官隐为助"对于创新保护之重要作用。

另，此处"保制公司"似指代 1852 年英国设立的"专利局"。考虑到近代"公司"享有皇家或者王室颁发特许状授予的特权，故不应从现代公司的私人属性对该概念予以解释，但此说仅为依照常理之推测。此外，王韬已经注意到英国存在类似现代规则下的"专利申请权转让"之交易类型。由于穷人可能没有资本申请专利保护或没有相应的经济条件实施专利，英国法准许专利申请权人将其拥有的专利申请权转让给他人，使贫穷申请者亦能通过此类转让而获得经济收益，从而激发全社会的创新热情。

原其制物也，竭心思，广见闻，不惜工本，不避劳瘁，不计时日，遍访寰区，历试诸法，以务求其当，而报之官。如官验之果济于用，则给以文凭，共保若干年，禁止他人私摹其式。其有

---

[1] 杨铁军主编：《专利信息利用导引》，知识产权出版社 2011 年版，第 44 页。

奉明仿效者，则纳资于创造之人。

游历英国期间，王韬已经深切认识到"难"对于发明创造之必要性，而这种"难"与现代专利规则中的"非显而易见性"有所接近。从我国现行《专利法》来看，发明创造的技术特征要求与现有技术有本质之差别，即存在非显而易见性。如果所属技术领域的普通专业人员来看是显而易见的，则该技术方案不具有可专利性。王韬在此处形容，"遍访寰区，历试诸法，以务求其当"，通过描写技术方案形成过程的艰难强调发明创造不应为时人同行业所知晓，否则无需"不惜工本，不避劳瘁，不计时日"，只要模仿即可。"如官验之果济于用"则表明，王韬似乎认为，《英国专利法》之审查主要偏重实用性。实用性，是指该发明或者实用新型能够制造或者使用，并且能够产生积极效果。而从《英国专利法》的修订历史来看，直到1902年修订该法时，英国才要求审查员对过去50年之专利文献进行新颖性检索。因此，从王韬的具体分析来看，"创造一物"的发明创造，应当以审查其实用性为主，同时强调其"较高创造性"。如果需要仿制，则需向权利人付费以获得许可。

又恐他国私摹，于是遍告邻封，官为主持。凡有仿效而不纳资者，则倍其罚。故一物既成，其利几以亿兆。否则几经研求，以发其秘，他人坐享其成，无所控诉，谁甘虚费财力以创造一物乎？未卒业而有惕心者，亦可报闻。如器有实用，而官不以为然，及禁人私摹，而官反阴用之者，皆可讼诸刑司。

欧洲列国林立，技术传播速度较快，一旦在他国仿制，本国权利人将鞭长莫及。为保护本国之专利权人，英国甚至发挥官方作用，加强与邻国之联系以加强保护。此外，王韬首次提出了后

第二章 中国专利法的近代起源

世规则中的"惩罚性赔偿规则",即对于未经许可的侵权行为,"倍其罚",从而提高违法成本。王韬认为,无此保障,相当于放任侵权人"搭便车",最终将导致无人愿意"虚费财力","创造"将无以为继。王韬此观念与数百年后中国立法主旨几乎一脉相承。全国人大就曾在其立法说明中提及,"通过专利法所确立的专利制度,使得那些具有实用价值和经济意义,被依法授予专利权的发明创造,成为专利权人的财产权利,专利权人可以依此在经济上得到利益,这对于鼓励发明创造,调动人们开展发明创造的积极性,吸引更多的资金、人力投入发明创造活动,会产生重要的作用。这一点,已被国外实行专利制度300多年的历史所证实,也为我国专利法实施以来在鼓励发明创造方面所产生的重大作用所证实"[1]。

1894年,学者郑观应的《盛世危言》印行。郑观应(1842—1921年),字正翔,号陶斋,别号杞忧生、雍山人等,广东香山(今广东省中山市)人,1860年入宝顺洋行,1880年起,任上海机器织布局、轮船招商局、上海电报局帮办或总办。他参与洋务运动,经办实业,推行洋务教育,不仅是清末资产阶级改良主义思想家,还身体力行、践行学说,参与商业经营,曾在太古轮船、轮船招商局、开平煤矿、汉阳铁厂、粤汉铁路等清末著名企业任职。郑观应在《盛世危言·技艺》中,从制度比较的角度对美国、英国、日本、俄罗斯等国家的奖励科技、专利保护等制度进行研究介绍,其中首先涉及英国的制度介绍。

乾隆十八年,英国特开艺术大会,无论巨商小贾、薄技片长,苟有能出乎其类、拔乎其萃者,则会主给予文凭,以为积学之券。

---

[1] 全国人大常委会法制工作委员会经济法室编著:《〈中华人民共和国专利法〉释解及实用指南》,中国民主法制出版社2009年版。

其有能造灵妙机器有利于人，则当奏准朝廷奖其才艺。此会一设，各人乐从，皆自出才力心思，以博荣名。于是各国蜂起，争相仿效，无不有工艺院之设。若创一新法呈验有益于世者，准创者独享其利若干年。

此事应当是指1753年英国议会通过《大英博物馆法》（*British Museum Act*）。"准创者独享"应当是指该法案如下规定："根据上述授权，国王陛下、他的继承人和继任者在今后任何时候，都可以合法地以盖有大不列颠国印的专利证或契约书授予上述受托人和他们的继任者专利权"。[1]实际上，英国专利法的起源可以再往前追溯一百余年。《英国垄断法》（Statute of Monopolies）于1624年5月29日在英格兰国会通过，该法被认为是英国历史上第一部专利法，也是现代专利法之始祖。该法规定，"新产品制造方式之真正、首位发明者，且不得有提高制品国内售价、伤害交易抑或一般不便利等违反法令抑或欺骗国家的行为，符合前揭条件之专利权人将获有14年垄断权之保障……未经专利权人允许，任何人不得生产、制造、销售、使用系争方法及相类似产品。违者将受到严厉的经济和法律制裁"[2]，为专利法奠定了基本的制度框架。

随后，郑观应介绍了美国专利法相关情况，具体内容如下。

凡有新出奇巧之物，绘图贴说，进之当事，验其确有其实用，即详咨执政，予以专利之权，准给执照，并将名姓图说刊入日报，

---

[1] And be it further enacted by the Authority aforesaid, that it shall and may be lawful to and for His Majesty, His Heirs and successors, at any time hereafter, by letters patent or indenture, under the Great Seal of Great Britain, to give and grant unto the said trustees and their successors.

[2] 陈丰年：《专利权之历史溯源与利弊初探》，载《知识产权》第156期。

第二章　中国专利法的近代起源

俾遐迩周知，所以有美必彰，无求不得，殚精竭虑，斗巧争奇，莫能测其止境也。美国发牌衙门设总理一人考验机器，及画师、书吏各二十余人，每一礼拜呈验器物者，不下七十余种，酌收牌费，足敷公用。如此专门名家实事求是，制造所由日广，工艺所以振兴耳。

实际上美国第一部专利法早在 1790 年 4 月即开始实施，但当时并未设立专门的专利局，而是由美国国务院负责专利审查与批准授予。有趣的是，时任国务卿、后任美国总统的托马斯·杰斐逊被认为是美国历史上第一位专利审查员。1802 年，美国专利局成立，即为前文中的"发牌衙门"，附属于国务院，规定专利保护期为 14 年。但当时的审查费用并不如郑观应所说的"酌收牌费，足敷公用"，而是达到了 4 美元至 5 美元。1796 年通过的美国《土地法》规定，美国政府要以 2 美元每英亩的价格出售一些土地，这使得审查费用几乎等同于两英亩的土地，难以认定为"酌收"。或许这是郑观应为了避免从未建立现代专利制度的中国听闻如此高的审查费用而止步不前所言。郑观应在《盛世危言·技艺》后附随一篇小文《振兴工艺制造说》，继续介绍西方专利制度。具体内容如下。

泰西立法无论士商军民，有能制造一物者以初造式样上诸议院，考验察试，以为利于民便于民，则给领凭票，定限数年，令其自制自售独专其利，他人有依傍仿效以争利者，征究不息。彼制造者于数年之间既以独专其利，而获利无算，所呈式样什袭珍藏，后世有摩挲斯物者以为创于某人，犹相与叹赏，不置是利之中有名在焉？此所以泰西制造之精且新者层见叠出，炫异争奇日新月异而岁不同也。

晚清知识产权制度发展史论

郑观应准确把握了专利制度的激励本质。正如美国总统林肯所说，专利制度是"给天才之火，浇上利益之油"，而"利益"更多是使权利人获得经济收益。例如，美国第一个专利的授予者萨缪尔·霍普金斯（Samuel Hopkins），其技术方案是有关钾肥之制造的，且系美国第一任总统华盛顿、国务卿杰斐逊（后担任第三任总统）以及司法部长伦道夫（后担任国务卿）联名签发。根据后世学者估算，霍普金斯之专利在14年有效期内，收益可高达百万美元。考虑到彼时货币的购买力，其收益确实非常可观。为了参照英国、美国等国家的成功立法经验，郑观应提出应当根据技术方案和制成器物创造性的高低，将专利区分为上中下三类。

今拟设立工艺专科，即隶于工部，其为尚书侍郎者均须娴习工艺。诏各省人民有新造一器、新得一法为他人所无者，为上等。或仿照成法能驾而上之者，为中等。若智巧犹人，才具开展者，为下等。此三等人皆得与试，取列后可以为工务官员。其有自愿售技者，国家准予保护，令专利二十年。

郑观应对于不同类别的技术方案和制成器物统一给予二十年保护期，这与现代专利规则基本不同。现代专利规则根据创造性之高低将专利区分为发明专利与实用新型专利，这一点暗合郑观应根据"新造新法""仿照成法能驾而上""智巧犹人"这三种创造性高低的区分。但是现代专利规则基本坚持创造性高者保护期限更长的基本法理，以此激励发明者能够取得更大的技术进步。例如，我国现行《专利法》第42条第1款规定，"发明专利权的期限为二十年，实用新型专利权的期限为十年……"因此，郑观应统一给予二十年保护期，实际上使上等、中等、下等专利徒有授予专利权人官职大小之差别，而无法为主动实施者、"自愿售技者"提供更加差异化的保护期激励。

第二章 中国专利法的近代起源

1896年，陈炽的《续富国策》刊行。陈炽，字克昌，号次亮，江西瑞金人，曾任户部郎中和刑部、军机处章京等职。他遍历沿海大埠，至香港、澳门等处，"留心天下利病"，积极钻研西学，主张学习西方以求自强。光绪二十一年（1895年），陈炽与康有为在北京组织"强学会"，任提调。此外，他还主张变法，批评顽固派"茫昧昏蒙"，批评洋务派"屈己伸人"[1]。

陈炽之专利思想则包含于其"振兴商务"思想之中，尤其体现在其所撰写的《续富国策》中。该书内容广博，涉及农业、畜牧、渔业、机器制造、交通物流，甚至包含保险、银行、货币等内容。该书立意高远，颇有追比先贤之意。在表述撰写缘由时，陈炽表示，"有贤士某著《富国策》[2]，使该国'举国昭若发蒙'，而近今八十载商务之盛遂冠全球"。陈炽检讨了中国近代以来积贫积弱之缘由，提出师法西方的政治经济主张，"博采泰西制器尚象之理，强兵富国之原"。在《续富国策》的"自叙"中，其表示，西方各国"明季以后，畸人辈出，因旧迹，创新器，得新理，立新法，着新书，及水火二气之用成，而轮舟、轮车、火器、电报及各种机器之制出，由是推之于农，推之于矿，推之于工，推之于商，而民用丰饶，国亦大富，乃挟其新器新法，长驱以入中国，中国弗能禁也"。

面对此等大变局，陈炽提出以"振兴商务"为中心的救国主张，提出"自今伊始，制国用者必出于商，而商务之盛衰，必系国家之轻重，虽百世可知矣"[3]。此外，陈炽认为机器制造与生产对商务之发展意义重大。在《续富国策》中，陈炽认为，只要

---

[1] 张岱年主编：《中国哲学大辞典》，上海辞书出版社2010年版，第849页。
[2] ［英］亚当·斯密：《国民财富的性质和原因的研究》，上海译文出版社2022年版。
[3] 陈炽：《陈炽集》，中华书局1997年版。

中国将机器生产提升到与西人同样的技术水平，在劳动力廉价的加持下，中国将取得优势。他认为，"日本自开埠通商，讲求工艺，皆能精置西物以廉价售与西人，我亦何妨反其道而行之，迎其机而导之，以隐收其利。盖中国人工值廉费省，与西人同制一物，我之成本必贱，彼之成本必昂，此中国商务大兴之根本也"。由此思路，导入到如何提高中国机器之工艺水平，陈炽认为，有必要借鉴西方专利制度对于技术创新的保护，从而激励技术不断进步。他认为，"西人自有给凭专利之制，非止兵械精工，而百废具兴，遂以富甲寰瀛，方行海外。于是轮舟、轮车、电灯、电报种种新法生焉……原皆自给凭专利一法开之，所谓重赏之下，必有勇夫"，应利用民众追求物质财富的心理引导其参与技术创新，进而推动商务之发展。因此，陈炽可被视为阐明专利法制度功能与经济发展关联关系的早期学者之一。

严复在1898年开始翻译的《原富》一书中也认为，"辜榷专利之事，为斯密氏所深恶。诚哉，其足恶也，然而有时以通国公利而论，专之愈于不专。此如创机著书诸事，家国例许专利，非不知专利之致不平也。然不专利，则无以奖劝激厉，人莫之为，而国家所失滋多，故宁许之"[1]。在该段按语中，严复明确认识到对技术创新进行专利保护实际上将可能造成经济上的"不平"，但这种不平等将"奖劝激励"，有助于激发创新，如果僵化地按部就班，于国家损失更大，故而准许专利保护。

1902年，贝子载振奉命出使英国，致贺爱德华七世加冕，回国途中顺访美国、法国、日本、比利时等国家。在访问使团中，参赞官唐文治对彼时欧美诸国的法政、经济制度较为留意，撰写了《英轺日记》。该书部分内容改编后，以《京话演说振贝子英轺

---

[1] 伍杰编著：《严复书评》，河北人民出版社2001年版，第108页。

第二章　中国专利法的近代起源

日记》为名刊发在《绣像小说》上。由于《绣像小说》增加了"绣像"帮助读者理解，且文字偏重白话，较为通俗易懂，《京话演说振贝子英轺日记》刊发在该期刊上，流传甚广，其中涉及专利的部分对于清末专利知识普及工作产生了较大影响，一定程度上发挥了非正式法律渊源之功能。具体内容如下[1]。

查法国工商专利章程 1844 年定的例，工艺里头，有创新法的，国家自然要奖赏他，奖赏他的法子不过是推广制造的专权，使那些商家不敢分他的利，然而专利也有年限，满了期什么人都可以仿造。专利的文凭上有四条例：第一条要这东西实实在在是他自己造的；第二条确是新法；第三条是有关工艺；第四条是有利于民。

"法国工商专利章程 1844 年"，系指 1844 年 7 月 5 日法国颁布的第二部专利法。该文第一句系介绍《法国专利法》的基本逻辑，即"专利"而非"分利"，但专利保护期过后，其进入公有领域，"什么人"都可仿制。第二句则是介绍专利的授权条件：其一，"这东西实实在在是他自己造的"是指发明人是发明创造的完成者，这一点与现代专利规则中强调发明者是对发明创造的实质性特点做出创造性贡献的人的观点基本一致。但从现代专利规则来看，专利授权条件侧重实质条件，即新颖性、创造性和实用性之讨论，因此可将本条视为形式条件。其二，"新法"似乎对应现代专利规则中的新颖性以及创造性中"显著的进步"。其三，"工艺"则是将专利之对象限于技术方案。其四，"有利于民"对应的是实用性。但从法国专利法的发展历史来看，1844 年《法国专利法》并未从实际上确立上述完整的授权条件，在 19 世纪初的一些

---

[1]《京话演说振贝子英轺日记（续）》，载《绣像小说》1903 年第 15 期。

专利文件中甚至明确标记,"法国政府在授予专利权之前并未对申请进行审查,因而并不以任何方式担保该发明的新颖性、价值性或者成功性"。一般认为,1968年法国才建立起对于新颖性之审查。以此观之,唐文治对于1844年《法国专利法》授权条件之认知似乎带有理想化成分。

> 造东西的人,要请专利文凭的,先告诉商部,也有四条例:第一条,两样东西(发明)不准合请一张文凭,为的是两样东西有(收)两样东西的税,请专利的时候要开清名字、填明年限;第二条,拿上去的制物说略,不准添注涂改,不准用外国文字;第三条,制物图样,或是一张(图)或是两张(图),是听(申)请专利(人)的便;第四条,开明呈单图说各清单,自己先签上字,跟着头批收税单一块儿拿上去,一切呈单图说的原稿,存在商部,好等人家来查,查到期满了,就可以仿造。

第三句则是介绍《法国专利法》的申请程序与文件内容。"不准合请一张文凭"是遵循专利申请的单一性原则,我国现行《专利法》第31条即有此规定,要求申请时,"一件发明或者实用新型专利申请应当限于一项发明或者实用新型。属于一个总的发明构思的两项以上的发明或者实用新型,可以作为一件申请提出"。"制物说略"应指代"说明书",主要作用是对发明创造作出清楚、完整地说明。该要求亦与欧洲专利法制度史相契合。18世纪中后期,欧洲主要国家逐步强调通过专利发明书以公开其技术方案。例如1795年,英国布勒(Buller)大法官认为,"说明书是专利权人为其垄断所支付的对价"[1]。因此,法国在19世纪中叶重视专利发明书的目的不言自明。"制物图样"系指附图,我国现行《专

---

[1] 杨德桥:《专利实用性要件研究》,知识产权出版社2017年版,第230页。

第二章 中国专利法的近代起源

利法》第 26 条亦规定，必要的时候，应当有附图。

专利的年限：或是五年，或是十年，或是十五年，都等创造的人自己定。打（申）请专利文凭的日子算起，算到满期。五年的纳税五百，十年的纳税一千，十五年的纳税一千五，这款按年分批交纳，碰着交纳不清的，就可撤销他的专利文凭。

剩余部分主要讨论专利年限、专利年费缴纳以及拒绝缴纳的撤销专利后果。此处"税"应当指代申请费、审查费、印花税、年费等各类费用。同时，该部分亦介绍了拒绝交费即发生权利消灭之法律后果。我国现行《专利法》第 44 条也规定，没有按照规定缴纳年费的，专利权在期限届满前终止。但从后世研究来看，该费率因设定相对较高而被批评，被认为严重阻碍了普通发明者的专利申请。美国学者佐里纳·卡恩（B. Zorina Khan）曾在其研究中举例说明，"让·波宗（Jean Bozon）发来一封信，说他很难找到 150 法郎的专利费用（五年的鞋类专利），他要求政府同情'一个体面的家庭'。1816 年 11 月 4 日，弗朗索瓦－古里要求延长其帽子的专利费用的支付时间，但六个月后，他将五年的专利权转让给了制造商库斯托，人们可以推测，这次出售的部分原因是他难以支付每年的费用"[1]。但在彼时中国，鼓励创造尚且不及，此类高费率并非被清政府全盘接受。

在上述官方背景的推波助澜下，专利保护之制度规范、立法目的等逐步进入大众话语体系。1903 年，《鹭江报》就曾提出，"夫专利云者，谓其物由创造，非他人所能做，故许其专利，以奖

---

[1] B. Zorina Khan, "Intellectual Property and Economic Development: Lessons from American and European History", available at http://www.iprcommission.org/papers/pdfs/study_papers/sp1a_khan_study.pdf, last visited on 2023-3-17.

其劳。若平常制造之物，则此人能造，彼人亦能造，若滥许专利，是利有偏壅而反狭出产之路矣"[1]。1908年，《商务官报》发表题为《专利说》之文章，亦解释专利保护的制度原理，载明"以一人独操卖物之权，驰骤于市，左睥右昒，而攘取举国莫能争之利，其权残商业，固莫此为甚，此世人所共晓也。然智巧之士，不惮积数十年心力，耗无数资财，幸而创获一新理，发明一新法，卓然成家，非偶然事也。国家不有以鼓舞之、劝励之、设法以保护之，其孰肯惨淡经营，忘寝废食而甘为此浪掷虚牝之举者，于是有所谓专利权焉"[2]。该文与严复思路较为接近，认为专利取"举国莫能争之利"，对于商业兴盛具有较大的负面影响，但回顾发明者之艰难历程，"心力""资财"耗费无数，方得一创新，因此国家应设专利权以保护之。

1908年，《农工商报》亦发表文章讨论专利，并从产品专利的新颖性视角区分不同的保护客体，具体内容为："故我谓当分为三：其一自己想出新法，为中外所无者，不论其物之贵贱，必当许之；其二此物虽为外国所有而尚为中国所无，彼能委屈多方学习其法而回者，亦当许之；其三该物虽不是近时新创，但是他一家所独擅，别家未有者，不论物之贵贱亦当许之；若多人所共知能造之方，则绝无给予专利之办法。"[3]上述内容中，第一种情形属于全球新颖性；第二种为国内新颖性；第三种则并非保护专利，而是对在相关市场上占据垄断地位的企业的支配地位之确认，但此种垄断并无激励创新之功用，似与专利保护并无太大关系。此

---

[1] 汇论：《辨近日专利之误视》，载《鹭江报》1903年第41期。
[2] 章乃炜：《专利说》，载《商务官报》1908年第12期。章乃炜，字唐容，浙江吴兴人，为书香世家，青年时曾求学于上海南洋公学，后以《清宫述闻》一书而知名史学界。
[3] 侠庵：《论专利与工艺发达之关系》，载《农工商报》1908年第30期。

外，第三种观点似乎亦属于商业秘密之保护，属于对于"能造之方"的保护，对此仍存在多种解释。同时，该文强调专利激励与经济走势密切相关，认为"逆其利己之心，天下必衰且弱；顺其利己之心，天下必富且强"。从微观层面上，"不行专利之策，我国工艺断无进步之日"，强调了专利对于技术进步发展之基础作用。

随着舆论的传播，社会讨论专利立法蔚然成风。浙江省《鄞县通志》就曾记载："器用以求新为贵，人材由激励而成。今海外各国，请求新器，许以专利，争奇竞胜，不遗余力。中国近年风气渐开，两浙物产殷富，向来制造各工，心思灵敏，器用素称精良，近更有参究西法，独出新意者"〔1〕，可见效仿西法、实施专利保护已经从北京、上海此类大城市逐步深入沿海地区的中小县城，起到了知识启蒙之功效。

第三节 关于中外商约谈判中的专利条款及其争议

清末中外缔结的商约中多涉及版权、商标条款，而专利条款主要集中于清政府与美国关于商约之谈判中，这与美国本国立法关系甚大。美国立国之初，其1787年《宪法》第1条第8款在列举国会权力时即明确要"保障著作家和发明家对其著作和发明在限定期间内的专利权，以促进科学与实用技艺的发展"。在该宪法条款要求下，美国于1790年4月制定了《美国专利法》。受本国法之影响，美国在与清政府进行商约谈判时亦强调了专利法条款。

---

〔1〕 曾海帆编著：《专利制度发展简史》，湖南省专利管理局、湖南省科技情报研究所1985年版，第167页。

晚清知识产权制度发展史论

1903年，在清政府与美国《中美商约》的谈判中，美国政府最初提交可供讨论的专利条款："美国政府允许中国人民将其创制之物在美国注册，发给创造执照，以保自执自用之利权。中国政府今亦允，凡美国人民创制各物已经美国给以执照者，经向南北洋大臣注册后，援照所允保护商标之办法，保护其在华自执自用之利权。"[1]清政府在谈判之初即认为兹事体大，可能不利于国内实业发展，尤其不利于国内军事仿制产业之发展，而该产业对于维系清政府之脆弱统治至关重要。清政府代表提出，"中国现在广开民智，讲求制造，若准保护美国专利牌照，是自塞其智慧，万难照允"。但美国谈判代表坚决不同意，表示"人费心思制成对象，他人盗而效之，是与夺人产物无异，文明之邦不应出此"[2]。美方将该条款之取消或保留上升为文明判断问题，可见其对该条款之重视。僵局中，中国谈判代表表示，"中国所虑者，在军火器械不能仿造，必须声明此项不在此列"。对此美方代表认为，"约文说明军火器械，太不得体。将来中国定专律时，可以载明某项不在此列，此中国自主之事"。经过清政府的坚持，条约中"凡此美国专利衙门所发给美国人民之专利牌照"条款增加了"合例"的限制，以适应中国之现实。

在此期间，张之洞曾数次致电清政府谈判代表吕海寰、盛宣怀、伍廷芳等人，表达对于美国专利权保护之担忧，其表示，"美约中保护专利一款，大于中国有害。今日中国救贫之计，惟有振兴农工商实业，劝导民间仿用机器制造，以外塞漏卮，内开民智，尚足一线生机。若许洋人专利，所出新机，我皆不能仿造，是自

---

[1] 中国近代经济史资料丛刊编辑委员会主编：《辛丑和约订立以后的商约谈判》，中华人民共和国海关总署研究室编译，中华书局1994年版，第168页。

[2] 赵德馨主编：《张之洞全集》（五—十二），河北人民出版社2008年版，第9069页。

第二章 中国专利法的近代起源

枉中国利源,自蹙国民生计"[1]。1903年4月28日,清政府谈判代表吕海寰、盛宣怀、伍廷芳等与美方代表就协议内容初步达成合意。对于该协议内容,张之洞多次表达不满,认为"创制专制,关系中国全国制造,一经允其保护专利,禁我仿造,为害无穷",并建议与美方沟通,认为"中国以后仿造机件,断非专仿美国专利之机。各国现皆无异言,美国又何必坚索此款,害我中国",表示不删除该专利条款,其就拒绝向朝廷会同上奏。此举引发美方代表强烈不满,认为"彼此久经拟议,今忽欲删除,此似骗令美允加税后再行逐条抽去,殊非开诚布公之道",质疑清政府缔约商约之诚信。为了更好地表达其意思,张之洞于1903年7月6日发出长电,解释其对于专利条款之立场,主要内容如下。

其起首数语,"美国允许中国人将其创制之物,在美国领取专利牌照"云云,此时中国人岂有能创制新机在美国设厂者,不过借此饵我允保护美人专利耳,真愚我也。所谓"保护"者,即禁我仿效之谓也。现中国各省局厂,仿用外洋新机、仿造专利机件不少,且正欲各处推广制造,以挽利权。此款一经允许,各国无不援照。此约一经批准之后,各国洋人纷纷赴南、北洋挂号,我不能拒,则不独中国将来不能仿效新机、新法,永远不能振兴制造,即现有之各省制造各局、枪炮弹药各厂,效仿外洋新法、新机者,立即停工,中国受害实非浅鲜。

张之洞认为,所谓的互惠条款,受中国工业幼稚之局限,仅能获得法律条文上之形式平等,但无法获得实质上产品平等之地位,美国政府实际上是在哄骗、愚弄清政府。反观彼时中国,洋

---

[1] 吴友富主编:《外语与文化研究》(第三辑),上海外语教育出版社2004年版,第943页。

务运动期间所举办各厂局仍然采用西方先进生产技术，在军事、矿务、造船等直接关系国防领域的产业中进行器具仿制。例如，19世纪末，江南机器局先后成功仿制了"马克沁重机枪""曼利夏连发枪"等，并开始装备清军。因此，张之洞尤其担心，此条款一旦允许，中国脆弱的近代军事工业将会遭受严重侵害，无法组织生产，甚至影响国防安全与边境安定。

由此电文，张之洞亦被当作保守派而受到批判。例如部分学术观点认为，张之洞"是个买办官僚"，"即拥有专利，转而又反对专利"，导致"刚刚在我国兴起的专利事业，很快由徘徊而逐渐走向消亡"[1]；"以张之洞为代表的部分保守官僚对实行专利制度，尤其是保护外国人专利权极力反对"[2]；"顽固派认为，中国太落后，如果实行专利，将直接妨碍我国仿制外国新技术、新工艺"[3]。但平心而论，张之洞在工业幼稚、仿制为主的清末经济社会发展条件下，拒绝或者削弱专利保护似具有一定的合理性。后发国家的工业化初期到工业化中后期，大多经历了从技术学习、模仿到自主创新等阶段。在技术学习阶段，国家主要通过对引进技术消化、吸收和再创新，逐步发展本国经济。张之洞担忧，彼时中国本就在"仿效新机"，学习尚且不及，一旦实施专利保护，中国更加无法接触、实施西洋先进技术。

后发国家先以仿制为主，弱化专利保护以实现国家发展，在一定程度上符合其实现技术跨越的历史经验。以印度制药业为例，由于该国人口基数大，且收入较低，如何满足该国民众之用药需

---

[1] 张尚策：《清朝末期对专利制度的两种意见》，载《知识产权》1996年第2期。

[2] 康添雄：《专利法的公共政策研究》，华中科技大学出版社2019年版，第55页。

[3] 裴钰：《回眸晚清的知识产权立法保护》，载《中国发明与专利》2010年第11期。

第二章 中国专利法的近代起源

求成为印度政府的重要问题。为此,印度从 20 世纪 70 年代开始极大地削弱药品的专利保护,药品的专利保护期被缩短为 5 到 7 年,并且取消了药品的化合物专利,从而使本国企业可以合法仿制跨国药企的专利药品。随着仿制药企的逐步发展壮大,印度从 20 世纪 90 年代开始加大研发投入,使其国内药品专利数量大幅增加。从 2010 年开始,"印度通过对仿制药和活性原料药的创新工程技术在国际上占有了一席之地",并推动本国药企逐步向创新类药企转型,同时对医疗专利制度进行全面改革以激励创新[1]。

在中国,该仿制思潮甚至延及民国时期,时任国民政府经济部工业司科长的秦宏济,作为民国专利制度建立与改革的切身参与者,也认为民初不准许外国人呈请注册专利具有一定的合理性。原因是清末"工业落后,技术幼稚,正宜鼓励人民,对于外国成法,多加研究,仿效利用,以求进步,若准许外国人呈请专利,徒然增加干扰,而阻碍国人对于外国新发明之模仿利用"[2]。甚至我国于 1984 年制定《专利法》时亦存在此类主张。"一些相当有影响的同志这时候上书中央,痛陈在我国建立专利法律制度的弊端。他们认为,有了专利法,我们就不能再仿制外国的产品和技术,这对保护民族工业不利。他们还列举了一长串具体数字,证明专利保护弊大于利",认为"专利就意味着技术垄断,就是技术封锁"[3]。

对于张之洞之电文,清政府外务部亦持赞同态度。但在后续谈判中,美国拒绝删除该条款,并表示正是由于该条款,美国才

---

[1] 陆涛、李天泉主编:《中国医药研发 40 年大数据》,中国医药科技出版社 2019 年版,第 9 页。
[2] 秦宏济:《专利制度概论》,商务印书馆 1945 年版,第 15 页。
[3] 吴海民:《大国的较量:中美知识产权谈判纪实》,长江文艺出版社 2009 年版,第 67 页。

同意将来讨论治外法权之废除，谈判遂一度陷入僵局。为此，1903年8月19日，几位谈判代表联名回复，逐一解答张之洞之疑虑。首先，中国已有商人前往美国申请专利，互惠条款将产生对华有利之实际效果。伍廷芳以自己在美担任外交官之经验称，"闻有华民曾赴美国专利衙门注册者，并非美使造言"，并且援引美国代表"此事于光绪二十四年间有闽商在总署呈报创制纺纱新机，请予专利，因较美机为良，曾经照会美国注册，给予专利有案，彼此有报有施，该款万不能删"的陈述加以佐证。根据美国加州大学伯克利分校学者马克·柯恒（Mark Allen Cohen）之考证，一位名为"梅振魁[1]"的中国人于1906年7月18日向美国专利商标局提出关于加强版坚果钳子的专利申请，并于1908年3月31日被授予专利。该申请文件以"我，作为中国皇帝的子民"开头，这也是在美国学术界有史可考之最早的华人专利申请，并非如美国代表所称，"光绪二十四年"，即1898年就有中国人在美申请专利。其次，可以通过增加条约条款保障中国主权，而非完全删除。条约中有"未经中国人预先注册者，可向中国专利衙门注册字样，则不独其设与否，其定与否，权操在我，并非约一定即须保护"。最后，可以以国内法对条约内容作出适当调整，以强化国内权利人之保护。"我将来设署、定律后，尚有中国人预先注册一节，可

---

[1] 根据马克·柯恒教授考证，梅振魁系广东台山人，曾在杰佛逊医学院（Jefferson Medical College）学习，并于1890年获得了医学学位，成为该校历史上首个中国毕业生，也是全美首个华人医师。详见柯恒：《中国第一个跨国专利申请人》，载 https://chinaipr.com/2012/01/13/first-chinese-patent-filer-in-us/，最后访问日期：2023年3月17日。研究华裔移民史的苏思纲（Scott Seligman）在新书《梅氏三雄》（*Three Tough Chinese Men*）中对梅振魁的生平做了较多记载，其因受排华法案影响，无法获得公民身份，纽约州无法授予其行医执照。梅振魁之堂弟梅甲长（Moy Gop Yahn）辗转来到美国首府华盛顿，后任联邦移民局翻译官。

第二章　中国专利法的近代起源

以暗中斡旋，似与收回治外法权一款同一用意，同一办法。"[1]

1903年8月24日，张之洞回电，其态度已经有所软化，表示，"创制专利一款，美使既坚不肯删，今改'将来举行'较好。将来设专管衙门后定章程时，唯有专利年限不令太宽耳"。同年9月1日，随着美国在盐税一事做出让步，中国随即就专利条款提出妥协文本，美方予以同意。其原文如下："美国政府允许中国人民将其创制之物在美国注册，发给创造执照，以保自执自行之权利。中国政府今允将来设立专管创制衙门。俟该专管创制衙门既设，并定有创制专律之后，凡在中国合例售卖创制各物已经美国给以执照者，若不犯中国人民所先出之创制，可由人民缴纳规费后，即给以专照保护，并以所定年数为限，与所给中国人民之专照一律无异。"该文成为《中美商条约》第10款。

此外，《中葡通商条约》中亦涉及专利条款，但内容较为简单，且中国、葡萄牙经贸往来远不如中美之间，加之该条约被葡萄牙搁置了一年多，最终未能批准生效[2]，也弱化了对该条款之研究。1904年11月，清政府代表盛宣怀与葡萄牙参政大臣白朗谷（José de Azevedo Castelo Branco）以"推广彼此两国贸易交涉并振兴彼此权利"为名签订《中葡通商条约》。该条约第15款规定，"凡葡国人民若创制新物、新法，在中国专管创制衙门定有创制专律之后，请领创艺执照者，中国查察若不犯中国人民所先出之创制，可由葡国人民缴纳规费后，即给以专照保护，并以所定年数为

---

[1] 王彦威、王亮辑编：《清季外交史料》（7），湖南师范大学出版社2015年版，第3223页。

[2] "在澳门设立铁路总站征税、澳门设趸船管理行轮事宜、制定详细洋药缉私章程等规定，一方面使葡萄牙当局承担了更多的帮助中方查税的责任，另一方面使中国的海关权力向澳门伸展，这非葡萄牙政府所愿；葡方粮食运澳等要求没有得到满足；葡方扩大澳门界址的企图更是不可能实现。这种种因素促使葡萄牙政府不批准1904年的中葡条约。"详见李永胜：《1904年中葡交涉述论》，载《历史档案》2009年第3期。

限，与葡国保卫华民在葡国所请创艺执照者一律无异"[1]。由于《中葡通商条约》在订立过程中受到《中美商约》之影响，例如，专利条款中"创制专律"之后方可进行专利申请，与《中美商约》之内容较为接近，清政府试图设定过渡期之类的"缓兵之计"，避免立刻对葡萄牙之权利人进行保护，从而影响脆弱的中国工业。此外，该款规定还要求葡萄牙权利人之申请不得违反中国国内之新颖性。鉴于彼时我国工业幼稚，虽然葡萄牙亦不属于发达帝国主义国家，但两者仍存一定差距。因此，清政府如能坚持全球新颖性以制衡葡人，当可提高其在中国申请专利之水平，方能实现具有较高创造性的专利保护与技术激励。

---

[1] 广东省档案馆编：《广东澳门档案史料选编》，中国档案出版社1999年版，第231页。

第三章

清末专利法规的制定过程与规范内容

1910年《大清著作权律》得益于清末修律之风气大开，不仅组织机构初具规模，而且立法程序肇造，已经有其他法典的立法经验与相应的制度配套，方有前述"商部草拟、宪政编查馆审核、资政院三读"之立法程序。同时随着其他律法修订，中国法律制度呈现整体推进之态势，为《大清著作权律》之通过营造了外部立法环境。反观作为清政府主要专利法规的《振兴工艺给奖章程》，其颁布于戊戌变法期间，彼时立法环境与十余年后清末修律不可同日而语，人们对西学、西技的认知远不如甲午战后之痛切，新党旧党斗争激烈，这也消减了该章程之实际效果。最终，这使得《振兴工艺给奖章程》在立法程序、规范结构等方面与《大清著作权律》存在差异，整体来看，章程的传统色彩更加明显。

第一节　立法程序

如前所述,《振兴工艺给奖章程》于 1898 年 7 月颁布,彼时立法程序尚未如清末变法修律时规范,更多体现为遵循中国传统立法模式。中国古代立法,"经过大臣的上书、研究、请示,成熟了由专门的大臣、群臣共同讨论,有时也讨论得很激烈,最后由皇帝和大臣一起参加讨论"[1]。《振兴工艺给奖章程》亦是大体遵循上述路径,遵循"大臣上奏—皇帝准奏、交专门大臣—专门大臣草拟—皇帝批准颁布"这一立法程序。

1895 年 5 月,清末维新派重臣、时任顺天府尹的胡燏棻向光绪帝上书《条陈变法自强疏》。胡燏棻(1840—1906 年),字芸楣,清同治十三年(1874 年)中进士,被选为翰林院庶常馆庶吉士,曾任总理各国事务大臣。光绪二十六年(1900 年)以后,其历任关内外铁路总办和刑部、礼部、邮传部侍郎。在该条陈中,胡燏棻指出自彼时中国技术引进已经十数年,但一旦发生战事,枪炮、机器仍依赖从西方进口,未有技术之创新优于西方,也未有技术在民用方面大力推广使用。究其原因,其中,中国官办企业中的技术人员,"即有自出心裁,思创一器者,而所需成本,苦于无从报销"。反观西人企业,其创制器物,"成本费数十万金,然后享无穷之利,垂久大之业"。"今中国之工匠,既无此坚忍之力,国家又别无鼓舞之途,遂事事依样葫芦,一成不变",自然难有所成。虽然胡燏棻并未在后续的对策建议中要求制定专利法,但该等原因剖析,"国家鼓舞"之意已经暗合专利法之鼓励发明创造的制度

---

[1] 武树臣:《长歌行》,商务印书馆 2017 年版,第 443 页。

第三章 清末专利法规的制定过程与规范内容

原理。

1898年6月，清末维新派领袖、时任工部主事的康有为呈折《请励工艺奖创新折》，其中更是涉及多个对于发明创造予以专利保护之主张。康有为认为西方之强，部分原因在于"其工人制有新器，发从古未有之巧者，予以厚币、功牌，皆许其专利，宽其岁年"，并介绍西方各国专利的管理机构以及专利保护期限，表示"各国及日本有专卖特许，寮掌鼓励民人制造新器。凡有创制新器及著一书，皆报官准其专卖，或三十年，或五十年，不准他人仿造，并赏给牌照以为光荣，视其器物分作数等"。他还以爱迪生发明电灯而申请专利为例，称"爱的森以专卖电灯之故巨富至五千万"。因此，他主张师法西方，对新器进行专利保护。康有为"乞下明诏，奖励工艺"，主张"创新器者，酌其效用之大小，小者许以专卖，限若干年，大者加以爵禄，未成者出帑助成"。

在《请励工艺奖创新折》中，康有为提出将"发从古未有之巧"作为专利保护之条件，这已经与现代专利规则中的"创造性""新颖性"要件较为接近。"古未有"是暗合"新颖性"，如对古人已有之"巧"授予专利，则是将公共领域之知识进行垄断，显然损害公共利益且无助于激励创新之目的实现；"巧"则是强调"创造性"要件，即技艺高超，否则难以被称为"古未有"。此用法似与"巧"的引申义较为接近，不仅指代技术，而且指代技术高超，如《核舟记》中的"明有奇巧人曰王叔远"[1]。根据此词义理解，康有为强调技艺之内容"发先人之未发"，且应当"巧"，与现代专利规则关于创造性中要求技术方案"有突出的实质性特点和显着的进步"之意蕴相去不远矣。在几位维新派大臣的提议下，1898年7月5日，光绪皇帝发布上谕，指出起草奖励新工艺

---

〔1〕（清）张潮辑：《虞初新志》，河北人民出版社1985年版，第180页。

晚清知识产权制度发展史论

章程之必要性[1]。

　　自古致治之道，必以开物成务为先。近来各国通商，工艺繁兴，风气日辟。中国地大物博，聪明才力，不乏杰出之英。只以囿于旧习，未能自出新奇。振兴庶务，富强至计首在鼓舞人才。各省士民著有新书及创行新法、制成新器，果系堪资实用者，允宜悬赏以为之劝，或量其才能授以实职，或锡之章服表以殊荣，所制之器，颁给执照，酌定年限，准其专利售卖。其有能独力创建学堂，开辟地利，兴造枪炮各厂，有裨于经国远猷殖民之大计，并着照军功之例，给予特赏，以昭鼓励。其如何详定章之处着总理各国事务衙门，即行妥议具奏。

　　对于该上谕，梁启超做出了很高评价，其认为，"欧西当四五百年前，守旧愚弱甚矣。自创学级之赏，定专许之例，悬重赏，立高科，鼓励士民，以创新法制新器寻新地，于是新洲发见，新学大昌，新器大行，士民益智，国势益强，其本皆由于此。康有为既请废八股，以去窒塞灵明之具，复上此折以开穷理制器之风。皇上深知民智之当开，立即施行，悬破格之赏，予清要之官，立专卖特许之务，俾国中士民，移其向者作八股之聪明才力，为讲求实学之用，盖所以鼓励之者得其本矣。中国人之聪明，本不让欧西，特千年以来，君上务以愚民为术，抑遏既久，故日即于固陋耳。苟能导之，则公输子之飞鸢，偃师之制人，张衡之地动仪，诸葛之木牛流马，祖暅之轮船，宇文恺之行城，元顺帝之自鸣钟，张骞之凿空西域，甘英之通大秦，郭守敬之创大统历测吉州谦州，必有纷纷出者。百十年后，才智心思之辟，万亿新器新书新法新

---

[1] 汤志钧、陈祖恩编：《中国近代教育史资料汇编：戊戌时期教育》，上海教育出版社1993年版，第120页。

第三章　清末专利法规的制定过程与规范内容

政之由,岂可量哉,则皆自我皇上此诏开之矣"[1]。

根据该上谕内容,总理各国事务衙门负有起草之责。嗣后,1898年7月12日,总理衙门拟订的《振兴工艺给奖章程》奏准颁行。从上谕发布到获准奏行,该章程立法速度之快简直令人咋舌。此外,光绪帝还于1898年6月11日颁布《明定国是诏》,拉开戊戌变法的大幕,诏书中要求群臣及全体民众"各宜努力向上,发愤为雄,以圣贤义理之学植其根本,又须博采西学之切于时务者实力讲求,以救空疏迂谬之弊"。在戊戌变法的上述指导思想下,不及一月,光绪帝即要求制定奖励新工艺之章程,可见其对此章程期望之高。同时,在该章程制定之前,1898年7月,宋鲁伯、杨秀深弹劾时任总理各国事务大臣、礼部尚书的许应骙,称其"守旧迂腐,阻挠新政",为新法制定奠定了良好的政治环境。这也是总理各国事务衙门能迅速立法的原因之一。

在戊戌政变后,清政府曾在清末修律期间颁布了另一部重要的奖励科技法规《奖给商勋章程》。1906年,在该章程草案起草完毕后,起草机关商部曾上专折《商部奏酌拟奖给商勋章程折》,对该章程的域外立法、立法目的、洋务运动经验、避免滥权等方面进行阐释,具体内容如下[2]。

窃维近百年来,环球各国艺术竞兴,新法、新器月异而岁不同。综其要端,举凡农业、工艺、机器制造等事,靡不进步甚速,收效甚巨。中国地大物博,聪明材力不难杰出,乃通商垂数十年,虽经次第仿办,惟咸拘守成法,莫能改良标异,推陈出新,而每办一事,需用机器原料类,须取给外洋。故进口洋货日增,而出口者仅恃生货,一经制造贩运来华遂获巨赢,坐使利源外溢渐成漏卮。

---

[1] 梁启超:《戊戌政变记》,岳麓书社出版社2011年版,第41页。
[2] 《商部奏酌拟奖给商勋章程折》,载《东方杂志》1899年第12期,第375页。

推原其故，岂皆办理之未力，殆亦提倡之未尽其道也。查欧、美当二百年前，所有新法、新器绝少发明。自英国首定创新法，制新器者，国家优予奖励之例，自是各国踵行。其奖励最优者，乃至赐爵。此例既颁，人人争自濯磨讲求艺术，每年所出新器多至数千百种。论者谓欧、美实业兴盛，其本原皆在于是。现在臣部工艺局日渐扩充，劝工陈列所将次开办，亟宜因事利导，设法提倡。其有创制新法、新器以及仿造各项工艺，确能挽回利权足资民用者，自应分别酌予奖励。臣等公同商酌，谨就现在亟须提倡各端拟订奖给商勋章程八条，各按等级，给予顶戴，由臣部奏请赏给。现在中国工艺尚在幼稚之时，如章程所载，制造轮船、铁路、桥梁以及电机、钢铁等项一时尚难其人，不得不稍从优异，以资鼓舞振兴。臣等自当随时严覆，所造之品果系精心自造、确能及格方予奏请。颁赏以昭慎重夫，讲求实业，必有器具可验，非等空谈似尚无虞冗滥谨缮清单恭呈。御览如蒙。俞允即请，作为专章由臣部分咨各直省将军督抚通饬出示晓谕，以新观听似于振兴实业不无稗益谨。

从上述立法文件来看，清末商部已经认识到通过精神奖励以激励创新、鼓励发明之重要性。从西方历史来看，授予爵位或者勋章以激励技术创新属于各国的常见做法。例如，美国化工发明家古德伊尔（1800—1860年）在橡胶工业领域取得发明专利，被法国国王拿破仑三世授予大荣誉勋章与荣誉十字奖[1]。英国物理学家惠斯通（1802—1875年）于1837年取得了早期有线电报的专利，此后数十年，随着电报的大规模应用，惠斯通于1868年被英国国王封为爵士。英国冶金学家贝塞麦（1813—1898年）就转炉

---

[1] 张文彦主编：《世界科技名人辞典》（上卷），中华地图学社2005年版，第351页。

第三章 清末专利法规的制定过程与规范内容

炼钢法以及后续研发改进的新型炉子而申请专利，1879年被英国国王授予爵士爵位[1]。而"发明大王"爱迪生所获的勋章更是数量众多，仅在1889年参加巴黎博览会期间，其就被法国总统授予法国荣誉军团勋章，被意大利国王授予王冠勋章[2]。

延至今日，授予爵位（多为君主立宪制国家）或者勋章（多为共和制国家）仍然是常见做法。例如，1983年，英国第一部真正袖珍计算机发明者克里夫·辛克莱（Clive Sinclair）被英国女王伊丽莎白二世封为爵士；2007年，脉冲星发现者乔瑟琳·贝尔·伯奈尔（Jocelyn Bell Burnell）被授予英国女爵级司令勋章。同时，部分国家的勋章亦会授予外国公民以表彰其科学研究或者重大发明，例如在2016年，中国医学科学院北京协和医学院教授韩忠朝被授予法国荣誉军团军官勋章，以表彰其科学贡献。

同时，各国多注重通过立法形式规定荣誉，实现大功重奖、小功轻奖、无功不奖。从史料来看，关于勋章、奖章以及授予爵位多有明确规定，且一般由最高立法机关制定，同时配套相应的实施细则。例如前述法国荣誉军团勋章，最初系拿破仑为了表彰对法国有特殊贡献的军人和信奉天主教的平民设立的，且于1802年设立时专门予以立法规定。至当代，随着专门面向技术创新或者科学研究的勋章之设立，这一立法趋势更加明显。例如，美国为表彰杰出的科研成就而颁发最高奖——国家科学奖章，即由1959年美国国会立法设立。《设立国家科学奖章，以表彰在物理、生物、数学和其他领域做出杰出贡献的个人》（An Act to Establish a National Medal of Science to Provide Recognition for Individuals Who Make Outstanding Contributions in the Physical, Biological, Mathemati-

---

[1] 刘秦：《发明家与发明》，现代出版社2017年版，第116页。
[2] 刘卫伟编著：《爱迪生》，远方出版社2006年版，第49页。

cal, and Engineering Sciences）法案中规定了国家科学奖章的"设计、材料和铭文由总统决定"，获奖者应是"因对物理、生物、数学或工程科学知识的杰出贡献而值得特别表彰"的人，现今已经有陈省身、吴健雄、李远哲、丘成桐等多位华人科学家获奖。

苏联于 1974 年 1 月颁布《关于设立劳动光荣勋章》法令，除设立勋章之条款外，亦规定相应的物质待遇。例如，获得一级、二级、三级劳动勋章者有权享受以下优待：①增加 15% 的养老金；②按规定标准优先得到住宅；③每年发给一张旅行交通往返免费票，乘火车是快车软席，乘轮船是头等舱，亦可乘飞机；④个人免费享用市内各种公共交通工具；⑤每年发给一张免费疗养券或者休养券；⑥优先享受娱乐场所、公共事业和文化机构提供的服务[1]，整体思路是以物质奖励彰显精神奖励。

当前我国亦通过立法规定勋章之授予以及崇高礼遇。《国家勋章和国家荣誉称号法》第 4 条第 1 款规定："国家设立国家荣誉称号，授予在经济、社会、国防、外交、教育、科技、文化、卫生、体育等各领域各行业作出重大贡献、享有崇高声誉的杰出人士。"第 11 条规定："国家勋章和国家荣誉称号获得者应当受到国家和社会的尊重，享有受邀参加国家庆典和其他重大活动等崇高礼遇和国家规定的待遇。"第 12 条规定："国家和社会通过多种形式，宣传国家勋章和国家荣誉称号获得者的卓越功绩和杰出事迹。"

职是之故，清末商部认为西人技艺之精细，"奖励最优者乃至赐爵"这类奖励措施功不可没，由此提出"奖给商勋""各按等级给予顶戴"等具有一定进步意义的措施。由于清代顶戴的"用途在区分官员的品秩，使人一见而知所识别"[2]，即使所授予品级

---

[1] 刘泽芬等编：《国外科技奖励制度》，冶金工业出版社 1989 年版，第 4 页。
[2] 苏同炳：《书蠹余谈》，故宫出版社 2013 年版，第 10 页。

第三章　清末专利法规的制定过程与规范内容

官位为虚衔，但仍具有尊贵之意、礼遇之旨，与近代以降西人颁发勋章奖励创新的制度逻辑暗合。

第二节　清末专利法规的文本与释义

清政府曾颁布多部涉及促进工商业发展之法规，其中奖励技术方面主要体现在《振兴工艺给奖章程》《奖给商勋章程》两部章程中。前者颁布于戊戌变法时期，后者颁行于清末修律时期。对于两部章程之法律起源定位，当前学界通说认为，《振兴工艺给奖章程》是我国第一个有关专利的法规[1]，是近现代中国专利立法的起点[2]，为我国近代史上第一个与专利有关的法律文件[3]，是我国历史上的第一部专利法[4]。但亦有学术观点认为，《奖给商勋章程》才是中国近代知识产权法的萌芽[5]，甚至认为其是中国第一部专利法[6]。两部章程均主要奖励发明创造以及技术仿制，并无本质性区别，但从颁布时间来看，通说似更加妥当[7]。

---

[1] 费安玲等：《知识产权法学》，中国政法大学出版社2007年版，第15页。
[2] 张乃根：《WTO法与中国涉案争端解决》，上海人民出版社2013年版，第39页。
[3] 詹爱岚主编：《知识产权法学》，厦门大学出版社2011年版，第22页。
[4] 郑成思：《知识产权论》，法律出版社1998年版，第10页。
[5] 《中华文化通志》编委会编：《中华文化通志·学术典》，上海人民出版社1998年版，第290页。
[6] 左峰：《中国近代工业化研究：制度变迁与技术进步互动视角》，上海三联书店2011年版，第100页。
[7] 民国时期，亦有观点认为应当以北洋政府所颁布《奖励工艺品暂行章程》为专利法之起源，认为"我国最早之专利法规，当以民国元年十二月工商部所公布之奖励工艺品暂行章程为其嚆矢"。参见秦宏济：《专利制度概论》，商务印书馆1945年出版，第13页。但该说并未处理北洋政府颁布的《奖励工艺品暂行章程》与清末《振兴工艺给奖章程》之间明显的继承关系，故为当今多数学者所不采。

157

晚清知识产权制度发展史论

（一）《振兴工艺给奖章程》的文本释义

《振兴工艺给奖章程》共12款，规定凡能制造新器、发明新械新法，或能兴办学堂、藏书楼、博物馆、建造枪炮厂的，可以呈明总理衙门请奖，予以经济专利或奖给官衔。以下为具体条文，本书将逐条释义。此外，与《大清著作权律》颁布后时人秦瑞玠所著《著作权律释义》不同，《振兴工艺给奖章程》颁行后清人是否存在释义已不可考。因此，本书将结合时人论述、语词用法等进行逐条解释。

第一款　如有自出新法，制造船、械、枪、炮等器，能驾出各国旧时所用各械之上，如美人孚禄成轮船、美人余林士奇海底轮船炸药气炮、德人克鲁伯炼钢炮、德人刷可甫鱼雷、英人亨利马蹄泥快枪之类，或出新法，兴大工程，为国计民生所利赖，如法人利涉凿苏彝士河、建纽约铁线桥、英人奇路浑大西洋电线、美人遏叠灯德律风之类，应如何破格优奖，俟临时酌量情形，奏明该颁特赏，并许其集资设立公司开办，专利五十年。

从该款之结构来看，其主要涉及军事器械研制、兴办民用工程两款的技术奖励规定。前者与现代专利规则似更加接近。此处"新法"系指新的方法，已有指代技术方案之意，而非指代新的法令。前者如《采草药》中"古法采草药多用二、八月"[1]，指代方法之意。"自出"则是指自己创建、创造。宋代叶适在《台州教授高君墓志铭》中称"陈君举为名师，自出新学，文体一变"[2]，即为此意。"自出新法"已经暗含"发明人是发明创造的完成者"这一主体要求。"能驾出各国旧时所用各械之上"，表明章程要求

---

[1] 傅维康主编：《中药学史》，巴蜀书社1993年版，第168页。
[2] 周瑞光：《摩霄浪语》，海潮摄影艺术出版社1999年版，第360页。

第三章 清末专利法规的制定过程与规范内容

该"新法"获得保护的条件是应当有显著的进步,这也是现代专利规则中"创造性"的重要要求,即判断技术方案与现有技术相比能否产生有益的技术效果,比如克服了现有技术存在的缺点和不足。此款的"驾出"则有超越之意,即应当与西洋各国现有枪械技术相比存在进步,但是否为"显著"的进步,尚未可知。现代专利规则根据进步之显著与否区分为发明专利与实用新型专利,但从章程文意来看,似乎任何进步皆可视为"上"。考虑到当时中国工业幼稚,超越西方技术尚待历史积淀,此种解释应当更加合理。兴办民用工程则是基本与专利法无涉,更多涉及振兴商业之背景,应当与《钦定大清商律》结合阐释较为适当,此处无须做过多赘述。但值得关注的一点是,对于涉及军事技术的新法"特赏"后,政府"许其集资设立公司开办",清政府显然有意将这些"新法"尽快在实践层面予以推行落地,配套以组织平台,使新技术转化为真正的生产力,有助于国防安全。

而"特赏"之内容,从清代政治生态来看,以"双眼、三眼花翎""黄马褂"等荣誉性极高之服饰为主[1],至清末则多以品级极高之虚衔、爵位为主。例如,《华商办理实业赏爵章程》规定,凡投资 2000 万元、1800 万元、1600 万元以上者,分别特赏一等、二等、三等子爵;投资 1400 万元、1200 万元、1000 万元以上者,分别特赏一等、二等、三等男爵;投资 700 万元、500 万元、300 万元以上者,分别特赏五品卿、四品卿、三品卿[2]。李鸿章在参与平定太平天国后,方获得一等伯爵爵位,赏戴双眼花翎;湘军重要将领刘锦棠在参与收复新疆后,才晋封为一等男爵,可见清政府特赏之重,亦见其对军事技术创新之迫切程度。

---

〔1〕 陈茂同:《中国历代职官沿革史》,昆仑出版社 2013 年版,第 414 页。
〔2〕 邹进文:《公司理论变迁研究》,湖南人民出版社 2000 年版,第 165 页。

第二款　如有能造新器切于人生日用之需，其法为西人旧时所无者，请给工部郎中实职，许其专利三十年。

章程第 1 款关注军事器械研制，而第 2 款则适用于民用器材之研制，但与第 1 条第 1 款存在激励差异。从"创造性"标准来看，第 2 款显然要求更高，要求"为西人旧时所无"，此类进步显然属于从 0 到 1、从无到有之程度，这比前述西洋"各械之上"的进步程度更高，类似于前述的突破性创新，而非渐进式创新或者运用式创新。同时，第 2 款的专利保护期为三十年，短于第 1 款军事器械专利保护期五十年。创新性标准更高，但保护期更短，究其原因，"枪炮"系解决危亡时局之所需。清末知识阶层在检讨历次对外战争失败缘由时，看到西方新式武器威力强大以及近代交通工具对于军队部署、掌控海权等方面的效能，认为增强国防安全之重，莫过于与国防军事密切相关的军事制造与军舰制造等工业发展，由此方可解释缘何军事工业领域创新标准低，但保护期限更长。在洋务运动后期，军事工业发展需要矿务、钢铁、纺织等上游产业之支持，民用工业逐步发展，随即产生了对民用领域之技术创新保护问题。但由于民用工业本身在清末被认为具有第二性或者附随性，其专利保护水平低于军事工业之技术创新亦可得到合理解释。

根据清代官制，工部下设四司：营缮清吏司、虞衡清吏司、都水清吏司、屯田清吏司。除四司外，还设有制造库、节慎库、料估所等。工部郎中主要设置于上述四大清吏司，均为正五品[1]，品级较高，甚至一些进士终其一生也止步于此职位。更为重要的是，章程中要求"实职"。"由于清代一般的官员并不是都有实缺

---

[1] 颜品忠等主编：《中华文化大辞海》（文化制度卷）（第四卷），中国国际广播出版社 1998 年版，第 81 页。

可做的，官员要补缺"[1]，但章程竟然直接要求赏给"实职"，而非仅仅是任官资格，且跳过了"候补"之程序，可见奖励之重。

第三款　或西人旧有各器，而其制造之法尚未流传中土，如有人能仿造其式，成就可用者，请给工部主事职衔，许其专利十年。

第3款是对于技术引进与仿制的法律保护。"尚未流传中土"指代该技术方案"制造之法"已公开于国外，但以前在国内没有公开发表过，也没有通过使用公开或以其他方式公开，故而产生仿制需求。从上述规则内容来看，该款适用"国内新颖性"标准，即该技术方案必须在申请国国内范围内从未被公众所知或使用过。但该标准系确定新颖性要件的最低标准，从现代视角审视，虽然有助于促进外部技术在本国的快速传播，但后续随着信息传输技术的快速发展，信息已经从传统的纸质载体传输发展到近代的电报、电话技术传输，技术方案一旦在一国被授予专利，仿制者在他国申请专利就容易引发专利侵权纠纷，长远来看也不利于激励创新。为此，至今各国多不采该标准。例如，我国《专利法》第22条规定，"……新颖性，是指该发明或者实用新型不属于现有技术……本法所称现有技术，是指申请日以前在国内外为公众所知的技术"。但回归清末场景，近代中国工业化水平极为落后，学习西方先进技术以提升中国技术水平是这个时代的共识。左宗棠曾以造船工业为例，认为"夫习造轮船，非为造轮船也，欲尽其制造、驾驶之术耳，非徒求一二人能制造、驾驶也，欲广其传，使中国才艺日进，制造、驾驶辗转授受，传习无穷耳。故必开艺局"[2]。清

---

[1]（清）李宝嘉：《官场现形记》（下），南海出版公司2002年版，第871页。
[2] 冯克诚主编：《清代后期教育思想与论著选读》（中），人民武警出版社2010年版，第78页。

末士大夫阶层试图以技术引进追上西方的技术水平，实现"自强""御侮"，这也能解释缘何在章程中坚持了最低水平的新颖性标准。

同时，清政府考虑此条仅适用于仿制，创造性水平较低甚至缺乏创造性，因此其保护水平也相对较低，保护期仅为"十年"，相对于第 1 款、第 2 款之保护期最为短促。同时，从所赏赐的官爵亦可看出其与前述条款的本质差别。工部主事是清代工部诸司下设主事，为司郎中的属官，系正六品。从品级上，其低于第 2 款之"正五品"之工部郎中，系其下级属官。更为重要的是，第 2 款为"实职"，而此处则为"职衔"，并非实授，更多系一种担任此种品级官员之资格，如要任官，仍有待于"候缺"。但由于清代候选任官的难度较大，并非直接就官，仍需"出缺"方能补缺。工部主事属京官，由吏部组织补缺，但"部缺"（京官）相较于"外补"（地方官）难度更大。例如，广宁知县杜凤治为得官，曾在京师寓居长达十年，仍然未能得官[1]。而能经铨选得官者不过十分之一，"乾隆间，举人知县铨补，有迟至三十年者"[2]。鉴于得官之难，"工部主事职衔"更多为一荣誉性之职位，而非直接担任该官职。

第四款　如有著新书，贯通中外学政，深明治体，纲举目张，切实可用于今日者，或能博征时务，发明经义，原原本本，有功圣教者，请特恩赏给翰林院编检实职，或派往各省学堂为总教习。

第五款　或著新书发明专门之学，如公法、律例、农学、商学、兵法、算学、格致之类，确有心得，请赏给庶吉士、主事、

---

〔1〕　张研：《清代县级政权控制乡村的具体考察——以同治年间广宁知县杜凤治日记为中心》，大象出版社 2011 年版，第 96 页。

〔2〕　魏光奇：《有法与无法——清代的州县制度及其运作》，商务印书馆 2010 年版，第 49 页。

第三章 清末专利法规的制定过程与规范内容

中书实职，发交总署及出使各国大臣、各洋务省份因才器使，或派往京师及各省大学堂专门分教习。凡每一人所著书，必在二十万言以上，乃得请奖，以杜冒滥。既得奖后，其书亦准自刻，专售二十年。

上述两款实际与著作权法相关，而非专利，但为了避免割裂文意，在此一并予以分析。上述两款中"发明"一词应当作阐释、阐发之意，而非专利法上之发明创造，应当注意此区分。例如，《史记·孟子荀卿列传》中的"皆学黄老道德之术，因发明序其指意"[1]；《后汉书·徐防传》中的"臣闻《诗》《书》《礼》《乐》，定自孔子；发明章句，始于子夏"[2]，皆指代此意。但此处对作品独创性中的智力创造性[3]要求相对较高，即第4款要求"切实可用""有功圣教"，第5款要求对于实用之学"却有心得"，要求作品具有实用性且能体现非常高的智力水平。反观当下，现行《著作权法》并未明确独创性之水平高低这一标准。虽然对该问题仍存在一定争议，但从司法实践来看，已经有法院认为"应为独创性之有无，而非独创性之高低"[4]。虽然王迁教授并不认同，提出"在我国著作权法中，独创性的'有无'实际上是指独创性的程度高低，即只有独创性达到一定高度，才可谓'有'独

---

[1] 吕思勉：《先秦学术概论》，中国书籍出版社2020年版，第52页。
[2] 曹海东：《乾嘉学术札记训诂理论研究》，商务印书馆2020年版，第149页。
[3] 所谓作品"具有独创性"，一般是指作品系作者独立完成并能体现作者特有的选择与安排，通常从以下两方面进行判断：一是作品是否由作者独立创作完成，即作品应由作者独立构思创作，而非抄袭他人作品；二是作品表达的安排是否体现了作者的选择、判断，即要求作品应当体现作者的智力创造性。参见北京市高级人民法院（2020）京民再128号民事判决书。
[4] 北京市高级人民法院（2020）京民再128号民事判决书。

创性"[1]。但即使如此，我国著作权保护亦未设定较高的智力创造性水平条件。以此观之，由于独创性标准设定过高，清政府订立该两条反而有碍于倡导新学。

考虑到《振兴工艺给奖章程》于1898年7月颁布，《大清著作权律》于十余年后才颁行，此时对于单独立著作权法之认知并不通透，尤其是第4款、第5款之新书与技术密切相关，或者为自然科学，即"农学、兵法、算学、格致"，或者为实用性较强的社会科学，即"公法、律例、商学"，均为振兴工艺之科学基础与制度保障，设置于《振兴工艺给奖章程》中即可予以解释。但为了避免制度被滥用，章程设定了"二十万言以上"作为另一项保护条件。另外，该条授予的官职亦为"实职"，并安排具体的工作去向，试图最大程度实现"人尽其才"。同时，章程还给予作者版权保护，规定"书亦准自刻，专售二十年"。如前所述，同时期著作权保护仍多以地方官府示谕告示为主，但章程直接规定了"二十年"的保护期，不可谓不先进。同时，章程将著作权法与专利法混同立法，似乎受到康有为思想之影响，其在《请以爵赏奖励新艺新法新书新器新学设立特许专卖折》中，就有"为请以爵赏奖励新艺、新法、新书、新器、新学，设立特许专卖，以励人才、开民智而济时艰"之内容，将新法、新学并列，不加区分，混同论述。

第六款　如有独捐巨款，兴办学堂，能养学生百人以上者，请特恩赏给世职，或给卿衔；能养学生五十人以上及募集巨款能养学生百人以上者，请赏给世职或郎中实衔；募捐能养学生五十人以上者，请赏给主事、中书实职。其学堂请颁御书匾额，以示

---

[1] 王迁：《体育赛事现场直播画面著作权保护若干问题——评"凤凰网赛事转播案"再审判决》，载《知识产权》2020年第11期。

第三章 清末专利法规的制定过程与规范内容

鼓励。

第七款 如有独捐巨款，兴办藏书楼、博物院，其款至二十万两以外者，请特恩赏给世职；十万两以外者，请赏给世职或郎中实职；五万两以外者，请赏给主事实职。并给匾额，如学堂之例。

第八款 其捐集款项凑办藏书楼、博物院、学堂等事，仅及万金以上者，亦请加恩，奖以小京官虚衔。

第6款是关于大兴学校之奖励政策，第7款是关于举办藏书楼（现图书馆）、博物馆、学校之奖励政策，均与专利法关系不大，仅做初步介绍。

第九款 如有独捐及募集巨款，开辟地利若干，设建枪炮厂，每日能制枪炮若干，视功用之大小，款项之多寡，为奖给之等差，一如第七款之例。

该款与前述第6款、第7款、第8款之规定较为类似，皆规定大兴某项事业之奖励。本条涉及兴办枪炮厂之奖励，一方面给予"匾额"之荣誉奖励，另一方面根据"功用之大小"，赏给官衔，以图民办枪炮厂之大力发展。

第十款 以上各款，分别请奖之例，皆就未得官之人而言，若已经授职人员，则遵奉上谕，照军功例请就原官超擢。惟款中所有特恩字样，则已仕未仕皆同一律。

该款为在任官员奖励的特别规定。由于前述奖给官衔之规定均适用于"未得官之人"，对于在任官员，则参照军功进行越级提升，以避免打击其积极性。而封建时期的"特恩"，系皇帝给予臣子的特殊恩典，并非普遍性、常规性赏赐。《晋书·礼志》记载：

165

"魏制，诸王不得朝觐。魏明帝时，有朝者皆由特恩，不得以为常。"[1]对于此类非常规性恩典，章程则强调一视同仁予以适用。

第十一款　凡请奖之例，或由本人将所制之器、所著之书、所办之事，呈明总理衙门查核，奏请办理，或由京外大员将所制之器、所著之书、所办之事，奏请交总理衙门查核办理。

该款初步规定了最初的专利申请制度，规定了在京申请和地方申请两种方式。考虑到清末交通仍不发达，要求所有发明者和作者均到京申请奖励，难免有所不便，因此规定了"京外大员"代为奏请审查的制度。但由于"京外大员"多指总督、巡抚、布政使、按察使等，品级较高，普通人难以触及，且此类大员有多大积极性代为奏请仍然存疑，同时如下所述，担保奏请可能存在履职风险，因此由地方大员进行上奏存在一定难度，便民效果实在有限。

第十二款　凡著书、制器各事，必由总理衙门认真考验，实属新书、新器，乃得给奖；捐办各事，必行查地方官所办属实，乃得给奖。若有剿袭陈言，冒认新书，私贩洋货，自称新器，及兴办各事捏报不实等情，自应从严驳斥，显暴于众，以愧耻之；若竟侥幸售欺得奖，一经查出，除撤销奖案外，仍当严示惩创，已得官者革职治罪，未得官者，另行酌罚重款，禁锢终身，原保大臣，分别议处。

该款规定了最初的专利审查制度，即"由总理衙门认真考验"，确定是否予以奖励。同时，章程规定了假冒专利的法律责

---

[1] 曹旅宁、张俊民：《玉门花海所出〈晋律注〉初步研究》，载王沛主编：《出土文献与法律史研究》（第一辑），上海人民出版社2012年版，第459页。

任，区分专利获得前和获得后两个阶段的定责：假冒专利即使获得授权，被查出后不仅要撤销专利，已经获得官爵的还要革职；未能得官的，予以惩罚性罚款并"禁锢终身"，剥夺其一生做官的政治权利。同时对于担保的大臣，也要进行处罚。整个法律责任不仅涉及民事责任，还施加刑事责任，"连坐"到奏请的大臣，法律后果过重。同时，对于申请过程中进行虚假陈述但未能得逞的，"从严驳斥，显暴于众，以愧耻之"，主要是道德上的惩罚，明显过轻，这容易造成整个法律责任结构失衡。

（二）《奖给商勋章程》的文本释义

1906年，经过商部上奏，清政府颁布《奖给商勋章程》。该章程多个条款涉及奖励发明创造、技术仿制之内容，以下将逐条释义。

一、凡制造轮船，能与外洋新式轮船相埒者，能造火车汽机及造铁路长桥在数十丈以上者，能出新法造生电机及电机器者，拟均奖给一等商勋，并请赏加二品顶戴。

"相埒"即为相等，"生电机"则为发电机。从第1条来看，该款区别对待"制造轮船""火车""铁路长桥"以及"电机"这四大类产品之适用标准。对于"制造轮船"，要求达到国外新式轮船的标准，但对于"火车"则限定为"能造"即可，"铁路长桥"则量化"数十丈"。如以二十丈估算，其长度约为66米，以清末所修筑的京广线黄河桥为例，其长达3015米。故此观之，此奖励标准过低。但实际上此类铁路桥多由外国人把持修建，如京广线黄河桥系比利时公司控制[1]，哈尔滨松花江大桥则由沙俄控制。因此，为鼓励国人，此标准亦不可过高。而"新法造生电机"似

---

〔1〕 项海帆等编著：《中国桥梁史纲》，同济大学出版社2009年版，第103页。

乎提高了发电机之保护标准。清末较早就已经向西方采购发电机，如1907年吉林地方官府就曾向西门子订购发电机[1]。但"新法"似强调应当有所创新，而非完全仿制。

二、凡能于西人制造旧式外，别出新法，创造各种汽机器具，畅销外洋，著有成效者，能察识矿苗，试有成效，所出矿产足供各项制造之用者，拟均奖给二等商勋，并请赏加三品顶戴。

此处奖励的创新标准高于第1条，要求"别出新法创造""畅销外洋"。技术创造性高且要求产品参与国际竞争，但奖励标准反而低于第1条，这显然不符合技术奖励的一般规律，但这可以从产品的类别方面加以解释。第1条所适用的"轮船""火车""电机"属于兴办实业之要务，无他则受制于人，亟待振兴故而不得不重赏以激励之。正如郑观应在1880年完成的《易言》中指出，"轮船、火车、电报宜兴也，不兴则彼速而我迟；天球、地舆、格致、测算等学宜通也，不通则彼巧而我拙；矿物、通商、耕织诸事宜举也，不举则彼富而我贫"[2]。对于其他类别的"汽机器具"，虽然创新标准高，但其重要程度不及第1条所包含类别，因此奖励程度低于第1条。本条中的振兴矿务之内容，与专利规则关联不大，在此不做赘述。

三、能创作新式机器制造土货，格外便捷者，能出新法制炼钢铁，价廉工省者，能造新式便利农器或农家需用机器，及能辨别土性，用新法栽植各项谷种，获利富厚，著有成效者，独立种

---

[1]《吉林省电力工业志》编辑室：《吉林省电力工业志》，中国城市出版社1994年版，第17页。

[2] 董丛林编写：《中国近代思潮与文化选讲》，河北人民出版社2012年版，第139页。

第三章　清末专利法规的制定过程与规范内容

树五千株以上，成材利用者，独立种葡萄、苹果等树，能造酒约估成本在一万元以上者，能出新法制新器，开垦水利，著有成效者，均拟奖给三等商勋，并请赏加四品顶戴。

此条混杂程度颇高，反映了该章程以功利主义为导向，立法尚未规范化。相比于技术方法，该条更注重成效，例如，"新式机器"完全依照其技术效果予以判定，主要满足钢铁生产与农业、军事之所需；"用新法栽植各项谷种，获利富厚"似乎已经带有培育植物新品种之意，此处应当强调植物种植之新方法，但结果指向丰收。"成效"一词虽亦可包含新品种之意，但整体之表述仍不出《陈旉农书·粪田之宜篇》此类传统农学典籍之范畴。

四、凡能就中国原有工艺美术，翻新花样，精工制造，畅销外埠，著有成效者，能仿造外洋各项工艺，一切物件，翻新花样，畅销外埠，著有成效者，拟均奖给四等商勋，并请赏五品顶戴。

此处"工艺美术"以"中国原有"作为修饰，似乎受到同一时期西方设计史上工艺美术运动（The Arts & Crafts Movement）之影响。该运动提倡使用真实的自然材料和采用精湛的手工技艺制作商品[1]，力图复兴传统手工艺以及重建艺术与设计的紧密联系[2]，但该论证仍需更多证据支持。从清末工艺美术历史来看，此类工艺美术包含"地毯、绣花、彩灯、瓷艺、绒绢花、通草堆花画、剪纸刻纸"等[3]，油灯、烛台产品绘有"天官赐福"，坛

---

[1] [美]莱亚特丽斯·艾斯曼、基斯·雷克：《色彩中的100年》，孙荣浩译，文汇出版社2020年版，第22页。
[2] 付治国、张艳平、李靖主编：《工业设计史》，北京理工大学出版社2019年版，第24页。
[3] 卢永琇编：《津沽绘事》，天津古籍出版社2019年版，第211页。

罐绘有"吉祥如意","应用了自然界植物组成纹样,美化产品"[1],这与现代专利规则下的外观设计专利接近。根据我国现行《专利法》之规定,外观设计是指对产品的整体或者局部的形状、图案或者其结合以及色彩与形状、图案的结合所做出的富有美感并适于工业应用的新设计。而该条中"工艺"略可等同于工业应用,"翻新花样"也大体可以语义转换为富有美感的新设计。因此,该条可以视为我国外观设计立法之滥觞。

五、凡能仿照西式工艺各项日用必需之物,畅销中国内地,著有成效者,拟均奖给五等商勋,并请赏加六品顶戴。

此条重点在于奖励仿制西方器物与工艺,也反映了以中国为代表的后发国家在工业化进程中所要经历的第一步,即先以仿制学习为主。清政府显然知晓此类仿制与前述创新并不相同,但为了鼓励实用物品制造又不得不予以褒奖。考虑到不可奖励过重,故而在该条中设定了章程中最低级别的奖励。

六、凡上开列应奖各款,仅举大端,其有未尽事宜,应均比附此项章程,由本部酌核办理。其有所制之器,所办之事,成效卓著,实属特异者,应由本部专折奏请恩施,量加优异,以新观听。至寻常工艺制作精良者,未便概给此项商勋,应由本部参照功牌式样,另造商牌,以备随时给发。

七、凡请奖者,可将所制之器,所办之事,呈明本部查核办理;或由各省管理商务官员暨各处商会代报,由本部切实考验,分别给奖,以昭慎重。

---

[1] 中国人民政治协商会议湖南省醴陵市委员会文史资料工作委员会编:《醴陵文史》(第三辑),中国人民政治协商会议湖南省醴陵市委员会文史资料工作委员会1986年版。

第三章　清末专利法规的制定过程与规范内容

八、凡此项商勋，应由本部随时奏请，并即参照宝星奖牌式样，由本部酌量仿制，以备应用。并拟定执照一纸，将所制之器，所办之事，一一详列照内，随同此项商勋，发给本人收执，以昭信守。

第6条是兜底性条款，对于"成效特异"等超级发明、"寻常工艺"精良等微型改进作出原则性规定。对于前者按照一事一议由商部专折，确定更加优渥之奖励；后者则通过颁发商牌之做法，告知周边以示褒奖，从而对于前述未能涵盖之超级发明、微型改进这个极端进行了制度补充。相比于《振兴工艺给奖章程》，《奖给商勋章程》第7条规定了申请与审查程序，准许"商会代报"，简化了申请程序，降低了申报难度。同时，申请也无需地方大员转呈，"管理商务官员"即可转呈，降低了呈送官员的级别，以及呈送难度。此类官员身负其责，申请人呈送具有法律依据，也降低了被拒绝的概率。在收到呈报后，商部将进行"考验"，即审查其请求，根据前述规定结合请求内容确定奖励级别，避免有人滥用此章程冒取商勋。第8条则是规定商勋之样式以及所附证明书，这亦是各国有关勋章的法律的常规内容。

第四章
清末专利法规的法律适用

传统观点认为,"在章程颁布两个月后,即发生戊戌政变,光绪皇帝的维新运动宣告失败,该章程自然随之破产"[1],"该章程随着变法的失败而废止"[2]。但从现有资料来看,此说似乎过于绝对。在戊戌变法失败后,《振兴工艺给奖章程》仍在一定范围内适用,对发明人或者仿制人进行了一定程度的保护,并未完全废止。

第一节 "近代第一项专利"之再辨析

有学者认为应将上海机器织布局获准垄断性经

---

[1] 崔洪夫、夏叔华主编:《中华人民共和国法律大百科全书·民法卷》,河北人民出版社1999年版,第248页。
[2] 李伟民主编:《法学辞海》(第3卷),蓝天出版社1998年版,第2261页。

第四章 清末专利法规的法律适用

营作为"近代第一项专利和专利法规"[1],但该观点明显存在值得商榷之处。1881年夏,维新派人物郑观应在担任机器织布局总办时,代表全体股东向朝廷重臣李鸿章呈送《上海机器织布局同人会衔禀覆北洋通商大臣李傅相》,提出,西方创新一业,"又必使专其利者数年……嗣后上海一隅,无论何人,有志织务者,只准附入本局合办,不准另立一局,显分畛域,则成本愈厚,利效可久,而风气益开矣"[2]。在该信件呈送李鸿章后,郑观应在同年夏再度去信李鸿章,请求给予"独造权"。在《禀北洋通商大臣李傅相为织布局请给独造权限并免纳子口税事》的信函中,郑观应表示,"泰西通例,凡新创一业为本国所未有者,例得畀以若干年限,许以专利之权。又如在外国学得制造秘法,其后归国仿行,亦合始创独造之例。兹虽购用机器,似类创法,然华花质粗纱短,不耐机梭,中外久苦其难,今试验改造,实已几费心力,前此并未有成事之人,则卑局固已合创造之例。应请宪恩酌给十五年或十年之限,饬行通商各口,无论华人、洋人,均不得于限内另自纺织,卑局数年来苦心巨费,不致徒为他人争衡,即利效未敢预期,而后患庶几可免矣"[3]。

对于郑观应之请求,李鸿章不仅持赞同态度,甚至将部分表述纳入其奏章向朝廷请求批准。在《试办机器织布局以扩利源而敌洋产折》[4]中,李鸿章表示,"该局用机器织布,事属创举,自应酌定十年以内,只准华商附股搭办,不准另行设局"。该奏折亦获得清政府支持而实行。由此,上海机器织布局获得了在上海垄

---

[1] 何海源等编著:《中国法律之最》,中国旅游出版社1990年版,第132页。
[2] 夏东元编著:《郑观应年谱长编》(上卷),上海交通大学出版社2009年版,第142页。
[3] 郑观应:《盛世危言后编》,载中国史学会主编:《中国近代史资料丛刊:洋务运动》(七),上海人民出版社2000年版,第484页。
[4] 夏东元编:《郑观应集》(下册),上海人民出版社1982年版,第1511页。

断织布业的经营特权。

由于郑观应的信函以及李鸿章的奏折中使用了"专利"或者"专利之权",上述史料被误解为:"1881年,我国早期的资产阶级实业家郑观应就上海机器织布局采用新技术,率先向清政府提出专利申请要求,并获准享有10年专利"[1];"这是我国历史上第一个专利"[2];"我国近代史上第一件专利是1882年光绪皇帝赐予郑观应的上海机器织布局的机器织布工艺10年专利"[3];"1882年光绪皇帝授予郑观应等人创立的上海机器纺布局机器织布工艺10年的专利,这是我国历史上的第一个专利"[4];"这是我国存案的第一件专利"[5]。虽然部分学术观点有所松动,不再将其视为第一个专利,但仍坚持"这是中国近代史上第一例专利保护权实践"[6]。

但回归史料,郑观应在信函中表示,"今试验改造,实已几费心力,前此并未有成事之人",表示该技术尚未研发成功,是否满足专利之条件尚未可知。如前所述,郑观应知晓西方专利制度之基本逻辑,西方"有能制造一物者以初造式样上诸议院,考验察试,以为利于民便于民,则给领凭票,定限数年,令其自制自售

---

[1] 马治国、张宝亚主编:《知识产权法学》,西安交通大学出版社2004年版,第128页。

[2] 罗昌宏主编:《中国现代科技管理》,河南科学技术出版社1988年版,第172页;张尚策:《我国第一项近代专利始末》,载《法学》1983年第10期。

[3] 韩提文、董中奇、张莉主编:《TRIZ创新理论及应用》,天津大学出版社2020年版,第206页。

[4] 李正华编著:《知识产权法学》(中英双语),知识产权出版社2012年版,第117页。

[5] 孙丽伟:《〈振兴工艺给奖章程〉:近代中国第一部专利法规》,载 https://news.sciencenet.cn/sbhtmlnews/2015/9/304560.shtm,最后访问日期:2023年3月17日。

[6] 何巧、郭晓宇:《简述晚清专利制度的演变过程》,载《决策探索(下)》2021年第6期。

第四章 清末专利法规的法律适用

独专其利"。由此可见，即使是为了扶持弱小的民族产业，并非给予专利之权，上述做法亦非西方通例。由此观之，由于上海机器织布局数年未成，作为总办的郑观应为了推进该项工作，特提出"独造权"，申请行政性特许经营权，以加快壮大企业，避免受到洋商之冲击。后世解释该史料混淆了"技术创新保护"与"政府特许保护"之间的本质差异，将专利法所保护的客体从生产一种产品或者方法的技术方案，误解为一个新兴产业的垄断保护，实际二者并不相同。

"独造权"实际是获得清政府给予的政策倾斜，确保该企业的行业垄断地位。该企业能获得如此优渥之政策条件，缘于上海机器织布局的特殊定位。该局是中国最早的官督商办棉纺企业，其筹建、经营得到了朝廷重臣李鸿章的大力支持。鉴于该局的企业性质以及幕后支持，其获得清政府在一定地域范围内的垄断保护可以得到解释。但这种垄断与专利法上之垄断截然不同，专利法之所以赋予权利人垄断保护，是因为要保护发明创造权利人的权益，使其能够因专利而收益，从而在经济方面激励发明创造不断涌现。因此上海机器织布局所取得的"独造权"，并非现代专利规则下之权利，前者"完全是一种封建特许权，这种'专利'不可能起到专利制度应有的保护权利和激励创新的功能，而只能产生限制民族资本主义的发展和阻碍社会进步的效果"[1]。根据上述理解，"1889 年，广州商人钟锡良在广州开办的造纸厂，被赐准专利 10 年；1895 年，爱国华侨张弼士在烟台开办用葡萄酿酒的酒厂，被赐准专利 15 年；1895 年，清朝状元张謇在江苏创办的通州大生纱厂，被赐准专利 10 年"[2]，此类因清政府特别授权而获行

---

[1] 冯晓青、刘成军：《我国保护发明创造立法和政策文献分析——从〈振兴工艺给奖章程〉到〈中华人民共和国专利法〉》，载《南都学坛》2013 年第 1 期。

[2] 李济群编著：《专利学概论》，中国纺织出版社 1999 年版，第 15 页。

政垄断之事业，自不应当视为近代专利法之发轫。

第二节　《商部咨各省呈请专利办法文》：第一份执法工作报告

自1901年丧权辱国的《辛丑条约》签订后，清政府面对高达4.5亿两白银的赔款，陷入空前的财政危机，其封建统治已经摇摇欲坠，保守派之影响亦大为削弱。自同年开始，清政府不得不对内实行变革以寻求解决之道。1902年，载振代表清政府参加英国国王爱德华七世加冕典礼，嗣后游历欧洲多国考察政治经济制度，回国后即向清政府主张设立商部以振兴工商业。1903年4月，清政府在批准设立商部的上谕中认为，"通商惠工，为古今经国之要政。自积习相沿，视工商为末务，国计民生，日益贫弱，未始不因乎此，亟应变通尽利，加意讲求。兹据政务处议复，载振奏请设商部，业经降旨允准"[1]。当年7月，商部设立，其主要负责"全国工商事务，包括农务、蚕桑、畜牧，以及工艺、路矿等"；"附设律学馆、商务学堂、工艺局、注册局、京师劝工陈列所等事业机构，兼辖铁路、矿务、农务、工艺各项公司"[2]。其中，"通艺司专司工艺、机器制造、铁路、街道、行轮、设电、开采、矿务、聘请矿师，招工诸事"；"保惠司专司商务、局所、学堂、招商一切保护事宜"。奖励工艺、专利授权当与上述两司之事权有关。

商部在成立后即接手办理专利审查与授权事宜，在经过两年多的工作后发现存在一些问题，认为有必要对该项工作进行调整。

---

[1] 鞠方安：《中国近代中央官制改革研究》，商务印书馆2014年版，第86页。
[2] 中国历史大辞典·清史卷（下）编纂委员会编：《中国历史大辞典·清史卷》（下），上海辞书出版社1992年版，第666页。

第四章　清末专利法规的法律适用

实际上，在商部成立之前，专利申请工作较为混乱，"有请专利于商务大臣者，有请专利于南北洋大臣者，有请专利于本省督抚者。于是果否专利，商人或未通晓，遂致有此省已请专利，而彼省又擅行仿效者，是徒有专利之文，而未得专利之益也"[1]。为此，商部于1905年9月21日发布《商部咨各省呈请专利办法文》，堪称我国历史上第一份关于专利法实施的执法工作报告。同时，在该报告中，清政府第一次在法律文件中使用现代专利法意义下的"专利"这一法律概念。但在长期的学术研究中，该文件的重要性被弱化，本书将其划分为四部分，并逐个进行释义。具体内容如下。

查东西各国近百年来，讨究艺术，研精阐微，一切事物无不日趋于新。凡国中士民，有能创新法，得新理，制新器，实便民而利用者，准其呈官考验得实，则给以凭照，许其专利若干年，他人不得仿效。其奖励甚至，而定例尤严，必须确系创作，众来未有物品，始得享此利益，所以人人竭思殚虑，求索新法，用能智巧，日出而不穷。近来中国风气初开，商民渐知专利之益，往往寻常仿制物品率行禀请专利，核与各国通例殊属不符。

第一部分中，"创新法，得新理，制新器，实便民而利用者，准其呈官考验得实，则给以凭照，许其专利若干年"的规定，已经与近代专利制度中的实用性、新颖性要求较为接近，并提及专利审查制度。此外，"必须确系创作，众来未有物品"，内含创造性中的非显而易见。如果显而易见，则与"人人竭思殚虑"之表述不相符。可见，此时商部对于近代专利规则已经有了较为深入、妥帖的认知。此外，该部分实际上有力反驳了前述章程已经"破

―――――――
〔1〕　汇论：《辨近日专利之误视》，载《鹭江报》1903年第41期。

产"之传统观点，中国商民"往往寻常仿制物品率行禀请专利"，显然专利申请工作并未完全废止，否则商部没必要对该工作做上述评价。因此，即使章程可能被冻结，但专利申请与审查制度本身并未被完全废止，且商部认为中国专利申请客体多为"仿制物品"，与前述近代专利的基本规则并不相符。对于该部分，商部总体认为，中国专利申请实践与该制度的立法目的存在效果鸿沟，对此有必要进行检讨，这也是商部发布该文所要解决的问题。

本部总理商政，提倡不遗余力，所有各项公司、局厂，凡有开振兴商业，挽回利权之举，正宜设法劝办，俾得逐渐推广，开有创办公司，本部准予专办者，然均指定地方，其范围极狭，实于力与维持之中，仍寓严示限制之意。盖兴办之人，一经准其专利则虽有资本雄厚者，且将坐视垄断，无所措手，不特无此办法，且足窒兴盛之机，殊与本部振商宗旨相背。

第二部分中，实际上商部已经看到授予上海机器织布局此类企业以"独造权"之负面效应并予以检讨。为了"挽回利权"，商部认为有必要先行培育种子公司，而后逐步推广使之带动本行业其他公司逐步发展。为此，清政府同意赋予此类公司独造权等"专利之权"。但从商部总结上述思路之实践来看，其认为该类公司虽然资金雄厚，但坐拥垄断之利益，有的甚至迟迟未开展业务，反而阻碍商业振兴，与赋权目的背道而驰。在此部分，商部难能可贵地指出了洋务运动时期，对于官督商办等企业赋予经济特权的负面效应。但商部仍在"专利"之范围内讨论行政性特许经营权，上一部分又在近代专利规则下使用该概念，可以看出其将两种概念混用，这也印证了时人对于专利法认知之复杂性。

第四章　清末专利法规的法律适用

查前年与美、日等国订定商约，载明创制之物准予专利执照。本部正拟订定此项专利章程，一经奏定施行，均应一律遵守。现在各省商人呈请专利，往往即行照准，或咨部立案办理，殊属参差，亟宜酌定办法，以昭划一。

第三部分是商部公布的未来立法计划。如前所述，中国与国外订立的商约中涉及了专利保护之问题。为落实国际条约之义务，商部将制定专利章程以便统一法律适用。此部分亦对彼时较为混乱的专利审查标准提出了应对策略。根据该部分表述，彼时对于专利申请，或是不加审查直接予以确认保护，或是由"地方大员"转之前的总理事务衙门予以授权。在此过程中，审查标准"殊属参差"，故而有必要统一立法。商部成立前，各地方官府进行专利审查时，"不知专考其物之是否创造，而苛求其合用兴否；不知专利之事，但须查其实系创造，即可给予凭据。若其是否合用合销，则由民间自为计较，官可不须过问。今则禀请专利之人，有因制造未精而被斥者，斯则与准许专利之法不合矣"。此外，各地方官府对于"寻常制造土货亦滥许专利也"[1]，导致专利审查工作各地标准不一。面对此种实践，商部主张制定章程，统一审查标准。

现拟嗣后各省呈请专利者，自接到此次部文之日为止，无论华洋商人，均须咨报本部先行备案，俟专利章程施行后，再行核办。其有未接部文以前，业经批准之案，应予通融办理，仍将已准备案一律报部。惟有年限已满，续行呈请展阅者，应均按照现拟办法办理。其有遥远案呈请专办者，亦应咨由本部核明情形，分别准驳，切勿即予照准，以免分歧，而维商政相应咨行贵大臣，

---

[1]　汇论：《辨近日专利之误视》，载《鹭江报》1903年第41期。

查照通饬所属一体遵照办理是为至要。

　　第四部分是商部对于专利章程出台前至颁行这一过渡期的专利申请与审查安排。整体而言，商部的思路"求稳"特征明显。自该文下发以后，对于国内外权利人的专利申请须先行到商部备案，待专利章程出台后，再一同审查办理；对于官府在接受本文件之前已经批准之专利，应当遵循"法不溯及既往"原则，给予授权但同时向商部呈报。但对于保护期已满要求续展保护的，应当按照后续的专利章程予以审查；对于较早申请的请求，应当由商部根据前述标准，根据所申请技术方案之情况决定是否授权，避免未经审查径直核准。同时，为了统一审查标准，商部亦协调与地方大员就此事项的工作安排，避免过渡期间的审查授权工作产生分歧。

　　如何理解过渡期此种制度安排当前仍存在一定争议。部分学术观点认为，根据该部分第一句话"俟专利章程施行后，再行核办"之表述，清末专利申请与审查活动已经被"叫停"。但从后续专利授权之情况来看，专利工作并未完全停滞，具体适用之成果详见下一节。

第三节　专利授予与保护

（一）专利审查授权

　　据现有史料记载，1898年8月，即《振兴工艺给奖章程》颁布后一个月，"福建人陈紫绶自制纺纱机器，使用极为灵便，'此项机器实足以省民力而为当世合用之新法'，申请获得专利权十五年……这是我们见到的我国个人获得国家专许特利权的最

第四章　清末专利法规的法律适用

早记录"[1]。《申报》曾对陈紫绶获授专利权而发表《论创造新器给札专利之善》[2]一文予以评论，认为"中国则初无专利之令，故每有此兴一艺，未经获利也，而效之者已八九矣；此营一业，尚未有成也，而夺之者已千百矣。于是缔造者大受亏折，而摹袭者转获利无穷……今既仿照西例，有能创造新机器给札专利，以中国四万万众，聪明材智之士当必不少"。这亦可证明《振兴工艺给奖章程》的颁布并非流于形式，而是切实予以适用。

此后专利申请与专利授予的史料记载不断增加，例如1899年4月，广业公司商人邓永年以新法制造出玻璃灯罩，向善后总局提出申请，请求就该新法准予设厂专利年限。善后总局就其所制之物是否均为来自外国、本地有无制造铺户、其申请设厂专利能否不致垄断发文给南番两县查明，然后再议复核办[3]。在该案中，善后总局审查时判断"本地有无制造铺户"，实际上系审查国内新颖性之问题。如果该技术方案已经通过"制造"而公开，则不属于"新法"之列，不应当予以专利保护。但在本案中值得注意的是，专利受理机关系善后总局，该局"主要任务是办理与战争有关的地方事务，如维护秩序、审理案件、清查田产、征收米粮、递送文报、救济灾民、制造弹药、采访忠义等……善后局主要在刚刚收复的地区设立"[4]。清末时局动荡，善后总局职权范围广泛，甚至囊括受理地方专利申请事宜，亦可见失序时代专利事业之艰难。1900年9月，"奉化蒋信福创制脚踏小轮船，每句钟能行

---

[1] 潘君祥、武克全：《我国第一个奖励科学发明的条例——〈振兴工艺给奖章程〉》，载《上海经济研究》1981年第2期。

[2] 《论创造新器给札专利之善》，载《申报》1898年8月28日，第1版。

[3] 孙永宁：《中国近代专利法律及其适用研究》，郑州大学2019年硕士学位论文。

[4] 朱东安：《曾国藩幕府》，辽宁人民出版社2018年版，第51页。

181

一二十里，上禀准专利二十年"[1]。考虑到中国第一艘蒸汽轮船"黄鹄"号时速亦不过12公里，而蒋信福的脚踏小轮船使用人力，此时速亦属难得。此外，中国人力资源充沛，该发明适用范围更广、实用性更强，故而被授予专利。1904年，四川省工务学堂教习王本元创造旱碾、升水机器，由劝工局进行实验，尚能适用，因此发给谕单，准予专利三年[2]。

商部成立后于1905年向各省发布的《商部咨各省呈请专利办法文》中要求"俟专利章程施行后，再行核办"，各省亦非完全按照此办法执行。1906年9月，清政府对政府组成机构进行调整，将工部并入商部，改称农工商部，负责管理全国农工商政暨森林、水产、矿务、河防、水利、商标专利、权衡度量等事宜，其中商务司负责申请专利的文件受理[3]，工艺局则负责专利授权事宜，"酌给专利年限，以示鼓励"[4]。由此观之，农工商部成立后，商部的上述专利政策似乎有所调整。因此，地方官府同时开展接受专利申请与转递申请工作。例如，时任直隶总督的袁世凯大兴"北洋实业"，其通过下设的直隶工艺总局对技术创新申请颁发证书予以支持。根据天津市文史研究馆馆员方兆麟之考证，该局就曾为申请人向农工商部申报，并获批4项专利证书。具体发明内容如下[5]。

---

[1] 叶景葵撰：《叶景葵文集》（中），上海科学技术文献出版社2016年版，第535页。

[2] 孙永宁：《中国近代专利法律及其适用研究》，郑州大学2019年硕士学位论文。

[3] 全国明清档案资料目录中心编：《明清档案通览》，中国档案出版社2000年版，第58页。

[4] 彭泽益：《中国近代手工业史资料1840—1949》（第二卷），中华书局1962年版，第509页。

[5] 方兆麟：《缀瓦集——方兆麟文集》，天津人民出版社2015年版，第133页。

第四章 清末专利法规的法律适用

一、折叠桌：光绪三十二年（1906年）二月二十四日，天津直隶工艺总局木工研究会会长胡成泰申请其所发明的折叠桌为专利产品。该折叠桌经过各方面考查后，被认为构思奇巧，"别求新法，造成变化"，报农工商部审查后，批准获无年限专利产品证照，不准他人仿冒。但为了鼓励创新，申请人提出，"如有人复出心裁，较前更加精巧者，仍各准立案，两不相妨"。该新产品发明于光绪三十一年（1905年），送天津考工厂检验后获特等第二名，授予金牌。

二、磨面机：光绪三十二年（1906年）九月二十八日，天津面粉商人费光斗向直隶工艺总局申请他与其磨坊工人傅子余发明的磨面机为专利产品。此前，一个磨坊如每天销售10石面粉，需用4台磨、12匹马一昼夜不停工作才能完成。而费光斗发明的磨面机只需2台磨、3匹马，24小时工作能完成原产量的4倍，效率大大提高。这项发明报到直隶工艺总局后，该局派高等工业学堂机器教员何贤栋和外籍工程师克特利前往考查，他们对该机器提出了进一步改进意见。直隶工艺总局提出专利申请后，获农工商部的批准，定该产品专利保护期为10年，此期间内不允许他人仿冒。但费光斗为推广其产品，提出愿意允许他人生产该产品，并愿将该产品10年售价所得的5%报效国家。农工商部批准了他的请求，将其售价的5%归直隶工艺总局使用。

三、轧豆榨油机：光绪三十三年（1907年）春，天津立福记杂货铁器铺商人高云鹏向直隶工艺总局申请其发明的轧豆榨油机为专利产品。经各方面考查后，该产品被认为是高云鹏自行发明，物美价廉，且产量高，因此农工商部批准该产品为专利产品，专利保护期为10年，此期间内不允许他人仿冒。但高云鹏认为，豆油生产主要在东三省，而东三省所使用的轧豆榨油机全为进口产品，不仅价高，而且费力，产量低，导致豆油价高利薄。若他的产品不能广泛应用，还是不能解决民生问题，因此他提出参照费光斗的做法，允许他人生产该产品，并将10年销售所得的5%上缴国家。这样不仅解决了国人用国产机器生产豆油问题，也可以抵制因进口洋设备而造成的利权外溢。农工商部批准了他的请求。

四、黑方块胰子（香皂）：光绪三十三年（1907年）六月初七，天津造胰有限公司创办人宋则久申请其公司生产的黑方块胰子为专利产品。天津造胰公司为官助商办公司，自1905年创办投产后，先后生产出洗衣黄条胰4种、洗面香胰2种、各色透明洗面香胰3种，但这些胰子均因原料昂贵而造成价高利薄。为解决这一难题，该公司煞费苦心，经多年研制，用国产原料生产出极净黑色洗面香胰，名为黑方块。该产品不仅比洋货便宜，且质量精细，获得天津直隶工艺总局的优等金奖。该产品报农工商部后，农工商部批准该产品商标及相关产品为专利产品，有仿冒者必究。

通过上述专利申请可以发现，商部向各省发布《商部咨各省呈请专利办法文》后取得了一定的实际效果：其一，各地对于本地之专利申请呈报农工商部，由该部统一审查后决定是否授予专利权，这较好地解决了商部曾在《商部咨各省呈请专利办法文》中指出的专利审查标准不统一的问题。但是在实践中仍存在保护期限长短不一的问题。例如第一项专利为"无年限专利"，这不仅与《振兴工艺给奖章程》中关于保护期的规定不一致，也与第二项和第三项专利的保护期不一致。由于专利权是排他性极强的权利，保护期限之长短直接影响社会公众何时才能使用该技术，因此如果永久保护或者保护期过长，"专利的技术垄断会导致不公平竞争，让企业丧失创新动力，同时限制新技术应用与扩散，不利于技术进步"[1]。其二，开放许可的雏形已经出现。我国《专利法》第 50 条规定，"专利权人自愿以书面方式向国务院专利行政部门声明愿许可任何单位或者个人实施其专利，并明确许可使用费支付方式、标准的，由国务院专利行政部门予以公告，实行开放许可……"在第二项、第三项专利实施过程中，权利人向农工商部声明，准许他人实施其专利，但要求实施人将一定比例的收入向国家捐赠，这与现代专利规则下由实施人向权利人付费不同。其三，以技术创新抵制洋货之商业目的明显。例如，第三项专利明确提出是为了解决进口轧豆榨油机"价高、费力"之技术缺陷；第四项专利比"洋货"在价格上更加低廉，且质量方面更为"精细"。通过此类专利保护以激励创新进而保护本国工商业、抵制外国商品倾销的目的与当代加强专利保护、促进技术创新以解决技术限制难题的制度思路基本一致。

1905 年《商务报》[2]中记载，丹凤火柴公司申请行政性特许经营权，但被商部以违反市场竞争原则予以驳回。该报中还详细区分了行政性特许经营权与专利权的权利内容与规则适用。

> 据禀请将丹凤火柴公司援案准予专利年限，并将区域扩充，不准别家复在顺直省内续开公司等情阅悉。查各国专利章程，必须事属创始独出心裁者，方能得此特别之优待。火柴一项流行已久，事非特创，自难率请专利。该公司前次具禀，系援照山东博山玻璃公司成案，请于大宛两县境内专办十年，业经本部据情奏准在案。兹复请援照汉口燮昌公司专利二十五年之成案，并扩充区域至顺直全省，所禀前后两岐，事关奏案，岂能率意更改，况

---

〔1〕 孙英伟编著：《专利知识一书通》，知识产权出版社 2021 年版，第 191 页。
〔2〕 公牍：《商部要批：据禀请将丹凤火柴公司援案准予专利年限》，载《商务报》1905 年第 60 期。

现在中国商业尚未发达，正赖多立公司，方足以资抵制，若一丹凤公司即可专顺直全省之利，在华商因此裹足，而洋货之源源接踵者，无禁止贩运之理，岂非自戕生机，于理尤为不顺。本部主持商政统筹全局，一秉大公，该公司但患制造之不精，勿虑消行之不广，慎勿因个人私利，率行禀请。

在该报道中，商部首先表示，通过比较法研究，排他性保护此类"优待"之条件，产品应当为"创始独出心裁"。但火柴"流行已久"，缺乏创造性，故而不应得此优待。同时，对于丹凤火柴公司援引博山玻璃公司案，商部表示，此案是为维持行政决定之稳定性而不得不予以保持的。此外，商部还更加详细地解释了此类行政特许经营权所造成的市场垄断危害，即"华商因此裹足，而洋货之源源接踵者"，反而不利于中国商业之兴起。为此，商部认为，从公平保护角度出发，对于此类基于"个人私利"的主张，不应予以认可，故而予以驳回。

1906年《卫生学报》记载，"东省职商李涵清禀请，在省城西阛开设冰窖公司，给予专利年限。现经商部议复，以各国通例，必须自出心裁，创造新奇之品，始准呈验给照，酌予专利。藏冰备用，北方所在多有，未便禁止他人营运，所请专利应毋庸议云"[1]。这起案件中，申请人之技术方案被商部否决，认为此系平常之方法，不具有技术创造性，故而不应予以授权。难能可贵的是，商部重申了专利授权的条件，即技术方案要具有新颖性、创造性，且须达到"心裁"，而非显而易见，才可授予专利权。

为了填补专利章程出台前的"空白期"，避免此期间由于缺乏法律保护而滋生侵权之问题，商部曾尝试给予符合专利条件的产

---

[1]《纪载近事：专利不准》，载《卫生学报》1906年第1期。

品或技术方法临时性保护。1907年《大同报》记载："宁波职商胡国珍自出心裁，采取内地山泥，炼造大小石板，会将制法并版样由商会转呈农工商部，恳请立案专利等情。兹奉部批，以石板一项为学堂应用之品，向系购自外洋，该职商自创新法，采泥炼造以期保固利权，殊堪嘉尚。惟本部专利章程尚未奏准施行，应援案酌予专办五年，暂禁他人仿效，并咨行浙抚转饬宁波地方官保护，仰即传知遵照运。"[1]在该案中，由于申请人"自创新法"，被认为符合专利之条件，商部提出应当予以优待保护。但如前所述，此时专利章程并未施行，但又不得不对该新法予以保护，故而商部提出"酌予专办五年，暂禁他人仿效"，以免仿制侵权泛滥。

1908年，商人张树桂以其东山涌记公司所制造的铜锁请求专利保护。为此，农工商部曾批复表示，"据禀开设东山涌记公司专造福寿字牌对字转鐄自开铜锁，请赏发执照，不准仿造等情，本部考验所呈铜锁式样机关巧密，洵能自出心裁，翻陈出新，除先将该商牌号分别咨礼民政部顺天府切实保护，毋许他人仿冒外，仍俟本部拟定专利章程后再行酌发执照可也，此批"。可见，农工商部认为给予专利保护之缘由在于该铜锁"机关巧密，洵能自出心裁，翻陈出新"，认为铜锁需满足近代专利之授权条件才可批准保护，这沿袭了前述商部在李涵清案件中的基本思路。但值得注意的是，农工商部此处采取了商标权立即保护、专利权待专利章程后予以发执照保护的方法，亦可证明其继续沿用商部在《商部咨各省呈请专利办法文》中所提出的"俟专利章程施行后，再行核办"的"叫停"思路，这与天津地区之专利保护相反，其缘由仍待考证。

---

[1]《实业新闻：商部批准专利年限》，载《大同报》1907年第15期。

晚清知识产权制度发展史论

1908年，中国矿业先驱梁焕奎设厂试炼纯锑。他组织技术人才结合国内生产实际，悉心研究实验，终于创造了从低品位锑砂中提炼高质量纯锑的技术，炼出了中国第一炉纯锑，获得专利十年。他就是凭借这一最新技术，使自己所产纯锑质量超过了当时号称世界第一的英国廊克逊厂产品，占据了世界第一的位置，创造了一个当时难以想象的奇迹[1]。但此类全球领先的技术创新在当时仍然是凤毛麟角，很多技术以国内新颖性作为授权条件都难以达到，更何况全球新颖性。

1909年，南京徐以仁利用新法制造水龙，颇称利用，向商务局禀请转呈江督（两江总督）准予专利。商务局批复：前奉大部（农工商部）奏定章程，凡商人仿照西式制造新器，必须畅销内地，著有成效，始能奖予商勋，若仅将中外原有货品改良，只能给以专照年限，以示鼓励。申请是否属实，候照会传同该商携器当场验明[2]。在该案中，地方商务局提出应当根据创造性质高低对专利给予不同的奖励，这与现代规则较为接近，同时要求审查时申请人应提交产品专利之产品进行当场验明。值得注意的一点是，在该案中，商务局认为商勋之奖励水平高于给予专利保护，但在《振兴工艺给奖章程》中，专利保护期之长短与官爵之高低建立了层级对应关系，而此处的"商勋"仅仅指《奖给商勋章程》中的相关奖励制度。

再如，1910年7月，香港商人郭凤怡以1350英镑的价格购买英国人温士丹里调和石灰造砖机器的专利权。该发明于1906年在英国取得专利权，并于1909年在香港取得专利权。商人郭凤怡购

---

[1] 邓洪波等：《我的大学我的家——千年学府湖南大学史话》（修订版），湖南大学出版社2017年版，第185页。

[2] 孙永宁：《中国近代专利法律及其适用研究》，郑州大学2019年硕士学位论文。

第四章 清末专利法规的法律适用

买此项专利后,清政府出使英国大臣代为呈请清政府外务部和农工商部,请求农工商部立案,并转咨广东、广西、云南、贵州、福建、浙江、江苏、安徽、湖北、湖南各省督抚立案保护,禁止仿造。农工商部照准[1]。该起案件是通过专利域外受让继而在国内申请专利之较早史料,亦可侧面印证时人已经认识到专利之重要性,除去自身创新之外,已经开始尝试从域外引进技术并要求在国内进行专利保护。同年,商人阮文衷请求在河南郑州开办芝麻厂,并且声明创办制造出了芝麻机器。农工商部认为阮文衷独出心裁,创造机器颇为有用,准予专利五年以示鼓励[2]。

但同时亦应当注意,行政特许经营权,如"专利之权""独造权"与近代专利规则下专利概念的区分并非一蹴而就,清末专利申请中仍然带有特许经营之主张。例如,1909年,商人彭化民请求对于其设厂制造玻璃机器进行"专办"许可。为此,农工商部批复,"据禀,该商遵批择定前门外草厂上五条胡同东来机内设厂制造轧花玻璃机器并条椅等件,恳请发给专办年限执照等情。查该商现既择定地方设厂开工,应准专办五年,以资提倡,所请发给执照之处,俟本部专利章程定妥后再行核办,此批"。在此批复中并无与前述张树桂案件中类似的技术评价,似仅为行政特许经营权之主张,但农工商部仍提出"俟本部专利章程定妥后再行核办",属于混用行政特许经营权与专利权之情形。

但随着实践之积累,农工商部亦开始区分行政性特许经营权与专利权之法律适用,认为前者适用《钦定大清商律》,后者适用一直未能施行的专利章程。1910年《华商联合报》记载,"振兴

---

[1] 徐海燕:《中国近代专利制度萌芽的过程》,载《科学学研究》2010年第9期。

[2] 孙永宁:《中国近代专利法律及其适用研究》,郑州大学2019年硕士学位论文。

商务实业当务为急，凡有洋货可以仿办之处，必当协力图维，俾杜漏卮而兴利源。宿迁县境之三台、嶂山、峒岨等，向产玻璃砂料，拟就该处创设耀徐玻璃公司，察核拟章甚妥。所请照汉口成案专利二十年，该处产砂之地，概归该公司次第照时价购买，不得另售他人，及将来运货出厂，一切完税办法，悉如所请办理，希即遵照商律，并将应办事宜分别妥筹办理，随时报查"[1]。在该案中，农工商部并未对技术方案的创造性进行分析，而是以产业振兴为出发点，提出仿制洋货、"兴利源"，授予玻璃公司行政性特许经营之权利，故而应适用《钦定大清商律》，与专利规则无涉。

实际上，商部曾做出过类似判定。1904 年，维新派人士林辂存集资开办华实瓷器公司，聘请外国技师仿造西方所用的各种瓷器。由于外国技师工资很高，导致瓷器公司成本高，为防止他人仿效致使自己利益受损，林辂存特向厦门道请求给予其专利十年或十五年。厦门道的驳回理由为：一是中国出口货物除了丝茶之外只有瓷器是大宗，当此商战竞争之世界，中国商务尚在幼稚时代，鼓舞仿效、奋起直追尚且不及，更何况阻止生机；二是东西方专利之器物必须是前人所未有，该商苦心孤诣，经过若干年、耗费若干资本，独出心裁，最终完成，如此国家才准许专利，如今该请求中造瓷器乃是中国上古早期成法，即便是改良仿造也不能称为"独得之秘"，因此驳回所请[2]。

在该案中，商部认为，考虑彼时经济社会发展背景，动辄授予行政性特许经营权会阻碍商业之发展，而排他性保护应当基于

---

[1]《海内外调查丛录：南洋大臣准耀徐玻璃有限公司援照耀华玻璃公司成案专利二十年禀批》，载《华商联合会报》1910 年第 11 期。

[2] 孙永宁：《中国近代专利法律及其适用研究》，郑州大学 2019 年硕士学位论文。

专利的创造性，而非公权力之干预保护。但此案中，商部将"改良仿制"排除专利之范畴，进而提出"独得之秘"作为专利授权之条件，这无疑极大提高了专利授权之难度。即使在现代专利规则下，专利法仍然保留了创造性水平较低，但能够直接应用的实用新型（"小发明"）。因此，对于创造性水平要求过高，也会一定程度扼杀中小企业通过技术改良而获得专利保护的创新热情。因此，民初学者钟衡臧总结清末之专利实践经验，提出改进措施，认为"夫以我国工业之不发达，似宜宽其专利之途，重其专利之权，延长其专利之年限，而也奖励之不遗余力。例如仿造两法者，及细小工业之果系发明者，均准专利，是为宽其途也"[1]，通过适度扩大专利保护范围以实现保护之效果。

（二）地方奖励与保护实践

在《振兴工艺给奖章程》颁布后同年，根据《湘报》记载，江苏地方官即开始以专利方式奖励创新，内容为："金陵访事友人云，金陵风气大开，省宪钦乘上意力图自强，以振兴工商为当务之急。闻将出示晓谕谓，有能创一公司，或制一新器，实能利国便民者，援照泰西章程，准其专利十五年，以示鼓励，如资本不足，准请拨官款以助其成。省垣商务局已奉檄文，想日内即当出示晓谕矣。"[2]

1899年，根据《湖北商务报》记载，"宁郡伟成织布局主王承淮，独出心裁，置办机器，制造各样布匹，颇与专利新章相符，禀请转详，已由邑遵，详请抚宪核办。昨奉抚宪刘中丞来文，以该局创造织布，核与定章相符，应准其专利二十年云云"[3]。此

---

〔1〕 刘明逵、唐玉良主编：《中国近代工人阶级和工人运动》（第二册），中共中央党校出版社2002年版，第817页。
〔2〕 《各省新闻：示准专利》，载《湘报》1898年第159期。
〔3〕 《各省商情：示准专利》，载《湖北商务报》1899年第7期。

时已经距离慈禧太后发动戊戌政变、光绪帝被囚、康梁流亡海外、谭嗣同等戊戌六君子被杀过去近一年，但申请人王承淮仍然援引"专利新章"，即《振兴工艺给奖章程》，寻求地方巡抚支持，并且获得巡抚的认可。可见，该章程"因为戊戌变法的失败而夭折"[1]"随着变法的失败而废止"的传统观点[2]有重新检讨之必要。王承淮去世后，其专利权继承问题产生争议，期间双方甚至还就王承淮的死亡时间发生争议以图不当延长保护期。直到1907年8月宁波地方官府最后解释，专利保护"至年限已满而后停止之，裨人民之权利有确定存续之期，间无轻忽变更之疑惧"[3]，方才打消诉争双方之意图。该案亦可侧面印证专利权之经济价值已经被社会所认可，因此双方才会就权利归属问题产生争议。

但同时，地方官府亦在专利审查汇总时强调其实用性，注重"切实可用"，否则就会驳回其申请。例如1904年《四川官报》记载，"前报武弁尹姓上禀劝总局谓，能制造机器炉等物，现商务总局悬牌示谕，该外委所造各物，前经本督办沈在劝工局分别考验所制机器炉及花露等项，均未适用，应再详求精良，其电化镀各物不能耐久，擦拭即去，所炼铜铅各物亦未得法，且不能自行构造器皿，是该外委于制造之学，尚宜加功考究"[4]。在该案中，商务总局告示中要求督办对尹姓之发明创造进行审查，发现其"均未适用"，甚至存在"不能耐久，擦拭即去"等技术缺陷，故而不予授权。再如1908年《农工商报》中也记载了一则专利申请，农工商局批复："查线辘及竹纱洋纱等线，向由外洋入口行销，

---

[1] 仝晰纲主编：《全国硕士研究生入学统一考试历史学考研词典：名词解释专项训练》，山东人民出版社2010年版，第171页。

[2] 李伟民主编：《法学辞海》（第3卷），蓝天出版社1998年版，第2261页。

[3] 宁波市档案馆编：《〈申报〉宁波史料集》（四），宁波出版社2013年版，第1699页。

[4] 《新闻·省内近事：不准专利》，载《四川官报》1904年第15期。

第四章 清末专利法规的法律适用

该商仿式制造,虽为挽回利权起见,但此种纱线系用机器制造而成,尽人皆可仿造,并非独出心裁,所请专利,核与定章不符,未便照准。"

但上述保护多以行政保护国内主体之专利权,西方厂商即使在域外享有专利权也无法在华援引予以保护,这使得清末洋商难以在司法衙门寻求司法保护。同时考虑到清末仿造西洋枪炮等机器蔚然成风,更使得对洋商的司法保护难以推进。早在 1877 年,湖南巡抚王文韶就曾上奏,"湘省一年以来,先建厂,次制器,仿造洋式,规模粗具";1885 年,李鸿章上奏,"近来德、奥、义各国,恐纯钢不尽合用,均改造硬铜后膛小炮,融炼别有新法。日本已聘洋匠仿造,中国亦宜踵行";1887 年四川总督刘秉璋亦曾上奏,"能用巧思,不招洋匠,自教工徒,仿造外洋枪炮,创用水轮机器,以省煤力"[1]。英国驻沪总领事曾就英国专利在华保护一事向国内报告,其指出,由于中国没有专利法,英国专利不能要求获得任何保护。某些情况下,发明人将专利说明书提交给在上海的总领事,向领事馆提出申请,并向中国权威机构提交副本备案。这种备案的唯一有利之处在于:如果以这种途径提交的专利被侵权,受侵害方可能能够更好地就该问题与中国政府交涉。尽管在总领事看来,无论专利是否在领事馆备案,中国政府通常愿意禁止侵权。然而,中国政府对于其他国家的商人、企业在中国的专利侵权行为就无法采取措施了[2]。

截至 1912 年 2 月 12 日清帝溥仪逊位,前述农工商部所谓的"专利章程"并未发布,究其原因,清政府虽然意识到专利保护对

---

[1] 赵尔巽等撰:《清史稿》,中华书局 1977 年版。
[2] Wallace Cranston Fairweather, *Foreign and Colonial Patent Laws*, New York: D. Van Nostrand Company, 1901, pp. 149-150, 转引自王黎明:《晚清中外首次知识产权谈判研究》,苏州大学 2008 年博士学位论文。

于激励创新之正面价值，认为有必要单独立法予以规定，但如果贸然或者较早制定专利章程将会触发国际条约之保护义务，对外国权利人实施保护，势必影响器物仿制之推进。《中美商约》第10款规定，"俟该专管创制衙门既设，并定有创制专律之后"，美国权利主体即可得到保护；《中葡通商条约》第5条亦规定，"在中国专管创制衙门定有创制专律之后"，开始对符合条件的葡人申请予以保护。因此，清政府迟迟不制定专利章程，是不想过早受到上述国际条约之约束，影响国内仿制产业之推进与发展。

下 篇
商标法

下篇　商标法

商标是"一种能将商品或者服务的来源加以区别的标志，它是一种智力成果，属于知识产权范畴……是人们区别商品和服务不同来源的一个重要标志，是人们知悉和认同某一商品或者服务的重要因素，也是消费者购买某一商品或者服务的重要条件，商品或者服务的商标与其质量是直接联系在一起的"[1]。从中西方商标的共同历史演进来看，其大多经历了从使用到注册的历史转变。这背后的逻辑在于，仅仅依靠使用只能强化商标的识别功能，而无法排除他人对于该商标的使用，一旦出现大量冒用行为则无法保障商标识别功能的正常发挥，由此产生了通过法律调整以注册方式确定商标专用之主体的经济社会发展需求，商标专用权应运而生。我国在商业活动中对商品予以标记的历史久远，但应当对并非用于商业流通领域的"官营"产品之标记加以区分，避免概念溯源错误。

---

[1] 乔晓阳主编：《〈中华人民共和国商标法〉释义及实用指南》，中国民主法制出版社2013年版。

第一章

商业标识的古代萌芽

先有标识,而后方有商标。从标记的历史来看,我国在物品上刻印标记的历史源远流长,"从出土的陶器、铜器、铁器等文物上,便可以看到两千多年前工匠、作坊的名称、符号或者标记"[1]。虽然商标脱胎于标记,但并非所有的标记均属于商标,这在梳理商标的历史脉络时应当尤为关注。例如河南殷墟出土的"司母戊"大方鼎,其鼎身上刻有花纹、龙纹以及饕餮形象,且写有"司母戊"之字样,但该类标记并非用于商业流通,而是祭祀之用途,故并非商标。再如,奴隶社会时期,战败者被俘后作为商品被买卖交易,奴隶主多会为其打上特有的标记,如考古中发现的"羊头人"形象[2]。

---

[1] 国家工商行政管理总局编著:《商标注册与管理》,中国工商出版社 2012 年版,第 1 页。

[2] 成涛编著:《商标设计使用与管理》,湖南科学技术出版社 1986 年版,第 5 页。

第一章　商业标识的古代萌芽

但此类标记多为通行标记，无法发挥识别功能，也就无法作为商标。同时，古代对于能区分商家的商业标识的概念界定并非使用"商标"一词。据考证，"商标"一词最早出现在近代康有为的《大同书》中，内容为"故邮政、电线、商标、书版，各国久已交通"[1]，而古代并无此用法。因此，此处有必要首先正本清源、循名责实，找准古代用来区分商家商业标识之对应概念，避免僵化使用"商标"一词造成名不符实、张冠李戴之错误。

第一节　古代商标的概念澄清

古代商标是指商品经济尚不发达时期所使用的商标。一般而言，其使用主体明确，即由生产者或者销售者（多为商贩）使用，商标图样也较为简单，大多以刻印生产者姓名、悬挂店铺字样等方式予以展示，并且缺乏相关的法律对此类商标使用行为进行调整，也缺乏相应的商标管理机构[2]。同时，由于当时经济社会发展水平与古人认知之局限，商号与商标具有一定程度上的重合性，缺乏现代规则下的明确区分，一般由生产者与商贩在其商品上刻印姓名或者专属印记以证明产品来源。这些印记一方面用来表示生产者或者商贩所使用的名称，即作为商号；另一方面也用以区分其生产或出售的商品与他人生产或销售的商品，即作为商标。换而言之，"商标必须与其所依附的特定商品相联系而存在，而商号则必须与生产或经营该商品的特定厂商相联系而存在"的这种法律适用情形在古代并不存在。由于古代并不存在现代企业，生

---

[1] 余俊：《商标法律进化论》，华中科技大学出版社2011年版，第2页。
[2] 姚明盛编：《广告商标知识》，中国展望出版社1989年版，第87页。

产者或者商贩通过在商品上刻印或者悬挂字样之方式，以商品或者服务之特定化为中介，一方面证明商品或者服务自谁而出，解决商品来源问题，另一方面证明其与其他商品或者服务的主体性差异，解决"区别"之问题，从而呈现出"字号—产品/服务—商标"这样并非各自独立的法律适用结构。因此，如果不理解古代这种混用的法现象，就会影响对古代商标适用的梳理。

同时，古代商业尚不发达，商标与广告并不作严格区分，一定程度出现了混用之现象，这也为广告学研究此类现象提供了切入点。但并非所有的广告都属于商标，例如，较早的实物广告是《晏子春秋》中的"君使服之于内，而禁之于外，犹悬牛首于门，而卖马肉于内也"，是商贩将所销售之货物陈列于路边或者店门前。但这种广告显然难以被认定属于商标，因此应当进行区分。综合古代商标特征来看，我国历史上存在下列词汇指代商标。

第一个概念系"招牌"，多指古代店家挂在门前标明名号的牌子，以示与其他商家之区别，"为木制匾、牌，挂在门外一侧或门额上"，也有"以砖雕、石刻固定在门楣上"，还有用布料制招牌，"店铺多晨挂暮收，于行商则置于摊点、担挑或推车上"[1]。例如，南宋张任国在其《柳梢青》中描述，"挂招牌，一声喝采，旧店新开"；《儒林外史》第三十一回有"将来挂招牌，就可以称儒医"；《皇朝经世文新编续集》中有"甲有货品极佳以某号为招牌，乙利其货之驰名，特伪造一货冒甲之招牌而售之"。但如果招牌仅仅书写经营内容，则难以达到区分商家之目的。例如，《明成化说唱词话丛刊·张文贵传上》中描述，"前边行到竹竿巷，见一招牌写得真，白粉壁上书大字：有房安歇往来人"。此类表明某一类服务内容之表述，可能无法发挥商标之区别功能，难以被认定为商

---

[1] 刘永立编著：《河南民俗》，甘肃人民出版社2004年版。

第一章　商业标识的古代萌芽

标。随着商事交易的发展，招牌之内容已经逐步演进为"商标/字号+所销售的商品"，例如，北宋时期，《清明上河图》中"刘家上色沉檀拣香"招牌中，"刘家"既是商号亦是商标。延至明清，招牌中所载文字逐步从简单的表明生产者演变到赋予其特定含义。部分商家为符合儒家伦理传统、彰显儒商经营理念，开始采用"内联升""庆丰润""宝丰""吉隆顺"等字样，从而使招牌之内容更加具有个性，标示商品出处并使之区别于其他企业之商品的功能逐步显现。

第二个概念是"牌号"，是"用来辨识卖者以及一个卖者或卖者集团的产品或者劳务，以便于竞争者或竞争者的产品相区别"[1]的，亦是古代与现代商标概念最为接近之词语。例如，1890年《日本国志》卷八中有"外国已经注册之货，有名之牌号，独卖之权利，愿极力保护，毋使日本人伪托妄争"[2]的表述。但嗣后该概念多指企业字号，例如1909年《图画日报》第二十四号中的"一品斋笔墨店为江右最老之牌号"，1948年中共中央《对新区出版事业的政策的暂行规定》中的"民营书店之借用上列牌号者，则应在处理上加以区别"。因此，有学术观点认为，"牌号是商号而非商标"[3]。此说似乎过于绝对，两者应自近代工商业发展才有所区分，而非自始独立。

第三个概念是"字号"，多指生产者或者商贩"为自己的作坊、店铺所起的名称，通常书于门面匾牌、招幌或商品上面作为招徕标识"[4]。《老残游记》第三回中写道，"即到院前大街上找

---

[1] 李飞、周景姝、王莉编著：《质量认证与争创名牌指南》，化学工业出版社1993年版，第4页。

[2] 黄河清编著：《近现代辞源》，上海辞书出版社2010年版。

[3] 欧阳恩剑：《试论我国古代商号保护的特点和方式——兼论古代牌号的性质》，载《商场现代化》2009年第10期。

[4] 曲彦斌主编：《中国招幌辞典》，上海辞书出版社2001年版。

了一家汇票庄,叫个日升昌字号,汇了八百两寄回江南徐州老家里去"。宋明时期,为了使买家能够记住字号且增强对该字号的信赖,此类字号一般多与生产者或者商贩进行人身绑定,以其姓氏作为内容。古代滦河地区,"城内小手工产品大多用生产者的姓名代替招牌。滦河应记铁匠铺店主应恩元在其生产的镰刀、锄头等农具上标有'元'字;刘记铁匠铺和上官林等一些小手工业生产者都在其商品上标有自己的标识,以区别他人产品"[1]。这一点与西方中世纪历史较为类似,个人在成为商人之后,将姓名用在其制作与销售的商品上,即成为商标[2]。同时,也有部分字号以吉祥、赞美之词寓意美好愿望,如郑州市糕点店"鸿兴源"、开封市著名酱菜"老五美"、三门峡市旧时饭馆"座上春"等[3],此种将个性用于实际的行为增强了此类商标的区别性。

上述三个概念均存在一词多义之语言现象。一词多义即一个词可以有多种意义,这是古今汉语都存在的现象,但在古文中尤为突出。这就是前人所说的"今训密,古训宽"[4]。"招牌"可指代骗人的幌子。"牌号"则可指代作为朝廷礼仪中确定自己位置的指引单,如北宋官员"入大庆殿后,办事人员分发牌号……照牌号而到一定的位置去"[5];殿试时,举子"进入集英殿……桌凳上贴有举子们的牌号与姓名"[6]。而"字号"的含义较为丰富,可以泛指以文字所作的符号,如《建炎以来系年要录·绍兴三年六月》中的"诏自今给降空名官告绫纸,令官告院各立字号,

---

〔1〕 承德市双滦区志编纂委员会编:《承德市双滦区志》,方志出版社2016年版,第439页。

〔2〕 郑中人:《商标法的历史》,载《智慧财产权》2001年第25期。

〔3〕 刘永立编著:《河南民俗》,甘肃人民出版社2004年版。

〔4〕 鲍善淳:《怎样阅读古文》,上海古籍出版社1982年版,第35页。

〔5〕 王明苏编撰:《东京梦华录:大城小调》,九州出版社2018年版,第49页。

〔6〕 郭瑞祥:《宋仁宗和他的帝国精英》,现代出版社2019年版,第40页。

吏部置籍";《辽史·仪卫志三》中的"金鱼符七枚,黄金铸,长六寸,各有字号,每鱼左右判合之"。"字号"甚至可以指代军事旗号,如《封神演义》第五十九回写道,"且说殷洪改了西周号色,打着成汤字号,一日到了西岐"。在此情况下,不应不加分析对于上述概念予以全盘接受,而是应当根据其适用场景确定语义,进而分析商标使用或者商标保护等法现象。

第二节 我国商标的古代演进

我国历史悠久,使用商标之历史同样早古,但不同历史阶段商标之发展特征、使用方式等存在差异,因此有必要先进行分期。"对历史进行分期是为了研究的方便,这样更容易从宏观上把握问题",而"针对不同的问题,分期的标准也不相同"[1]。具体到商标法而言,如何把握其历史分期,对于理解不同阶段的商标法现象,梳理我国商标制度生成史具有重要意义。

(一)我国商标的历史萌芽

历史分期必有起始,商标的制度史概莫能外。我国商标之源头应当追溯于何处仍存在一定争议,虽然通说认可我国古代商标是随着商品生产和商品交换的产生、发展完备起来的,但对于源头之认定仍有分歧。几乎所有的商标法历史研究均援引《礼记·月令》中"物勒工名,以考其诚;工有不当,必行其罪,以穷其情"作为其制度源头,但从体系解释来看,该章句上句系"是月也,命工师效功,陈祭器,按度程,毋或作为淫巧以荡上心,必功致为上",释义为:天子命令工师献上百工制作的器物,考核工

---

[1] 董瑞:《清代文官处分研究》,北京联合出版公司2020年版,第11页。

效。因此，该章句文义以及适用应与官府对于官营产品的质量监控相关。根据该章句，我国古代官府为了加强质量控制，除了对前端制造环节监督与管理，还从终端入手，要求器物生产完成后，匠人要在上面标注其姓氏，一旦发生质量问题，即可按姓名查找责任人。因此，基本可以认为此章句与商事交易无涉，自然不属于商标之管理规则。

按照此思路，秦代的手工业主要以官营为主，在经营管理过程中，注重以刻印姓名或者官府名称的方式加强器物质量之监控。例如，后世在对秦长城修缮的过程中，发现部分秦砖刻有工匠姓名、产地等印记[1]，此亦属于质量管控之需要，而非商标之宗旨。考古兵马俑亦有类似发现。公元前212年，在秦始皇兵马俑制作过程中，一些陶俑的背后或者腿部刻有制作者之姓名，以起到保障质量、事后追责之功用。可以推想，当时用来作为商品的其他产品可能也已经采取这种标记形式，至少，这可视为我国古代商标的雏形之一[2]。但《睡虎地秦墓竹简·秦律十八种·工律》中记载："公甲兵各以其官名刻久之，其不可刻久者，以丹若漆书之。"根据该规定，官有武器均应刻记其官府的名称，不能刻记的，用丹或漆书写。百姓领用武器，必须登记武器上的标记，按照标记收还，缴回所领武器而上面没有标记和不是该官府标记的，均视为没有归还。但这种刻名显然是官府为了加强公有财产权保护，或者加强质量监控，而非为了在商事交易中区别商品之来源，因此亦不得视为商标之源头。

此外，我国生产者对其私人产品进行标记之历史更加久远，

---

[1] 马东岐、康为民编著：《中华商标与文化》，中国文史出版社2007年版，第3页。

[2] 宋顺清、刘瑞武编著：《广告学原理与应用》，高等教育出版社1990年版，第206页。

第一章 商业标识的古代萌芽

最典型之例证莫过于"杜康"。杜康，黄帝时人，一说夏人或周人，相传是最早发明酿酒术者。《说文解字》中记载，"古者，少康初作箕帚、秫酒。少康，杜康也"。孔颖达疏引汉应劭《世本》中也有"杜康造酒"[1]。而《尚书·酒诰》中则写道："厥诰毖庶邦庶士越少正、御事，朝夕曰：'祀兹酒，惟天降命，肇我民，惟元祀。'"可见，杜康造酒之历史久远。东汉末曹操《短歌行》中有"何以解忧，惟有杜康"，径直以酒之最早制造者代称酒这一产品本身，可以佐证以生产者之姓名标记或者简称所生产、制造的产品应属于传统。

另有观点认为，《周礼·冬官·考工记》中记载的"天有时，地有气，材有美，工有巧，合此四者，然后可以为良。材美工巧，然而不良，则不时，不得地气也……郑之刀，宋之斤，鲁之削，吴粤之剑，迁乎其地而弗能为良，地气然也。燕之角，荆之干，妢胡之笴，吴粤之金锡，此材之美者也"，为较早的原产地名称[2]。但从同时期文献来看，此段所述"百工"系一官职，具体记载为"周朝设百工官，掌管营建制造等"[3]。郑玄注《考工记》中描述："司空事官之属……司空，掌营城郭，建都邑，立社稷宗庙，造宫室车服器械，监百工者"。根据注说之内容，上述记载系面向官营手工业之产品质量提升以及官府产品之生产，而非以商品交换为目的，故该观点可能存在附会之意。

因国家质量控制需要而刻印工匠姓名，显然无法作为商标之起源。追寻商标之缘起，当摒弃官府视角而回归市场视角，以私

---

[1] 古人对此说法不一。晋江统在《酒诰》中描述："酒之所兴，肇自上皇，或云仪狄，一曰杜康。有饭不尽，委余空桑，郁积成味，久蓄气芳，本出于此，不由奇方。"《北山酒经》则记载："酒之作，尚矣。仪狄作酒醪，杜康作秫酒，岂以善酿得名，盖抑始于此耶。"参见郑天挺编：《中国历史大辞典》，上海辞书出版社2007年版。

[2] 余俊：《商标法律进化论》，华中科技大学出版社2011年版，第52页。

[3] 贺旭志、贺世庆编著：《中国历代职官辞典》，中国社会出版社2003年版。

人商业活动之勃兴判断商标之需求，而后划定其起始。我国商业之起源可谓古早，最初的产品交换属于以物易物，而且是偶然地、个别地发生。进入原始社会晚期，随着剩余产品的出现、社会分工的形成，交换逐步趋于稳定且不断增加。在此过程中，商人职业逐渐形成，其部落甚至灭掉夏朝建立商朝。进入西周，《周礼·天官·太宰》中记载，"六曰商贾，阜通货贿"，将商人作为"九职"之一，并设立掌管市场之官员。《周礼·地官·序官》中记载："司市下大夫二人。"郑玄注："司市，市官之长。"但周代仍以官营手工业为主，"官营手工业主要供应官府及统治阶级所需，为官府和统治阶级提供奢侈品和军需品，故产品质量一般要求很高"[1]。由此观之，这些标记甚至并未进入市场流通，自然不产生商标使用之效果。但从春秋末期开始，随着农业经济的不断发展、技术工艺的不断提升，尤其是在列国竞争而纷纷变法的背景下，私人手工业开始发展壮大。最初，此类私人手工业多数表现为与小农经济相配套的农村家庭手工业[2]。同时，随着城市的繁荣，在诸侯国国都或者重要城市，也活跃着个体经营的小手工业者，其可能已经初步摆脱农业生产而专职修造。战国中后期则出现了"豪民"所经营的大手工业[3]，其中以冶铁、制陶和制盐这类与民众生活密切相关的产品生产为主。部分私营手工业者会在陶器上刻印铭文，多刻印工匠姓名、籍贯、制造地，甚至还包含监造者之姓名。

现有考古发现，战国三晋陶文把方肩方足布币的图形作为商

---

[1] 刘家林：《新编中外广告通史》（第三版），暨南大学出版社2011年版，第22页。

[2] [日]贝塚茂树编著：《春秋战国》，张蠡译，四川人民出版社2019年版，第155页。

[3] 杨宽：《战国史》，上海人民出版社2003年版，第114页。

第一章 商业标识的古代萌芽

标,以迎合顾客崇拜金钱、期望发财致富的心理。而春秋时期的"几件鸟形图案很像是陶器上的商标"[1],可能被认定为最早的商标。但稳妥起见,此观点仍存疑。甚至有学者认为,战国陶铭除某些专用品外,所谓"物勒工名"实即"产品标识",亦即今之"商标"[2]。这似乎属于历史学家之过度附会,但随着考古工作的不断开展,其确实存在被重新认知之可能。高明在《高明论著选》中有这样一段阐述[3]。

临淄城的衢里制陶业,都是民间经营的小作坊,生产的陶器,主要是供市场上销售的商品。作为商品出售的陶器,必须是价格廉、品质好才能畅销。各个衢里的民间制陶作坊,无不为达到此一目的而竞争。他们为了迎合消费者的心理,竭力使自己产品的品质和价格满足消费者的要求,并设法让他们了解自己产品的优点,认识自己产品的特征和标记。这就是衢里制陶作坊生产的陶器一定要注明制陶者居住的衢里和名字的原因和目的。不难设想,这种陶文事实上是在起着后世商标的作用,它是在为产品的宣传和市场竞争服务,则与官府工业中的"物勒工名,以考其成"之官工刻辞,完全是两回事情。

2002年山东新泰陶片陶文出土后,经过考古研究发现,该批陶文为战国时期齐国文字,陶铭多为匠人之姓名。"只钤私人名字的应为私印",而为了应对本地产品竞争,钤印"可以说是制陶者

---

[1] 陶新民主编:《古籍研究》(2006·卷上),安徽大学出版社2006年版,第295页。

[2] 朱万曙主编:《古籍研究》(2008·卷上),安徽大学出版社2008年版,第9页。

[3] 高明:《从临淄陶文看乡里制陶业》,载《古文字研究》(第十九辑),中华书局1992年版,第318页。

推销自己产品的商标,是广告宣传的雏形"。既然有商标的作用,钤印就会力求精美,这也体现了古人的审美意识[1]。一般认为,战国时期,"从器物上的铭刻或者印记,可以分辨出来是官营作坊的产品还是私营作坊的产品,例如标识有'郡''郡守''县令''令'的,是属于官营作坊的产品,只标有姓名或里名的,则属于私营作坊的产品。私营作坊仍然在政府的监督下经营,所以要标上里名、人名,以防止粗制滥造"[2]。由此观之,私人手工业者在其市场上流通的陶器上所刻印的"钤印"或者"印记",只有目的是昭示产品之来源和区别他者,方可以称为我国商标之萌芽,而非所有陶文均具有商标之功用。有学术观点认为,战国时期为商标萌芽阶段[3],确有其合理性。

(二) 我国商标的演变期

自汉朝至五代十国,商业日渐发展,对于产品标记之需求与实践日渐丰富,基于商业区别需求的标记不断涌现。汉时,已经有铜镜刻印铭文,"侯氏作镜大元伤,巧工刻之成文章,左龙右虎辟不阳(祥),七子九孙居中央,夫妻保日安"[4]。其中,"侯氏"即为制作铜镜的工匠,其他则系祝福使用者之商业用语。除上述所记载的铭文外,铜镜铭文亦有"汉有善铜出丹阳,和以银锡清且明""朱氏明镜快人意""尚方作镜真大好"等史料记载[5]。

---

[1] 政协新泰市委员会、政协新泰市文史资料委员会编:《新泰史学论文集——新泰文史资料》(第十一辑),泰安市新闻出版局2003年版,第243页。
[2] 梁庚尧:《中国社会史》,东方出版中心2016年版,第78页。
[3] 翟达清、苏雪丹、谢巨升编著:《企业商标的保护与使用技巧》,黑龙江科学技术出版社1990年版,第6页。
[4] 马东岐、康为民编著:《中华商标与文化》,中国文史出版社2007年版,第3页。
[5] 张明来、张含梦:《中国古代商业文化史》,山东大学出版社2015年版,第260页。

第一章 商业标识的古代萌芽

其中，"朱氏"与前述"侯氏"均为制作铜镜之工匠或者生产者。"尚方"是汉代制造帝王所用器物的官署，以此蕴含分沾皇室尊贵之意。"铜出丹阳"则强调铜镜材质之产地。汉代丹阳铜是一种新式铜合金，东方朔的《神异经·西荒经》中记载："丹阳铜似金"，是在强调铜镜原材料之优良。"清且明"则是突出铜镜性质卓越。此处商家将整个句子作为商业标记进行产品推广。随着此类以工匠姓氏标注产品来源之情形越发普遍，人们甚至反过来以产品指代其家族姓氏。例如，《汉书·王尊传》中记载："长安宿豪大猾箭张禁，酒赵放。"晋灼注："此二人作箭作酒之家。"此处以所经营之产业直呼其家族姓氏，可见过往两家为使公众建立箭、酒与其家族姓氏之间的识别性着力之深。

除铜镜外，汉代亦有在漆器上刻印之商业惯例。考古发现，有两件东汉明帝永平十二年（公元 69 年）制造的漆盘背面书写"永平十二年蜀郡西工，夹纻行三丸，宜子孙，庐氏作"和"永平十二年蜀郡西工，夹纻行三丸，治千二百，庐氏作。宜子孙。牢"。史学家认为，"铭文的性质完全是商业性的，所谓'夹纻行三丸'，是宣扬产品的品质精良。'夹纻'是指最好的胎质，'行三丸'，'丸'即'垸'，即经过三次上漆。'牢'，是指器身坚牢，再加一句吉祥的颂词'宜子孙'。这些漆器都是用来出卖的商品，漆器上的铭文是带有商标性质或商业广告性质的"[1]。此外，汉代亦在瓷器刻上钤记（即印章），内容多以产地为主，后世在出土的瓷器碎片上有所发现。

同时，汉代已经就官营手工业与私营手工业之成果通过印记内容的不同而有所区别。前者多突出官方身份，例如长沙马王堆出土漆器上的"成市草""成市饱"；江陵凤凰山出土漆器上的

---

[1] 傅举有：《中国历史暨文物考古研究》，岳麓书社1999年版，第269页。

"成市草";广西贵县出土漆器上的"市府草""布山";临沂银雀山出土漆器上的"市府草""市"。由于"草"通假"造",表明其为官方制造[1]。而私人手工业者多以生产者之姓名作为印记,在江苏连云港一汉代古墓出土的漆器中,"有墨绘长方形印章,篆书'桥氏'二字,被认为是私人作坊的印记"[2]。由此,商业标记自官府强制标记体系中分离的趋势越发明显。

此外,关于出土汉代"川""渔"铁器之标记的法律属性似也有重新检讨之必要。1964年在陕西咸阳、1973年在河南长葛出土的西汉铁器上都铸有一个"川"字;1974年,在北京市郊大葆台出土的文物中,考古人员发现一铁斧上铸有一个"渔"字。"据考证,汉武帝时,全国设置了盐铁管理机构。当时的渔阳郡(即今天北京密云境内)就设有一处,此斧的'渔'字标明其是渔阳郡的产品。"[3]。汉武帝实施盐铁专卖,其在各地设立官员,负责铁器之冶炼、售卖,上述标记属于官营手工业之产品,因此,虽然面向社会公众,但该标记本身似以标记出厂单位、实施质量控制为主,恐怕难以被称为商标。

三国时期基本沿袭上述做法。在江苏南京赵士岗吴墓出土的三国时期越窑的一种老虎形象青瓷,其腹旁刻有"赤乌十四年会稽上虞师袁宜作"[4]。其中,赤乌十四年是公元251年,"赤乌"系三国东吴割据政权所用年号;"会稽上虞"指代当今浙江省绍兴市上虞区;"师"应当是指工匠这个职业;"袁宜"是完成该瓷器的工匠姓名;"作"当指完成产品制作。此后此类铭文不断在出土

---

[1] 查瑞珍编著:《战国秦汉考古》,南京大学出版社1990年版,第199页。
[2] 李丽主编:《考古与文物研究》,中央民族大学2007年版,第156页。
[3] 杨炳芝主编:《中国科学技术法律知识全书》,中国科学技术出版社1993年版,第144页。
[4] 童赛玲编:《邓白美术文集》,中国美术学院出版社2018年版,第214页。

第一章 商业标识的古代萌芽

的同时期文物中发现。

表1 铭文

序号	铭文内容	制作年代
1	永安三年时，富且洋（祥），宜公卿，多子孙，寿命长，千意（亿）万岁年未见英（殃）	三国（吴）永安三年（260年）
2	出始宿（宁）用此廪，宜子孙，正吏高，陈泉四作	西晋
3	元康出始宁用此廪，宜子孙，作吏高，其乐无极	西晋元康二年（292年）
4	紫是会稽上虞范林休可作坤者也；紫是鱼浦池也	未知

在表1的铭文中，序号2和序号4商业性铭文以工匠姓名区分其产品来源，与现代商标立意稍近，但序号1和序号3的铭文只是吉祥用语，在缺乏其他考古证据的情况下，似不宜将其直接认定为商标。商业标记与商品之生产者姓名相捆绑的习惯为后世所沿袭。例如，出土的南北朝时期的一件铁砚拓本，上有"丙申仲春余仁鉴造"字样，其中"余仁"当为生产者之姓名；同时期出土的陶器文物上也有工匠"郭彦"的署名。

上述做法甚至延及唐代。例如，出土的唐代一白瓷花口瓶上有"丁大刚作瓶大好"铭文；在韩国出土的唐代长沙铜官窑瓷器有铭文"卞家小口天下第一""郑家小口天下第一"[1]。前者中"丁大刚"系生产者之姓名，有姓有名、信息完整，指向性也更加明确，后者中"卞家""郑家"则以家族姓氏作为商业铭文。

---

[1] 李正中：《古月斋文集》，天津人民出版社2016年版，第281页。

晚清知识产权制度发展史论

还有一些瓷器生产商为了满足下游酒商或者油商之标记需要，会提前根据这些商家之要求标记铭文。据考证，瓷器上已经有"绝上""龙上""陈家美春酒""美春酒""美酒""浮花泛蚁""酒酿春浓""碟子""油盒""瓦货老行""张""何""庞家"等铭文[1]。这些商标中，部分标记仍坚持与生产者之姓氏建立识别关系，但已经有部分标记开始使用隐喻、暗示的手法提示商品的属性或某一特点，例如"浮花泛蚁""酒酿春浓"，这与后世暗示性标志相近，一定程度上反映了商业标记使用从生产者的人身绑定逐步走向注重标志与商品之间的联系。此类暗示性标志的使用手法亦可见于琵琶之商业性标记上，有"双凤""龙首""小忽雷""大忽雷""曲顶""五弦"等，其标记与乐器的造型结构、所发乐声密切相关，是通过暗示手法指代具体产品的。但生产者姓名刻印以示区别的传统并未完全消失，例如在出土的晚唐瓷枕中仍发现"杜家花枕""裴家花枕"等铭文。

至五代，出土的这一时期的定窑白瓷碗碗底印有"易定"之铭文，被认为具有"强烈的品牌意识"[2]。但史学界对于该铭文存在四种说法：第一种是将其解释为"曲阳定瓷"；第二种是将"易"作"交换"，解释为"用来交换的定瓷"；第三种认为"易定"是地方名称，即指古代的易州和定州，作为标示生产地域的标志；第四种是将文史对"易定"两字的解释搬到瓷器中来，认为是"改变既定的天命"[3]之意。除第二种解释外，其余解释均无法将其作为商业性标记。即使是第二种解释，其也是对某一产

---

[1] 朱裕平：《中国古瓷铭文》，上海科学技术出版社2018年版，第53页。

[2] 赵克理：《顺天造物——中国传统设计文化论》，中国轻工业出版社2008年版，第255页。

[3] 潘振元：《潘振元文集》（下），苏州大学出版社2013年版，第349页。

第一章　商业标识的古代萌芽

品用途的类型化描述，难以产生区别之效果。

另外，五代时期衡州青瓷的一些瓷器上刻有"高足盘""高足碗"、鱼化龙图、龙凤图、翔龙图等铭文和图形，有观点认为，这是"千年历史的商标，应该是中国最早的商标"[1]。但"高足"本身似乎是一种器皿的通用名称，如"新创器形有高足杯、菱口盘"[2]。从现代商标规则来看，此类通用名称显然难以注册成为商标。另外，鱼化龙图、龙凤图、翔龙图能否作为商标仍存在疑问，此类表达吉祥内涵之语句与文字，似乎难以完全由某一企业排他性使用，进而进行商品来源之区别。

（三）我国商标的初熟期

进入宋代，动荡的社会局面逐步安定，随着农业生产的发展、粮食剩余率的提高、煤铁革命的出现、手工业生产的扩大、运输工具（如漕运、海船）的进步和交通条件（如汴河和沿海海运）的改善，商品经济继战国秦汉之后迎来了它的第二个浪潮时期，这可称为中国历史上的"第二次商业革命"[3]。在宋代的商业浪潮下，商品在市场上的竞争加大，而生产者或者商贩继承汉唐以降的商业传统，更新标记使用方式以增加自己商品的品牌影响并最终获得有利竞争地位，成为很多商家的共同策略选择。由此，商业标识随着商业活动之兴起而不断发展，形成我国商标发展历史上的第一次高峰。当时，商业标记已经大规模开始使用，例如在《清明上河图》中就出现"孙羊店"（酒楼）、"久住王员外家"（民宿）、"刘家上色沉檀捡香"（香药）、"王家罗明匹帛铺"（布匹）、"杨家应症"（医馆）等商业标记。

---

[1] 谭怡蕊、谭耀：《衡州窑》，湖南大学出版社2019年版，第173页。
[2] 《浙江通志》编纂委员会编：《浙江通志·美术志》（第八十三卷），浙江人民出版社2019年版，第458页。
[3] 刘毓庆：《神话与历史论稿》，商务印书馆2017年版，第294页。

213

晚清知识产权制度发展史论

关于我国现存发现最早的商标，通说认为其诞生于商品经济复兴的北宋。北宋年间，山东济南一家制造细针的店铺曾用铜版印刷告白，具体内容为："济南刘家功夫针铺，收买上等钢条，造功夫细针，不误宅院使用。客转与贩，别有加饶，请记白兔儿为记。"商标居中系一只白兔。根据通说，该标志可以说是世界上迄今为止最早的商标实物[1]，是中国目前发现的图形设计较为完善的最早的商标[2]，是我国至今发现的最早的商标[3]。在该商标中，"济南刘家功夫针铺"是商家字号，"收买上等钢条，造功夫细针，不误宅院使用"系强调产品质量优良。如果标记停步于此，则与前述汉唐以来的"工匠姓名+吉祥语/质量优异"并无本质区别。但其"请记白兔儿为记"则初步引入商标之概念。第一个"记"为动词，即识别之意，《广雅·释诂》中有"记，识也"，强调公众在购买时应当予以识别。第二个"记"为名词，即标记、记号之意，如《楚相孙叔敖碑》中的"念意自然，刻石铭碑。千载表绩，万古标记"。简而言之，该段文字系生产者告知相关公众选购时应当按照"白兔儿"标志选择自家产品，避免产生误认。综上所述，"请记白兔儿为记"是生产者向相关公众表明其产品来源的文图组合，因此被称为最早的商标可谓实至名归。

同时，此时期在瓷器上刻印铭文以标注生产者之传统依然得到保留。例如，宋代磁州产瓷枕很多都刻有"张家造""赵家造""张家枕""张大家枕""王家造""王氏寿明""王氏天明""李家枕""滏阳陈家造""刘家造""赵小奇""程三程小"等。在一

---

[1] 秦潇：《宋代商标的表现形式和功能探析——兼论商标的文化意义》，载《人民法院报》2021年8月6日，第7版。
[2] 管荣齐：《中国知识产权法律制度》，知识产权出版社2016年版，第24页。
[3] 陈健：《知识产权法》（第二版），中国政法大学出版社2020年版，第31页。

第一章　商业标识的古代萌芽

件瓷枕中,枕面刻"家国永安"四字,右书"赵家枕永记",左书"熙宁四年"字样[1]。史学通说认为,这些都是窑厂的商标符号,近来也有学者认为这些是定烧人的姓氏或者姓名。但无论何种解释,该类铭文的内容大多发挥了对商品来源的指示功能。在古代商标法历史研究中知名度颇高的"永清窑记"亦属于上述情形。

值得关注的一点是,宋代铜镜制造业对于商业性铭文标准尤为重视,其中多为标记商品来源,格式一般是先标明所处州县,继而标明家族或者个人姓氏,再以"照子"结尾。"照子"即为铜镜。宋代湖州地区系重要的铜镜生产地,当时湖州铸镜的商铺和工匠众多,民营手工业的小商品生产很发达,竭力向顾主宣传自己的牌号和产品质量,为产品争取销路,这反映了伴随着小商品生产的发展出现了激烈的商品竞争[2]。为此,湖州地区铜镜生产者多使用此类商业性标记力求扩大竞争优势,进而导致建康、饶州、成都等地生产者予以仿行。根据史学家之考证研究,宋代铜镜生产者所使用的商业性标记见表2。

表2　宋代铜镜生产者使用的商业性标记

产地	标记[3]
湖州镜	湖州真石家炼铜照子记
	湖州祖业真石家炼铜镜
	湖州仪凤桥南酒楼相对石家真青铜照子记

---

[1]　朱裕平:《中国古瓷铭文》,上海科学技术出版社2018年版,第58页。
[2]　丁孟:《古代铜镜收藏入门不可不知的金律》,山东美术出版社2011年版,第135页。
[3]　丁孟:《古代铜镜收藏入门不可不知的金律》,山东美术出版社2011年版,第134页。

续表

产地	标记
湖州镜	湖州仪凤桥石家真正一色青铜镜
	湖州石家炼铜照子炼铜每两一百
	湖州真石家二叔店照子
	湖州楼相对石八叔照子
	湖州真石家念二叔照子
	湖州李家炼铜照子
	湖州石家青铜工夫照子
饶州镜	饶州叶家青铜照子
	饶州新桥许家青铜照子
	饶州上巷周家久炼青铜照子
建康镜	建康府茆家炼铜照子记
	建康府茆家工夫镜
成都镜	成都龚家青铜照子
苏州镜	苏州乌鹊桥南缪家真铜镜
杭州镜	杭州大陆家青铜照子

南宋时，《西湖老人繁胜录》中记载了诸多酒名：思堂春、皇都春、中和堂、珍珠泉、有美堂、雪腴、太常、和酒、夹和、步司小槽、宣赐碧香、内库流香、殿司风泉、供给酒、琼花露、蓬莱春、黄华堂、六客堂、江山第一、兰陵、龙游、庆远堂、清白堂、蓝桥风月等[1]。但这些酒名中，如"庆远堂""清白堂"此

---

[1]（清）朱彭等：《南宋古迹考》（外四种），浙江人民出版社1983年版，第103页。

第一章　商业标识的古代萌芽

类以堂号记，可能具有一定的区别性，但其他标记是否属于一类酒之通用名称以区别其他商品仍存疑，因此，"有的印上地名、铺名、工匠名，以资区别"[1]。

宋人吴自牧在《梦粱录》中记载了南宋诸多知名商业标记，其中仅药铺就有：潘节干熟药铺、张家生药铺、陈直翁药铺、梁道实药铺、杨将领药铺、仁爱堂熟药铺、三不欺药铺、金药白楼太丞药铺、陈妈妈泥面具风药铺、金马杓小儿药铺、保和大师乌梅药铺、双葫芦眼药铺、郭医产药铺、李官人双行解毒丸[2]等；其他行业有：陈家彩帛铺、舒家纸扎铺、童家柏烛铺、凌家刷牙铺、孔家头巾铺、徐茂之家扇子铺、徐官人幞头铺、钮家腰带铺、张家铁器铺、张古老烟脂铺、戚百乙郎颜色铺、仲家光牌铺、季家云梯丝鞋铺、朱家裱褙铺、尹家文字铺[3]等，并指出南宋时人"大抵都下买物，多趋名家驰誉者"，亦可印证商业标识在经济社会生活中的识别作用。在宋话本《白娘子永镇雷峰塔》一章中，许仙借伞，那借伞者边给他伞边叮嘱道："小乙官，这伞是清湖八字桥老实舒家做的，八十四骨，紫竹柄的好伞，不曾有一些儿破，将去休坏了！仔细！仔细！"该语句就是商品在现实中使用，通过生产者之家族姓氏指出该商品来源的鲜活例证。

南宋部分商业标记沿袭"白兔"商标之文图商标传统，注重通过绘画增加其可识别性，强化标记的视觉效果。例如，南宋洪迈在《夷坚志》中记载，"当涂外科医徐楼台，累世能治痈疽，其门首画楼台标记，以故得名。传至孙大郎者，尝获乡贡，于祖业

---

[1] 张明来、张含梦：《中国古代商业文化史》，山东大学出版社2015年版，第259页。

[2] 陆春祥：《名家带你读笔记：相看》（青少年版），浙江科学技术出版社2018年版，第70页。

[3] 伊永文：《古代中国闲情琐记》，中国工人出版社2018年版，第87页。

217

尤精"。在这个案例中,"徐楼台"这一医馆名称源于医馆门口之绘画,后来经过病患的口口相传成为家族医馆之商业标记。该书中也记载了另一个医馆所用标记:饶州城内有一医师,家族世代以售药为业,自制"(一人)手执叉钩,牵一黑漆木猪"的图画,挂于医馆门口,人称"高屠",后成为家族医馆之商业标记[1]。

但有商业标记之使用,亦有不法分子冒用他人标记实施侵权。南宋姚勉《雪坡集》中记载:"柯山叶姓,货墨者甚多,皆冒茂实名,而实非也。有吕云叔后出,不假叶氏以售,而其法亦出诸叶上。"叶茂实是宋代制墨名手,1977年江苏武进出土的叶茂实造墨,仍残留"实制"铭文。再如,前述湖州铜镜制造产业中,"石家"系当地制镜名家,在10个商业标记中有9个使用"石家"字样,6家使用"真"字表明其系真实石家身份,而非冒用他人标记。但其中有2家均使用"石家二叔"之身份标记,如果不是同一家先后使用该标记,则存在较大侵权可能。

至元代,酒类生产者的标记开始转向指向性更强的堂号记或者酒肆名称。近年徐州出土的一些元代瓷器瓶上书写有"仁和馆""太平馆""熙春馆""八仙馆""秋成馆""同乐馆""长乐馆""嘉和馆""玉春馆""玉山馆""元贞馆""武阳馆""永和馆""武阳太平馆""梨花馆""白花馆""岳阳馆""仙人馆""玉山馆""周会馆""同乐馆""临波馆""福来馆""黄华馆""朝元馆""凤乐馆""羔羊馆""永成馆""金鱼馆""状元楼""天上楼"等馆名、楼号,以及"梨花白""秋露白""红梨花""一枝花""凤花雪月""赵家瓶""纪家瓶"等名称、标记[2]。这些标记、堂号记反映了瓷器生产者根据下游酒肆商家之需求,在生产

---

[1] 吴钩:《原来宋朝这么有趣:商户会营销》,广西师范大学出版社2021年版,第43页。

[2] 冯小琦主编:《磁州窑瓷器研究》,故宫出版社2013年版,第157页。

第一章　商业标识的古代萌芽

过程中就已经将酒肆之标记印于酒具之上，这与前述唐代做法基本相似。待这些酒具进入流通环节后，商家一方面能提高自己商品的知名度，另一方面也能显示出与其他商家酒类之区别。

明代，中国商品经济持续发展，"在一些商品经济较为发达的地区和部门出现了稀疏的资本主义萌芽，主要表现在丝织业、制瓷业、井盐业和冶铁、冶铜、造纸等行业"[1]。在此经济社会背景下，商品市场的发展提高了某些工匠、大匠的知名度，"各个行业的大量工匠开始获得全国性的地位，单凭他们的名字就足以给市场中的商品增添价值"[2]。明朝名臣王世贞就曾在其一篇文章中提及部分匠人之姓名与其擅长的工艺。

窑器当重哥、汝，而十五年来忽重宣德，以至永乐、成化，价亦骤增十倍。大抵吴人滥觞，而徽人导之，俱可怪也。今吾吴中陆子冈之治玉，鲍天成之治犀，朱碧山之治银，赵良璧之治锡，马勋治扇，周治治商嵌，及歙嵌吕爱山治金，王小溪治玛瑙，蒋抱云治铜，皆比常价再倍。

在此情况下，知名工匠姓名本身就足以作为产品商标在市场中流通。与汉唐以来的工匠各自标注姓名以示区分相比，随着宋明之发展，工匠姓名与产品商誉相对紧密结合，甚至通过产品质量口碑增加了工匠姓名之知名度，同时工匠知名度提高后又增加了产品销量，进而通过公众使用而积累的质量口碑继续增加工匠姓名之知名度。由此良性循环，一些大匠的姓名逐渐被公众所熟知，实现了从"商标"到"驰名商标"的转变。

---

〔1〕 李济琛：《民营经济与中国现代化》（增订本），华文出版社2020年版，第123页。

〔2〕 [英]柯律格：《长物：早期现代中国的物质文化与社会状况》，高昕丹、陈恒译，生活·读书·新知三联书店2019年版，第60页。

同时，一般匠人仍然使用传统的姓名标注方式，例如，有酒坛标注"山西潞安府壶关县程村匠人马做造大样酒坛，丙子年造"[1]。再如，1642年版《太仓州志》中记载，"五十年前，州人有陆子冈者，用刀雕刻，遂擅绝。今所遗玉簪价，一枝值五六十金。子冈死，技亦不传"，其在这些玉器上多"落款子岗"[2]。此外亦有与前述暗示性商标相类似的用法，如用"一潭好醉"等字样表达酒类产品的品质。

自明代开始，一些产品之商业标记甚至流传至今，但对此仍需认真审查，避免认定错误。例如，有观点认为明朝宣德年间北京珐琅制品以"景泰蓝"商标而闻名于世[3]。但从景泰蓝的发展历史来看，"与玉器有宫廷制作和民间制作、瓷器有官窑和民窑不同，景泰蓝从诞生的那一刻起就没有走出皇宫，成为中国历史上唯一传承了600多年而具有纯正皇室血统的帝王级奢侈品"[4]。如果其并未走出皇宫，显然也并未进入商业流通领域，连"商"都不涉及，何以认定为"商标"？同时，明朝万历年间，江苏松江府西郊尤墩地区的人们用该地区产的土布制作袜子，因产品质量精良而闻名遐迩。为了防止假冒，该地区手工业者在袜子上绣上"尤墩"地名，以示其来自该地区，用于保障质量且与其他袜子进行区别[5]，这亦属于我国证明商标的雏形之一。

但明代确有一些商业标记流传至今，例如，北京六必居酱菜开业于明朝嘉靖九年（1530年），其"六必居"牌匾相传为明代

---

[1] 中国古陶瓷学会编：《中国古陶瓷研究》（第十六辑），紫禁城出版社2010年版，第167页。

[2] 朱凤瀚等编著：《文物鉴定指南》，陕西人民出版社1995年版，第39页。

[3] 左旭初编著：《老商标》，上海画报出版社1999年版。

[4] 定界：《图解颐和园》，北京出版社2018年版，第30页。

[5] 左旭初：《民国袜子商业包装艺术设计研究》，东华大学出版社2019年版，第2页。

第一章 商业标识的古代萌芽

权相严嵩所书[1]，后于 1984 年 12 月注册成为商标，1997 年在海外注册商标。但一些商业标记在使用过程中逐步丧失其区别性，反而成为一类商品的通用名称。如带有"顾绣"或者"顾绣庄"标识的产品最初并非由顾寿潜、韩希孟直接制作并销售[2]，但"顾氏到明末清初后，家道中落，女眷们以针黹为营生，或以授徒谋生计，作品不再仅仅是供文人墨客观赏的册页、画幅，更多地具有了商业价值"[3]。期间，顾会海妾兰玉"设幔授徒，女弟子咸来就学，时人亦目之为顾绣"，绣品遂被公众称为"顾绣"，初步具有了商标指示来源的功能。但随着此类绣法的日益传播，市场将此类绣法织成的成品统称为"顾绣"，这使得其从商业标识转化为商品制造方法之说明，指示功能基本丧失。再如，明末清初的"丁娘子布"。丁娘子，明松江府华亭县人，家住东门外双庙桥；擅弹棉，善织布；以弹棉花最熟练，花皆飞起，用以织布，极为精软，因称"丁娘子布"，又称"飞花布"[4]。由此，丁娘子的姓名与特定织布商品建立联系。但随着该概念在织布产业的广泛使用，也可能因为丁娘子本人之故去，"丁娘子布"后来被用作指代布头[5]，丧失了指代丁娘子所生产的特定商品之功能。由此观之，实际上自汉唐以来，以生产者之姓名标记某类商品希望获得竞争优势的情形就屡见不鲜，但随着商品经济的发展，标记的规模逐渐扩大，一旦被行业内广为接受或者生产者逝去，反而有可

---

[1] 李廷芝主编：《中国烹饪辞典》（新版），山西科学技术出版社 2019 年版，第 215 页。
[2] 符国群编著：《商标管理》，武汉大学出版社 1992 年版，第 16 页。
[3] 殷安妮：《故宫织绣的故事》，故宫出版社 2017 年版，第 265 页。
[4] 上海市松江县地方史志编纂委员会编著：《松江县志》，上海人民出版社 1991 年版，第 1008 页。
[5] 曲彦斌主编：《中国隐语行话大辞典》，辽宁教育出版社 1995 年版，第 154 页。

能使该标记成为这类商品的通用名称。

至清中前期，商标之发展并未有突破性进展，仍然沿袭宋明以来的商标使用实践。例如，同仁堂创始人明末"到北京行医……清康熙八年（1669年）改串铃行医（走街串巷看点小病）为坐商兼行医，并将所住客栈取名为同仁堂，此为同仁堂之始。自雍正元年（1721年）起，同仁堂正式供奉清皇宫御药房用药"，此后成为京城药铺著名的金字招牌。再如，"新安汪氏，设'益美'字号于吴阊，巧为居奇。密嘱衣工，有以本号机头缴者，给银二分。缝人贪得小利，遂群誉布美，用者竞市，计一年销布，约以百万匹……十年富甲诸商，而布更遍行天下……二百年间，滇南、漠北无地不以'益美'为美也"[1]。再如，知名晋商乔家在茶叶生产过程中，"砖茶成品干燥后，外面用几层纸包装好，装入刻有茶庄字号名的竹箱或木箱"[2]。但此类传统商标使用活动在实践中已经面临被假冒的重大挑战，如何保护商业名称与商业标记免于被假冒，以及打击侵害人的不正当竞争成为彼时商人阶层所普遍面临的重大问题。

第三节　清代中前期：商业标记假冒案例

清代中前期对于商业标记之侵害行为，多以商业欺诈为主，即冒用他人标记。考虑到此期间缺乏防伪技术手段，相关受众也难以判断市场上的商业标记真假与否，这造成侵害人以较低的违法成本即可达到混淆之目的，以"搭便车"的方式冒用他人标志

---

[1] 王廷元：《困学集：王廷元史学论文选》，安徽师范大学出版社2019年版，第44页。

[2] 乔添锋主编：《乔家史略》，北岳文艺出版社2017年版，第94页。

第一章　商业标识的古代萌芽

背后所凝结的商誉，从而获得不当利益。此一点中西较为类似。英国法学家弗雷德里克·波洛克（Frederick Pollock）指出，"法院对商标和商业名称的保护，起初源于对商业欺诈的制止。在越来越被类比为所有权之后，商标权已经演变成一种类似专利权和版权的法定特许权，侵害商标的行为在制定法中不再被作为一种欺诈行为，而是被作为一种对无形特许权的侵犯，或者是对有形财产占有权的侵犯"[1]。

早在顺治十六年（1659年），就有地方官府就商标名称之假冒进行示谕公示。在《苏松两府为禁布牙假冒布号告示碑》[2]中，上海地方官府认为，根据辖区布商"联名禀为虎牙恣伪乱真等事"，查明"金三阳字号历年已久，乃沈青臣勾同别商，射利假冒，奸徒伎俩，真难方物矣"，认定侵害人沈青臣通过假冒商业名称造成公众真假难辨。但两地官府并未止步于个案处理，而是从规范产业竞争、防止字号假冒的角度，指出"严饬永禁，不许再行混冒，致起各商衅端……为照商贾贸易布匹，惟凭字号识认，以昭借义，是处皆然，毋容混冒"。同时，两地官府还赋予被假冒字号的布商救济权利，并指出假冒字号的严重法律后果。"如有奸牙地棍，觊觎字号，串同客贾，复行假冒，起衅生端，上误国课，下病商民，许即指名报府，以凭立拿究解抚院，正法施行。决不轻贷！"

该案件审理后，虽然一定程度遏制了此类字号假冒的不正当竞争行为，但随着时间推移以及案件作为个别处理的调整模式，该类假冒侵害行为仍不同程度存在。至乾隆元年（1736年），松江

---

[1]　[美]佛兰克·I. 谢克特：《商标法的历史基础》，知识产权出版社2019年版，第3页。
[2]　上海博物馆图书资料室编：《上海碑刻资料选辑》，上海人民出版社1980年版，第85页。

府不得不二次立碑以禁止此类侵害行为。《松江府为禁苏郡布商冒立字号招牌告示碑》[1]内容详实、分析鞭辟入里，值得深入研究。其一，官府追溯确立商号、商业标记之现实缘由，表明"本司查看得苏松等郡布业甚繁，但货有精粗长短之不齐，惟各立字号以分别"。该论述上承北宋"白兔"商标之立意宗旨，下接近代规则，尤其是"各立""分别"与近代商标规则中的"区别性"概念已经甚为接近，认为字号能在标示自己商品出处的同时使之区别于其他商家之布匹，是对商标制度较早的明确论述。其二，商标在长距离交易中发挥了核心作用。"昔年开张青蓝布号者数十家……后有迁移他郡地方……但远商相信，全在布记确切为凭……各省镖商远涉贸易……所以取信者，全在字号图记"。由此观之，由于生产、销售的逐步分离，对于产品质量与产地的商业判断，异地商人主要依靠"布记""字号图记"，即商业标记进行判断。其三，官府揭示了常见的假冒侵害行为，表示"乃有射利之徒，并不自立字号，觊觎他人字号盛行之时，或以字音相同，或以音同字异，窃冒垄断，以伪乱真，起衅生非，病累商民"。由于字号多为文字，且侧重口语化使用，假冒多从"音"下手，利用我国语言中多音字之语言现象，实施假冒行为。其四，官府重述了布商的救济权利以及假冒者法律责任，声明"为此示仰府属布商及各省镖客人等知悉，嗣后各守字号图记招牌店名，不得假窃混冒。如敢故违，许即鸣官详究"。其五，起诉主体发生了重大转变且附上字号杜绝仿冒。在1659年碑文中所列举的起诉布商多以自然人身份为主，但在本次碑文中，经过一百余年的发展，起诉主体均以"记"或"店"结尾，即多以经济组织身份提起诉讼，且附上各个

---

〔1〕上海博物馆图书资料室编：《上海碑刻资料选辑》，上海人民出版社1980年版，第86页。

第一章　商业标识的古代萌芽

布商的字号全称，便于交易中核实查明、杜绝仿冒。

　　道光九年（1829年），《元和县示禁保护沈丹桂堂碑》[1]中，药商首先主张"招牌图记"之使用历史及其知名度，表明"身祖世安遗制白玉膏丹，有沈丹桂堂招牌图记为凭，历在台治临顿路、小日晖桥开张发兑，专治裙疯臁疮、一切肿毒等症，应验驰名"；随后，其指出冒用图记的侵害行为，称"近有无耻之徒，假冒本堂牌记，或换字同音，混似射利"；最后，其在提出维权请求的同时提交"牌记"作为对照之基础，"粘呈牌记，叩求示禁"。对于该请求，官府表示"合行示禁……自示之后，如有棍徒敢于假冒沈丹桂堂图记，以及换字同音混卖者，许即指名禀县，以凭提究"。可见，由于字号系以文字形式表现，且多用于口语称呼，同音字替换成为较为常见的侵害形式。对于此类同音替换、假冒他人字号的行为，清代甚至有诗曰："雨衣油纸家家卖，但看招牌只一家。你也窦家我也窦，女娼男盗尽由他。"[2]

　　《清稗类钞》中亦记载"王麻子"剪刀遭遇假冒之情况。"京师前门有剪刀铺，门前高坊，上书'三代王麻子'。而外省多有冒之者，所悬市招，犹大出矢言，言'近有假冒者，男盗女娼'云云，而不知其实自道（通'盗'）也。"[3]另一剪刀名家"张小泉"亦面临此类问题，甚至其将商业名称修改为自己本名亦无法阻止假冒。明朝末年，张小泉携其子迁徙至杭州，因其制作剪刀认真负责、产品锋利耐用、质量上乘，从而积累了上佳口碑。为了与他人剪刀作区分，父子俩将店铺招牌定为"张大隆"。他人见父子二人盈利颇丰，遂冒用"张大隆"的招牌出售剪刀，但所售

---

〔1〕　王国平、唐力行主编：《明清以来苏州社会史碑刻集》，苏州大学出版社1998年版，第575页。

〔2〕　丘良任等编：《中华竹枝词全编》（一），北京出版社2007年版，第179页。

〔3〕　徐珂编撰：《清稗类钞》（第十七册），中华书局2010年版，第58页。

225

剪刀质量参差不齐,影响了"张大隆"招牌之声誉。康熙二年(1663年),张小泉遂更改招牌,将"张大隆"改为自己的本名"张小泉",以示与仿冒者之区别,但仿冒情形仍未完全禁绝[1],可见清代中前期仿冒之泛滥程度。

---

[1] 张育滋:《明清杭州徽商研究》,安徽大学出版社2016年版,第146页。

第二章

中国商标法的近代起源

第一节 鸦片战争之前的维权活动

与在外部经济社会环境刺激下被动保护技术方案的专利法历史不同，由于我国商标历史悠远，商标侵害滋生较早并由此引发保护之内生需求。但鸦片战争之前，这种保护多出于同业自动自发而为，或者是地方官府偶发性应对呈控而被动保护。整个保护尚未搭建体系性制度，呈现碎片式的弱保护情形，甚至只能使用商业标记竭力指引客商购买正品，而非达到完全排除他人冒用之专用程度。

（一）仿单中载明商业标记，避免混淆误认

仿单是指"介绍商品的性质、用途、使用法的说明书，多附在商品包装内"。清代，商家开始在仿单中使用"商标+商家地址"的方式载明商业标记,避免使客商混淆误认。

例如,清代天津天后宫的春永堂眼药以药效较好而知名,其"祖传光明眼药,主治男女老幼远年近日气朦火朦,胬肉攀睛,迎风流泪,云翳遮睛等七十二症,药到病除,屡试屡验,各省驰名",这也造成仿冒成风。为此,春永堂在其仿单中写道,"本堂开设天津东门外天后宫内后院大殿旁斗姥殿内,赐顾诸君,请认明'乾隆金钱'商标为记",并"请主顾注意屋内挂金钱商标便是真正老号"。"认明""注意"均是在提醒客商仔细辨认商标。

杭州老三泰琴弦店在其仿单中写道,"老铺历百余年,并无分出。凡士商赐顾者,请认杭省回回堂下首,积善坊巷口老三泰图记,庶不致误"。其中,"老三泰图记"即为指向性商标,"致误"就是假冒产品与正品标记相同,而发生的混淆误认。北京桂林轩脂粉铺的仿单中写道,"桂林轩监制金花宫脂、西洋干脂……寓京都前门内棋盘街路东,香雪堂北隔壁。赐顾请详认墨字招牌便是。红字套冰梅蓝花边"[1]。在该仿单中,胭脂铺以一句颇为押韵的"红字套冰梅蓝花边"描述其商标样式,也强调"详认"。

扬州卢葵生漆器驰名中外,在清代中叶被大量仿冒,卢家在仿单中首先介绍其产品的制作方法,称"其砚全以沙漆,制法得宜,方能传久下墨";其次,介绍其产品历史,称其"创自先祖,迄今一百一十余年,并无他人仿制";再其次,介绍仿冒产品之伪劣,认为"近有市卖者假冒,不得其法,未能漆沙经久";最后,请求客商按照"图章"进行购买,表示"倘蒙鉴赏,必须认明砚记图章、住址不误"[2],其中"认明不误"也是为了避免产生混

---

[1] 刘家林:《新编中外广告通史》(第三版),暨南大学出版社2011年版,第100页。

[2] 韦明铧:《扬州漆艺》,江苏人民出版社2016年版,第180页。

淆误认。道光年间，广州同记绸纱庄产品销路较广，但仍存在假冒。为此，该绸纱庄也曾在仿单中载明，"本号产品保有可羡之品质，惟今为防他人冒充本号产品，特采用二字新名"，意图杜绝假货。

但此类单方面权利宣示，与前述版权近代历史中的声明一样，由于缺乏强制力保障，保护效果自然令人怀疑，只能引导客商购买正品商品，但不能阻止仿冒产品在市场上流通。

（二）同业公议协调，避免恶意竞争

假冒字号导致客商真假难辨，长此以往，不仅损害单个商家之利益，更将对整个行业的发展造成负面影响，尤其是会影响某些地区的名声。这也迫使地方同业开始尝试在官府的支持下，对各个商家之商业标识使用行为进行协调，避免雷同后的混淆误认。清代中前期准许字号转让，并对转让进行相应的限制，进而形成商业惯例。前述《松江府为禁苏郡布商冒立字号招牌告示碑》中就已经提及，"故从前盛行之字号，可以租价顶售，□□□偿招牌，即成资本……苏松两府字号布记，不许假冒雷同"。为了遵循上述官府要求，嘉庆十九年（1814年），苏松两府同业经过公议，规定"新号毋取同名"[1]。道光五年（1825年），上海绮藻堂布业公所制定了《牌谱》与《牌律》，前者更接近后世的商标注册规则，后者更接近后世的商标法规，后续又经过多次修订，本书其他章节将对其晚清版本进行详细分析。

（三）向地方官府呈控

《苏松两府为禁布牙假冒布号告示碑》《松江府为禁苏郡布商冒立字号招牌告示碑》《元和县示禁保护沈丹桂堂碑》等碑文的颁

---

〔1〕 范金民等：《明清商事纠纷与商业诉讼》，南京大学出版社2007年版，第167页。

布，均系商家遭受商标侵害后前往地方官府寻求公权力保护的结果。这些案例具有以下特点：首先，呈控一般是由于同业公议已经失效或者出现严重侵权时，商家主动向官府寻求救济的方式。主要原因在于，诉讼确实存在不可控之风险，若非万不得已，商家都会选择谨慎与官府打交道。其次，起诉主体"报团取暖"特点突出。顺治十六年（1659 年）碑文和乾隆元年（1736 年）碑文中，起诉主体分别为 37 人、22 家店/记。这种维权方式不仅有利于引起地方官府重视，还能显示出侵权人的行为引起众怒。再其次，向高级官府呈控趋势明显。前述呈控分别提交至"钦差巡抚江宁等处都御史"和由"两江总督"转"江苏布政使司"。由于清代的官僚政治体制，自上而下远比自下而上的工作实施起来容易，商家多试图向上级官府呈控，而后通过上下级官府间文牍传递，提升下级官府的维权积极性。最后，胜诉成果以"立碑"形式固定。自明清以降，民众诉权多有限制，例如，"告土豪地棍不详开恶迹确证者，不准"。因此，如果"土豪地棍"实施侵犯商业名称之行为，碑文所载之内容将使商家较容易明确自己具有起诉之权利。同时，石碑不易被损坏磨损，即使地方官员调职，也能使其尊重前任之主张，将人员变动因素可能导致的法律适用不统一问题予以提前规制，为保护提供了稳定性与可预见性。同时，"石碑"长期存在，在一定程度上有助于震慑潜在侵害人，使其了解侵害商业名称之责任与后果。但从立碑效果来看，似乎有些商业标记仍屡次被假冒。从同治八年（1869 年）所立《奉宪勒石永禁碑》中记载的内容来看，该商标被多次侵权，时间范围甚至覆盖康熙、雍正、乾隆、道光、同治等朝，但仍屡禁不止。该碑文内容如下。

钦加同知衔，署江苏镇江府丹徒县正堂加七级纪录十次汪为查案勒石永禁事，查接管案内，据举人唐沐禀称：切举家一正斋

第二章 中国商标法的近代起源

老膏药店，系七世祖唐守义于康熙初年创立，利人济世，宇内驰名。蒙河宪陈赐题"橘井流香"匾额，二百年来并无分铺，因有利徒假冒，讹客误病，节奉督、抚、臬、道、府、县各宪先后批示，永禁在案。兹蒙道宪蔡，详明：抚宪丁，准于一正斋门首建立旗杆匾额，籍壮观瞻，给示勒石永禁，札饬宪辕立案等因。举查乾隆二十四年茅兆升、张秉仪、林度千一止、一正混淆，伯高祖副榜唐云龙呈蒙前宪马，改名太和，给示晓谕。乾隆二十八年，殷隆先、唐务滋、李永盛私制假膏，曾祖监生唐炳蔚呈蒙前宪马，给示谕禁。道光三年，堂伯另开一正斋，抚、臬二宪及府断令收歇改名知退。道光二十七年，文生杨临泰、武举许承晋均冒一正，生父监生唐宝峰等呈蒙府宪沈吊牌取遵，改名亦振、一源，详明督、道二宪给示永禁，历历在案，何又吁求？惟各前宪所示，均因年久风雨损坏，恐有藐法之徒，睍经兵燹，从此玩生，仍前冒混，藉端诈扰，缘奉。道宪札饬立案永禁，陈求照案给示勒石，永禁假冒，而杜滋扰，以垂久远等情，据经前县照案批准，未及给示卸事。兹本县莅任，查镇城五条街一正斋膏药老店，由康熙年间唐守义创业起首，迄今二百余年，历奉各大宪示禁假冒，复据该举人以前情赴道具禀，又奉道宪蔡查禁详明，抚宪准于老店门首建立旗匾，由道给示勒石永禁，并行县遵照在案，据禀前情，合并给示勒石永禁。为此示仰远近客商军民人等知悉：尔等当知一正斋老店秘方利济，久经驰名，只此唐家，并无分铺，毋许私制假膏，冒假牌戳，图利病民。倘有故违以及藉端诈扰，一经访闻或被告发，定即提究详办，决不姑宽。其各禀遵毋违，特此！

同治八年九月廿七日示
发镇江五条街起首一正斋唐家膏药老店门首勒石

即使该碑文得到皇帝圈阅，在同治十二年（1873年）又有包

231

姓族人再行仿冒"一正斋"字号，并明目张胆地仿制"举人牌匾"，进行假冒[1]。由此观之，立碑示禁的传统保护机制实效不应被高估，寻求新的保护机制依然成为商业阶层的普遍诉求。

第二节　鸦片战争后关于商标制度之探索

鸦片战争可谓中国商标制度发展史之一大分水岭。我国数千年来，闭关自守，产业落后，工商界对于商标观念极为薄弱。到了晚清时期，外来经济势力侵入中国，舶来品畅销我国市场，外商对其作为商品标记之商标，开始需要获得适当之保障[2]。洋商及其背后的西方各国成为我国商标历史上的一大新型因素，改变了中国商标制度及其社会实践的历史走向。

（一）寻求普遍性的产业商业标记保护

这一时期，请求地方官府进行保护的方式仍然存在，但已经从个案保护逐渐走向了带有普遍性的商业保护。例如，1898年，松江府上海县（今上海市闵行区）就曾在一份告示中对布业中的商标保护与打击欺诈这类不正当竞争行为进行规定。具体内容如下："窃上海土产，以布为正宗生意，在沪布商各立牌报明公所，登簿存查，不准字音相同，或音同字异等弊，冒戤影射……不料近来人性刁恶，弊端百出……有人暗中假冒他人牌号，其打包之时，内间用冒牌，外面包布借用客商字号，发往他处，无非图利巧取，非但损碍他人牌号，更为欺诈恶习……嗣后倘有无耻刁徒，再敢窃冒他人牌号……一经查出，应由公所看明属实，提布充公，送案究办……合行

---

[1] 曾友林：《中国商标法制近代化研究》，西南政法大学2019年博士学位论文。
[2] 中国经济学社编：《战时经济问题》，商务印书馆1940年版，第321页。

出示严禁……倘有无耻之徒仍以低货冒牌混销,许该业董等,随时指名控告,以凭提案讯究,决不宽贷,各宜凛遵毋违。"[1]

对于上述告示内容,首先,地方官府已经知晓商业中近似于商标注册的登记程序,阐明"立牌报明公所,登薄存查",并以此判断商业标记之归属。其次,新型标记侵害行为层出不穷,地方官府对于常见的冒用标记中音形义之情形已经较为了解,"字音相同,或音同字异等弊,冒戤影射"对于 19 世纪末的地方官府并不十分陌生。为了应对地方官府规制与行业监督,一些不法商家的侵害行为走向隐蔽化,"内间用冒牌,外面包布借用客商字号"这类行为从商品外部已经难以判断是否存在冒用商业标记。面对此类欺诈行为,地方官府继续持严厉打击态度,表示"决不宽贷"。最后,"公所"类行业组织在解决纠纷中的重要性不断凸显。在该份告示中,上海县(今上海市闵行区)表示"应由公所看明属实",实际上"公所"已经获得了查明侵害事实之初步职权,并有基于自身判断、"送案究办"之诉讼权利。对于判断侵害之布匹,则"提布充公",施加之经济处罚。

(二)强化行规监督

清代行会行规"主要包括营业习惯与交易惯例,传统行会的重要目的是防止同业竞争,维持行业生计"[2]。商业标记在下游商家中以及日常民众选择商品时发挥了识别来源之重要作用,假冒商标则会损害此种标记功能,阻碍商品之畅销。兹事体大,放任自流将可能引发全行业"劣币驱逐良币"之系统性风险,保护商标故而成为清末行会行规的重点内容。

---

[1] 上海社会科学院经济研究所编写:《江南土布史》,上海社会科学院出版社 1992 年版,第 362 页。

[2] 王雪梅:《近代中国的商事制定法与习惯法》,四川人民出版社 2015 年版,第 137 页。

如前所述，上海绮藻堂布业公所早在1825年即制定了《同业牌号簿》("牌律")，并于1896年、1911年、1916年予以修订。该公所首先主张商业标记对于实现商品识别以及质量担保功能之重要性，认为"窃惟阖邑布业，首重招牌，关、广售布，凭牌名以定价值"。同时认为正是因为商业标记之识别功能，才导致侵权频发，具体表现为，"有无耻之徒，弊生影射，睊响各号牌子价昂者，以低布混冲充，假冒牌名而牟利。致使牌子遭其卖低，侵害不已"。在具体的侵害手段上，无非是利用前述的音形义以混淆商标，"一家而叠冒数名，狡计百出，牌名上二字音画俱同，又改取字形仿佛者，以为混计"。为了解决行业侵权、协调维权步伐，该公所举行公所会议进行"公议"，"将各号牌名，开列于簿"，建立商业标记登记制度。同时为了协调已有的商业标记，如果"均出无心，且各创已久，无庸更改"。但对于此决议之后，"各号增添牌子及新创业者，均须取簿查阅，毋得同名……倘不遵议，委系有心影射……从重议罚，用以充公"，施加相应的经济责任[1]。

该《同业牌号簿》规定了商标注册、打击假冒商标等内容，虽然并非由官府颁布，但在实际经济生活中对于商业标记之使用与保护具有重要作用，堪称我国第一部关于商标保护的"软法"，在此有必要予以深入研究。由于1916年的"丙辰牌律"沿用了以前的历次牌禁，具有参考价值[2]，现行研究多以清代牌禁之内容为主。

"丙辰牌律"共有6章24条：第一章为"入所章程"，共有4条，主要规定入所牌号的登记事项；第二章为"营业牌号"，共有

---

[1] 上海社会科学院经济研究所编写：《江南土布史》，上海社会科学院出版社1992年版，第361页。

[2] 范金民：《国计民生：明清社会经济新析》，江苏人民出版社2018年版，第188页。

第二章　中国商标法的近代起源

3条，将牌号分成三个等级，并按等级确定缴费金额；第三章为"布牌注册"，共有5条，主要规定注册要求、注册程序、牌号出售（转让）、牌号出租（许可使用）合同的备案事由；第四章为"布牌纳费"，共有5条，规定了布牌注册、许可使用和停止许可等事项的缴费标准；第五章为"号牌权利"，共有3条，主要规定对于已注册的牌号，公所将履行保护职责；第六章为"冒牌罚则"，共有4条，主要规定假冒他人已注册的牌号所应承担的赔偿责任等[1]。为此摘录部分条款如下。

第三章 布牌注册：
甲　入所各号行销各路布牌，除已经注册由本公所保护外……其未曾注册之牌号，本公所不任保护之责。
……
丁　如遇布牌号出售者，应由得主失主出立推据收据，双方持至本所，会同司月三家以上，以凭过户……
戊　凡布牌出租或抵押所订之合同，呈报本公所备案，原牌东及租户受户，双方到所，会同司月三家以上，在档案上签字。该合同由本公所加盖图章，而昭核实备案，费同上。
以上丁、戊两种契约合同，未经本所过户备案，不生效力。

第三章甲款规定了保护范围，即对已注册之商业标记予以保护，但对于未注册之商业标记不予以保护。该款实际上在第五章"号牌权利"乙款亦有类似规定："已注册之布牌，本公所均须竭力保护。"第三章丁款规定了商标转让之程序要求；戊款则规定了商标许可使用之程序要件。两者均要求双方亲自到公所过户、备案，期间要求本人签字，而后由公所其他3家以上商家在案佐证

---

[1] 左旭初：《一部早期的商标法规——牌律》，载《中华商标》1995年第3期。

后,该转让合同方可发生法律效力,否则不发生商业标记之变动效力。其中,备案另要求加盖"公所"公章,以表明公所进行了审查核实。上述关于商标转让、许可之规则已经与现代商标规则无实质差异。我国《商标法》第42条、第43条分别规定,转让注册商标经核准后,予以公告;许可他人使用其注册商标的,许可人应当将其商标使用许可报商标局备案,由商标局公告"。只不过,对于未备案的商标许可合同,现代商标规则并未完全否定其合同效力,而仅仅规定不得对抗善意第三人,这与此处牌律规定并不相同。

第六章 冒牌罚则:

甲 同业如有顶冒他号已经注册之同路同货牌号,经本所查明,或被本牌呈报,查有实据者,将冒牌之货尽数充公。如有掮客经手,必须追查姓名,由公所通告各号,以后永不准该掮客再掮布。如号家徇情私相授受,亦须处罚。

乙 已经售与他人之牌号,而前牌东私做者,以冒牌论,同律治之。

丙 已经出租之牌号,订立合同年限未满,原牌东如有特别理由,邀同本公所各议董公断。倘原牌东违背合同公约,私做或二租,经原租户申请,本所查照合同契约履行,以偿租户损失。该牌东不履行之前,禁止营业,一经入讼,本所照章申诉司法执行。租户如无特殊原因,违背合同契约而中止者,照契约履行,以偿牌东损失。当初订立合同契约,必须呈报,倘未经本所同意,概不置理。

丁 同业中如有不遵守章程,或侵犯同业及其他不规则之事,经大会决议,轻则罚款,重则迫令出所。其以前捐款,概不发还[1]。

---

〔1〕 言行一:《近代徽商汪宽也》,陕西师范大学出版社2012年版,第198页。

第二章 中国商标法的近代起源

第六章条文数量并不多，但对于商家之利益保护尤为重要，故应当深入分析。甲款规定了三种情形之处罚：其一，同业自己实施假冒他人之"同路同货牌号"，则"冒牌之货尽数充公"。对此，有两种责任追究方式，一种是商家自行向公所呈报，另一种是公所通过其他方式查明其假冒之事实，亦可见公所具有单独维权之权利。其二，"掮客"参与假冒之处罚。"掮客"是指替人介绍买卖、从中赚取佣金的人。如果掮客参与假冒商标，则公所通知各个商家不得再聘用该掮客提供中介服务，实行行业禁止。其三，接受假冒商标商品之商家亦要接受相应的处罚。

乙款则是规定在商标转让后，原商家不得再行使用，否则以甲款所述之"冒牌"予以惩治。此款规定亦与现代商标规则相同。

丙款系规定商标许可后所发生争议之解决，主要包含以下几方面内容：其一，商家不得随意收回已经许可之商业标记。对于已经授予之商标许可，由于订立了明确的许可年限，如果权利人在许可年限未届满前停止该许可，应当满足"实体上特别理由+程序上公所公断"之条件。该款一定程度上侧重被许可人之权益保护，提供了商标许可的稳定性与可预见性，体现了契约信守之原则。其二，商业标记仅仅为独占许可，商家不得再行许可。根据该款内容来看，"私做或二租"后，商家要"偿租户损失"，因此该许可为独占许可。而现代专利规则除独占许可外，另有排他许可、普通许可之方式，能够最大效率使用标记。但该制度在建立之初仅规定独占许可似更加可控，被许可人亦更有动力获取许可。其三，"牌东"（许可人）与"租户"（被许可人）违约后均应承担后果。前者被"禁止营业"，且由公所申诉至官府后"司法执行"；后者"契约履行，以偿牌东损失"，但要求被许可人应当提交缔结且已经在公所备案之契约为证据，否则难以获得救济。

丁款则为兜底性条款，对于未明确规定的其他"侵犯同业及

237

其他不规则之事"进行了处罚规定,具体内容为:"轻则罚款,重则迫令出所。其以前捐款,概不发还。"

此类行规不仅仅见于布业,亦可见于其他产业中。例如在上海棉花产业中,"通、崇、海三境所产棉花,总名通花,亦名沙花,质性柔细为各花之冠,每担价银向高一两左右"。但价高引发了假冒"沙花"之地理标志的侵害行为,"近被沪上花衣冒充通花牌印,其有将通花旧包纳其次花,朦混客商……种种取巧,只图自记渔利,不顾他人利害"。长此以往,造成"牌名为之不振,非惟沙花受抑,即买客无从辨真"之后果。为此,商家联合组成公所,并于光绪二十四年(1898年)三月初制定《同业公议规条》,其中规定,所内"互相稽察,报知公所,即将假冒之货禀官充公,经手之人罚银二百两,以充施衣局善举";所外,"再不入公所者,或有私充做假等情,请公所一律深究,以绝弊混"。此外,公所还统一了地理标志图章。"刻为冒牌一事,申禀道县两宪、商务总局、英法二公廨,一体示禁查拏"。同时,"所有收数,逐户登簿,请宝行加盖图印,以昭凭信而便稽核"。在收到该公所的禀文后,上海地方官府于同年四月贴出《上海县告示》,表示"交易始由捐客驳至,捏牌转售,弊窦丛生,甚有转售次货,冒充商等高牌,以图渔利者",为此,商家"是以同议整顿,公议妥章",并要求其他商家"不得挟嫌嫉妒,勾串作弊"[1]。

(三)假借官府之名,寻求保护

部分商家为了避免假冒商标,甚至开始假借官府之名以壮声势,以此遏制侵害行为。例如,清末著名布商林大成在其招牌纸中印上"钦命二品顶戴赏带花翎苏松兵备道袁",以图震慑不法

---

[1] 王日根、薛鹏志:《中国会馆志资料集成》(第一辑)(第9册),厦门大学出版社2013年版,第457页。

第二章 中国商标法的近代起源

布商。

但也应当注意，官府介入并非总是偏向权利人，而是根据自身利益最大化的标准予以判断。例如，恒干仁土布号向悦昌号租用"悦昌"名牌，每年租费约五百元。因为这块名牌，恒干仁土布号获得了不少利润，而悦昌号早想中止与其租约，把"悦昌"名牌租与愿出更高租价的第三者，恒干仁土布号不肯，遂引起诉讼。恒干仁土布号老板李少锅、李侍萱为了不使"悦昌"这块名牌被人夺去，花钱向清廷买了一个"同知"衔，并与厦门道台结为金兰之好，依官府势力打赢了这场官司，保住了牌子[1]。

（四）自力救济

部分商家亦选择发出警告函等自力救济方法，以图使侵害商家自行停止侵害行为。例如在一则较早的商业警告函中有如下内容："顾据余源茂余卿先生来会面称，在广德隆见有裕成布牌加阔加长纱布发现，询悉系宝号出售与彼。查裕成布牌，早经余源茂在数会注册，有案可稽，他人不得冒称。用特予以警告，并盼即日明白示复为幸。此致同成布业。"[2]但此类自力救济之函件是否具有实际效果，史料已不可考。

第三节 新因素：华洋商标纠纷

西方列强以武力手段打开中国大门后，洋商纷纷来华投资办厂，其生产之商品多被俗称为"洋货"且使用本国注册之商标。

---

[1] 上海社会科学院经济研究所编写：《江南土布史》，上海社会科学院出版社1992年版，第368页。

[2] 上海社会科学院经济研究所编写：《江南土布史》，上海社会科学院出版社1992年版，第36页。

"洋货基于条约特权而享有的税收优惠，使其成为省内土产的极大竞争者"，甚至形成"洋货山积，土货寥落"[1]的局面。面对此种不公平的市场竞争格局，一些华商不得不试图从商业标记方面做文章，以图挽回利权。因此，在清末华洋商标纠纷中，多为洋商控告华商侵犯其商标权，并以生产、销售假冒商标为主要类型。具体案例如下。

案例1 有史料可证的最早涉外商标纠纷案件发生在1882年，即"双斗鸡"商标案。《申报》1882年6月11日报道了案件进展情况[2]："法公堂据顺全隆洋人声称本厂制造双斗鸡自来火甚为灵便，其匣上绘有斗鸡，下横有月牙等记号，请得不准别家仿造。执照已有二年，近来中国畅行，故在匣上添有'华'字。顺全隆洋行牌号通售已久，不谓近有人假冒本厂老式斗鸡月牙样，制造低货在外销售。本厂恐以伪乱真，是以用心查究，兹查得法界大马路盈丰泰洋货店藏有此假货，为特取其原物并匣知照捕房送案请究，并将执照与真货三种呈阅。翁太守讯之盈丰泰店主章文誉，据供七年十月三菱公司船上人来言并不知为假牌之货，买下五箱，每箱十四两，有进货簿可据。随即呈案，太守阅后即问顺全隆之货价若干，该洋人称两年前曾卖过二十二两不等，此事必须请着该行交出售货之人云云。章文誉又供此货系买定付银，时货主交下栈单两纸，向三菱公司栈房出来，现在售余尚有一箱，故售货之人实不能指出。而原告洋人总以章某狡猾为词，太守再三开导指明货客以免拖累。章则坚称事隔半年，不能详其面貌等语。太守商之于翻译，着将章某暂行交保，并着将剩余之货一箱缴案。"

---

[1] 苏全有、李长印、王守谦：《近代河南经济史》（上），河南大学出版社2012年版，第231页。

[2] 曾友林：《中国商标法制近代化研究》，西南政法大学2019年博士学位论文。

第二章　中国商标法的近代起源

案例 2　1900年上海公共租界会审公堂审理一起商标侵权案件，原告系英商祥茂洋行，其诉称该洋行所进口的"祥茂"牌肥皂较为畅销，但近来市场出现大量冒牌的"祥茂"牌肥皂，使得其"祥茂"牌肥皂正品声誉和销售严重受到影响。原告指出销售"祥茂"牌肥皂的商家高达23家商行。为此，会审公堂传讯这些商行之业主，查出"祥茂"牌之实际制造者为江南制造局工艺学堂教习徐某。英商祥茂洋行表示，汉字中根本没有"茂"字，冒牌事实十分清楚，要求赔款。但是徐某称，"茂"即"栽茂"，音读如"述"，是中医中的一种药材，"祥茂"肥皂中就含有栽茂成分，根本不存在假冒行为。由于双方各执己见，会审公堂难以作出裁决，最后认为，"茂""茂"难辨，为"免言混争竞"，判"祥茂"改牌，但不作冒牌论罪[1]。由于"祥茂"牌背后有北洋通商大臣之支持，祥茂洋行不得不接受此类自相矛盾之判决。

案例 3　1901年7月，英商老公茂纺纱厂通过英国驻沪总领事控诉华商宝诚洋纱存在"影戯"之侵害行为。"影戯"是指假冒他人牌号、商标，以伪乱真，从中牟利。老公茂纺纱厂诉称，其所用牌记"图样为福禄天宫，今宝诚用利市天宫为记，显系有心影戯"。但宝诚洋纱业主表示，涉案图案系其请某画师作成，曾交给老公茂纺纱厂洋人观看，后反被控诉。为息事宁人，宝诚洋纱不得不改用其他牌号，已经印制完成之牌号也一并上缴[2]。

案例 4　1903年，祥茂洋行再度控告"茂泰林""董同彰"等华商出售假冒"祥茂"牌肥皂。在该起案件中，《申报》报道如下："律师爱立斯声称董同彰出售伪祥茂肥皂，追祥茂买办陈姓接

---

〔1〕　薛理勇：《旧上海租界史话》，上海社会科学院出版社2002年版，第232页。
〔2〕　蔡晓荣：《晚清华洋商事纠纷之研究》，苏州大学2005年博士学位论文。

晚清知识产权制度发展史论

无名氏信函后即报由捕头派包探李星福及林振元往四马路茂泰林号购得。"即在发起诉讼前，祥茂洋行请求警方以购买的方式固定证据。在此处李星福并未进行购买，而是由林振元进行购买。林振元在其口供中表示，"李托小的持洋银向茂泰林吴阿连处购取祥茂肥皂，并洋伞一项，开有发票转交李探，余不知情"，此等安排可能是为了避免商家发现警方之取证行动。吴阿连在口供中表示，"小的在茂泰林学业，是日李探令林来买祥茂肥皂，小的回以只有祥芪肥皂，实未冒牌"。茂泰林所聘请律师辩称："祥茂、祥芪大有区别，买客指名向购，焉能混充？况有发票为证。查祥芪肥皂曾禀奉南洋商宪批准出售，有案可稽，吴实无不违之处，应请开释，以免累及无辜，况中西包探至新闸及四马路拿人时，吴称实无祥茂肥皂，只有祥芪肥皂，如果有意以祥芪蒙混，致令祥茂主人控告，断不至若斯之遇，请堂上讯究董同彰可也。"被告代理律师认为，两个商标的文字差异明显，发票中记载了品牌名称，而"祥芪"又获得官方批准出售，吴阿连在销售时亦明确向林振元告知了具体商品之商标，因此不应受到控告。由于双方均聘请了专业律师，双方辩论时间较长，后被会审公堂勒令休庭[1]。

通过上述案件《申报》之报道内容来看，聘请律师也成为部分华商维权之重要手段，但具体效果仍要根据案件事实而定。祥茂洋行嗣后仍不断发起诉讼，例如，1909年2月，英商祥茂洋行再向上海公共租界会审公廨控告华商宏源洋货店私卖侵害商标之肥皂，该洋行表示，"本行出售肥皂分为头次二等，均有定价，今宏源将次等货私印头等牌号混售于人，于生意有碍，请即严惩"，后经

---

[1] 王黎明：《晚清中外首次知识产权谈判研究》，苏州大学2008年博士学位论文。

第二章 中国商标法的近代起源

过会公廨之审理,最终判决宏源洋货店处罚洋钱200元充公[1]。

随着华洋商标纠纷日益增加,清政府仍然沿用封建时代的传统衙门方式处理纠纷,即使西方列强通过外交手段可以过度保护其本国企业,但这种方式仍属于个案式、偶发性之措施,显然难以较为稳定地保护洋商之权利,这也引发洋商不满。后续有两方面因素为西方列强强迫清政府在制度层面落实商标保护提供了契机。第一个因素是《保护工业产权巴黎公约》(Paris Convention for the Protection of Industrial Property)之签订。《保护工业产权巴黎公约》,简称《巴黎公约》,于1883年3月20日在巴黎签订,彼时仅有11个国家签字订约,包括比利时、巴西、法国、危地马拉、意大利、荷兰、葡萄牙、萨尔瓦多、塞尔维亚、西班牙和瑞士,以欧洲国家为主。《巴黎公约》1883年文本第6条就已经提出"商标如果已在原属国正式注册,经请求,其他缔约国必须接受该商标以其原有形式提出的注册申请,并对其予以保护[2]"。根据《巴黎公约》之条约规制思路,西方列强试图将商标保护通过条约形式强加于清政府。但在此之前,清政府与英、美、日、德等西方列强均已订立有关商约,任意增改则违反国际公例,清政府亦会据理力争,因此西方列强在等待一个适当的时机,也就是第二个因素——《辛丑条约》之订立。在与八国联军的战争中战败后,清政府被迫于1901年签订丧权辱国的不平等条约《辛丑条约》,其中西方列强要求清政府"允定将通商行船各条约内,诸国视为应行商改之处,及有关通商各他事宜,均行议商,以期妥善简易",这也成为西方列强要求在条约中增加商标条款之借口。

---

[1] 蔡晓荣、王国平:《晚清时期的涉外商标侵权纠纷》,载《学术研究》2005年第9期。

[2] Every trade or commercial mark regularly deposited in the country of origin shall be admitted to deposit and so protected in all the other countries of the Union.

243

第四节　中外商约谈判中的商标条款

如上所述，根据《辛丑条约》之要求，清政府被迫与西方列强就商约修订事宜展开谈判，其中多数商约在修订中增加了"商标条款"，以下将分条约具体论述之。

(一)《中英续议通商行船条约》商标条款

在《辛丑条约》仅仅签订数周后，英国即通知清政府开启新的通商行船条约之谈判，成为首个与清政府就修约进行谈判的国家。就商标条款来看，双方并非如关税条款那般分歧巨大，也并不存在原则性分歧。例如，清政府外务部在给谈判代表的信函中明确表示，"洋货物牌号宜注册及保护一条，拟添中国贸易牌号英国一律保护，注册时照各国收费，马[1]议甚妥"[2]。在谈判中，张之洞、刘坤一等地方大员结合地方执法实践，提出应当解决华商冒充洋商之外国旗帜、产品，以及冒用外国商标所滋生的逃税问题。彼时，由于洋商享有税费方面的优惠政策，滋生了华商为避免歧视性待遇而不得不冒用他国旗帜、商标等问题，然而，此举影响地方税收来源，被地方大员所重视。但是该提议最终并未被英方所接受。英方代表甚至"私议亦谓只要华官真肯体恤华商，则洋船可由少而无，洋旗可不禁自止"[3]。最终双方就商标条款基本达成一致。

---

[1] 指代英国谈判代表詹姆斯·马凯（James Mackay）。
[2] 王彦威、王亮辑编：《清季外交史料》(6)，湖南师范大学出版社2015年版，第2859页。
[3] 王彦威、王亮辑编：《清季外交史料》(6)，湖南师范大学出版社2015年版，第2868页。

第二章 中国商标法的近代起源

1902年《中英续议通商行船条约》（以下简称《中英商约》）第7款规定如下。

英国本有保护华商贸易牌号，以防英国人民违犯、迹近假冒之弊。中国现亦应允保护英国贸易牌号，以防中国人民违犯、迹近假冒之弊。由南、北洋大臣在各管辖境内设立牌号注册局所一处，派归海关管理其事，各商到局输纳秉公规费，即将贸易牌号呈明注册，不得借给他人使用，致生假冒等弊。

"本有保护"当指1862年英国制定的《商品标记法》（An Act to Amend the Law Relating to the Fraudulent Marking of Merchandise）以及1875年《商标注册法》（The Trade Marks Registration Act），后者亦被称为《商标法》。"贸易牌号"参照条约英文版本原文为"trade marks"，指代商标无疑。"英国本有"与"中国现亦应允"表明了商标条款之互惠性质，但彼时英商在华者众、华商在英者寡甚至无，在实际执法中基本形成单方面保护英商之不平等情况。鉴于清政府在相当长时间内并未设立专门的商标管理机构，也没有制定专门性的商标法规，为给外国商标提供制度保护，英国强迫清政府在商约中增加一款"由南、北洋大臣在各管辖境内设立牌号注册局所一处，派归海关管理其事"。英国倾向由海关管理商标注册事宜，与其在中国海关中的强大影响力有很大关系。虽然中国海关总税务司名义上是清政府总理大臣"邀请"的，但实质是外国资本主义侵略者运用其对清政府的影响强制任用的。李泰国、赫德都是在英国驻华公使馆支持下先后出任总税务司的，毫无疑问，他们成为英国安置在中国海关用以控制海关行政的代理人[1]。鉴于英国对于中国海关的实际控制，其选择海关作为商标

---

[1] 梁俊艳：《清末民初亚东关税务司研究》，中国藏学出版社2017年版，第292页。

注册机关或可做解释。"不得借给他人使用，致生假冒等弊"仅为中文文本独有，英文中并无对应条款，似用以解决前述华商冒用洋商旗帜、商标之问题。

（二）《中美商约》商标条款

中美双方谈判与中英谈判类似，并不存在根本分歧，但对部分法律概念争议较大。例如，对于美方所提交之草案中商标"已行用"一词，清政府认为概念并不清晰，应当予以删除。但美方代表拒绝删除，并表示"此系三层用意，缺一不可，商标乃货物上所用之标记，如其货精良，营销既广，则人皆识其标记，争相购买，亦犹中国行铺或于包纸——用花样图记，或用仿单暗标记认，恐人冒用，以赝鼎相欺，有碍销路。是以欲请保护，与创制之保护不同，原有此三层意思，一系指立约后有在美国已准保护独用之商标；一系指立约后有已在中国行用之商标，皆可请注册保护；一系指订约后新拟商标，请新注册保护然后行用者。各有用意，不能概括，非如创制保护，必须新创之物始予保护也"[1]。美方代表该答复实际上是为了应对清末从使用到注册这一过渡期间所提出的折中方案，即对于在华已经使用、在美已经注册之商标，仍可继续使用，但需申请注册保护。但对于条约订立后新拟定的商标，需要申请注册后方可使用，不可未经注册予以使用。美国似乎想通过该种解释在中国全面落实商标注册制。同时，在中美商约谈判中，华商冒充洋商旗帜之问题亦成为双方争议重点，"本拟添入华商冒充洋商及挂用洋旗，洋商袒庇各节"，但"美使坚谓与商标一款无涉，再三劝喻，彼允将此各节备一照会，彼用照覆存案，稍为补救"[2]，

---

〔1〕 王彦威、王亮辑编：《清季外交史料》（7），湖南师范大学出版社2015年版，第3233页。

〔2〕 王彦威、王亮辑编：《清季外交史料》（7），湖南师范大学出版社2015年版，第3233页。

第二章 中国商标法的近代起源

此后未能加入条约中。

1903年《中美商约》第9款规定如下。

> 无论何国人民，美国允许其在美国境内保护独用合例商标，如该国与美国立约，亦允照保护美国人民之商标。中国今欲中国人民在美国境内得获保护商标之利益，是以允在中国境内美国人民行铺及公司有合例商标。实在美国已注册或在中国已行用或注册后即欲在中国行用者，中国政府准其独用，实力保护。

> 凡美国人民之商标在中国所设之注册局所由中国官员查察后，经美国官员缴纳公道规费，并遵守所定公平章程，中国政府允由中国该管官员出示禁止中国通商人民犯用、或冒用、或射用、或故意行销冒仿商标之货物，所出禁示应作为律例。

第一部分中，"合例"在英文文本中被称为"lawful"，在谈判中清政府坚持增加了该概念，这有助于限缩美国在华商标可获得之保护范围。由于19世纪末，美国本国商标制度仍在建构过程中，法令变更较为频繁，此限制避免了无限制保护美方商标之风险。1870年，美国国会通过第一部适用于全美的《商标法》，该法"给予合法注册商标所有人排他的权利，使用不是申请的要件，只要有使用之意思即可（intend to adapt and use）"[1]，但嗣后由于不具有宪法依据而被美国最高法院判定违反宪法。1881年，国会依据美国宪法中的商业条款（Commerce Clause）再次制定商标法，但仍存在诸多法律缺陷，直至1905年美国《商标法》出台才较为规范。期间，埃夫里尔涂料（Averill Paints）成为全美第一家对其产品进行商标注册之企业，随后，可口可乐、桂格燕麦分别于1887年、

---

[1] 郑中人：《商标法的历史》，载《智慧财产权》2001第25期。

1895年注册商标[1]。"中国今欲……是以允在"则是表明该商约的互惠性质,但如同《中英商约》一样,美商在华者众多、华商在美者寡,整个法律效果仍畸重保护美商在华之利益。

"准其独用、实力保护"系我国商标专用权制度之较早史料。"实力"是指切实用力,"独用"则是指单独使用,英文文本为"exclusive use"。从语义解释来看,该条款是指对于符合条件商标,给予权利人在特定商品上排他性使用之权利。这已经与现代商标专用权相去不远。"中国境内美国人民行铺及公司有合例,商标是在美国已注册或在中国已行用或注册后即欲在中国行用者",则是根据订约前是否已经在华使用区分后的两种情形,即美国企业已经在华使用某商标,则可继续使用,但仍需注册;如未使用而将来使用,则应当先注册后使用,以取得专用权。而对于美国已经注册之商标,应当参照前述《巴黎公约》之规定进行对等保护。

第二部分在具体的商标注册申请程序上,确立了商标审查的基本框架:程序要件上,"中国官员查察";费用要件上,须缴纳"公道规费";实体要件上,"遵守所定公平章程"。该条款系谈判过程中清政府代表据理力争之有利后果。谈判过程中,清政府代表就曾向外务部表示,"海等并令其于下文在中国所设之注册局所句下添由中国官员查察后八字,则将来查有不合例之商标既可不予保护。此中亦尚有微权也"[2]。有观点认为此处"修改虽不具实质性"[3],但实际上赋予中国官员"查察"权,意义重大,清

---

[1] 蒋智威等编著:《服装品牌营销案例集·国际篇》(第二版),东华大学出版社2011年版,第153页。

[2] 王彦威、王亮辑编:《清季外交史料》(7),湖南师范大学出版社2015年版,第3233页。

[3] 王黎明:《晚清中外首次知识产权谈判研究》,苏州大学2008年博士学位论文。

第二章　中国商标法的近代起源

政府官员有了更大的制度空间选择是否对部分美国商标予以保护。虽然此类执法行为可能会承受美国外交压力，但至少存在条约基础与法理基础。

相比于《中英商约》中"违犯、迹近假冒之弊"的笼统表述，《中美商约》中对于商标侵权行为则主要以具体列举为主，即"犯用、或冒用、或射用、或故意行销冒仿商标之货物"。"犯用""冒用"应当都是指侵害人使用与被侵害人注册商标相同的商标。而"射用"是指以混淆之方式侵害他人商标。"故意行销"则是指明知此为假冒商标但仍销售营利的行为。"所出禁示应作为律例"要求清政府将之前个别性的调整方式，如"告示""示谕""禁谕"等上升为更加具有普遍性的"律例"，即成文法或者可供援引的例案。

（三）《中日商约》商标条款

与前述《中英商约》《中美商约》中关于商标条款的争议问题较为类似，清政府对于华商冒用日商之旗帜较为头疼。刘坤一曾表示，该款"似系禁冒用牌号，然须就两面说，不应专禁华人冒用而不禁日人，且近来日人受中国奸商雇用，出名冒开假洋行甚多，似应乘此一体商禁"[1]；"冒充洋行，病在公家，与冒用商牌，病在商民，轻重悬殊"[2]。张之洞亦表示，"冒挂洋旗，逃捐抗税，流弊无穷……近来常有日本人专就长江各埠，包揽华商货物，闯卡越关，不服查验，屡滋事端，有案可查"；"夫冒用商牌尚须查禁，岂有冒充洋行转置不禁之理。英约被删去此节，已属

---

〔1〕 王彦威、王亮辑编：《清季外交史料》（6），湖南师范大学出版社2015年版，第2976页。

〔2〕 王彦威、王亮辑编：《清季外交史料》（6），湖南师范大学出版社2015年版，第3080页。

失计。今赖于日约中声明添叙籍资补救"[1]。显然刘、张二人均主张在商标条款中加入防止假冒洋商之规制,这源于地方治理实践之反思,有利于维护国家主权。但两人混淆了商标保护与企业字号保护,这也是此类条款在中英商约、中美商约谈判中难以被接受的重要原因。在中日商约谈判中,日方谈判代表就曾表示,"华人借英商出名者亦不少,且日本亦常有在别国而借别国之名者,但取其便而已,在所不禁。若日人借华名、华人借日名开行,实分别不清,但能论其所营各业有无违背约章,如不合例,可以申饬"。清政府代表明确表示"假冒洋行,有碍税捐",日方则表示"此咎在税捐之员"[2]。双方经过反复讨论,日方坚决拒绝将该条纳入条约。

1903年《中日商约》第5款规定如下。

中国国家允定一章程,以防中国人民冒用日本臣民所执挂号商牌,有碍利益,所有章程必须切实照行……中国国家允设立注册局所,凡外国商牌并印书之权,请由中国国家保护者,须遵照将来中国所定之保护商牌及印书之权各章程在该局所注册。日本国国家亦允保护中国人民按照日本律例注册之商牌及印书之权,以免在日本冒用之弊。

"允定一章程"与前述《中美商约》中"所出禁示应作为律例"本质较近,均属于清政府迫于列强压力所作出的完成立法之承诺。"设立注册局所"与《中美商约》规定相同,但与《中英

---

[1] 王彦威、王亮辑编:《清季外交史料》(6),湖南师范大学出版社2015年版,第3078页。

[2] 王彦威、王亮辑编:《清季外交史料》(6),湖南师范大学出版社2015年版,第3073页。

商约》不同，后者明确该机构由海关管理，但美、日考虑到英国在中国海关的强大影响力，自然不愿受此拘束，故而均笼统规定"注册局所"。"将来"则为中国立法施政留有一定的过渡空间，避免仓促立法损害华商利益。此亦清政府代表据理力争之结果。"遵照……章程"是日商嗣后在华注册商标之概括性条件，此条有利于维护中国主权。日本"亦允保护"则是试图体现该条款互惠之处，但清末我国工商孱弱，日商在华反而享有特权，此条徒具形式。

（四）《中葡通商条约》商标条款

该条约缔约过程中，清政府鉴于葡萄牙之国力远不如英美之盛，故而采取更加积极主动的缔约策略。例如，葡方代表曾要求沿用《中美商约》第9款保护商标之条款，但清政府代表坚持表示拒绝，嗣后葡方代表遂做出让步[1]，沿用相对平衡的条款内容。但正是因为此类较为公允的缔约结果，使得葡萄牙政府未能批准1904年的《中葡通商条约》，其中商标条款亦成为废法。

1904年《中葡通商条约》第15款规定如下。

葡国本有定例，他国若将葡国人民在该国内所使之货牌竭力保卫以防假冒，则葡国亦将该国人民在葡国所使之货牌一律保卫，兹中国欲本国人民在葡国境内得享此项保卫货牌之利益，允许凡葡国人民在中国境内所使之货牌亦不准华民有窃取冒用、或全行冒仿、或略更式样等弊，是以中国应专定律例章程，并设注册局所，以便洋商前往该注册局所输纳秉公规费，请为编号注册[2]。

"本有定例"是指1883年《巴黎公约》订立时，葡萄牙系首

---

〔1〕 左旭初：《中国商标法律史》（近现代部分），知识产权出版社2005年版，第47页。
〔2〕 董葆霖主编：《中国百年商标法律集成》，中国工商出版社2014年版，第15页。

批缔约国，故而国内亦有相应的商标保护制度。"所使"即指使用之商业标记。"窃取冒用、或全行冒仿、或略更式样"则是指常见的商标侵害行为，此规则与《中美商约》中界定常见侵害行为的方式较为类似。"定章程、设局所、输规费"亦属于该条约对于清政府施加压力令其完成的条约任务。"编号注册"则是前述条约所无，其系实操层面，便于后续商标查询，以核实权利人，避免冒用，对于清末后续立法具有一定的参照价值。

(五)《中德续订通商行船条约》商标条款

清政府与德国关于商约之谈判较晚，但也最为艰难，德方所提草案也最为不公平。在德方提交的最初草案中规定："中国商标，如经驻华该德国领事署出有文据，载明此项商标业在中国公认，实系该呈请保护者独用之商标，则该商标允在德国一体享受保护，与德人商标毫无歧异。至于华商名姓、店号，亦允在德国保护，不使他人货物违例冒用，此项无须呈验文据。"

"德国商标，凡呈有德领事署签押盖印之德国该管衙门文凭，内中证明此件商标业在德国注册者，均应在华享受保护，不准违例假用。又德人名姓、行号及其所用华字行号，此均允为保护，不使违例滥用，亦无须呈验文据。其德人货物向用特式之包裹，凡在华同行贸易中共认为该德商同类货物之记号者，则中国亦应援照一律保护。"

"以上各条利益，凡归德国保护者，亦应一体均沾。"

"俟中国立有注册局所，并颁有保护商标章程，届时德国与中国另订互保商标专约。惟此项专约未行之前，须照以上各节办理。"

该条款极其不平等，主要体现在以下几个方面。

首先，中国机构无权决定在华德国商标之保护与否。中国商标如在德国寻求保护，需要依赖德国驻华外交机构认定，符合条件方可予以保护。反观德国商标如在华寻求保护，并非由清政府

第二章　中国商标法的近代起源

驻德国外交机构认定，而是也由德国驻华外交机构予以认定。时任海关副总税务司的裴式楷（Robert Edward Bredon）就曾指出，"查此款之第一条内载，德国领事官证明中国商标在中国公认，即系德国领事官有定夺该商标是否系中国商标之权"[1]，建议修改为"在中国由中国该管衙门认定该呈请保护之商标"。

其次，德国商品包装、装潢在华受到保护，中国商品在德却无此保护。"特式之包裹"此类商品包装、装潢的法律保护仅适用于在华德国商品，但不适用于在德中国商品。

再其次，德商"华字行号"受条约保护，但华商在德所使用的"德字行号"无法享受此保护。

最后，与中美、中英、中日商约之条约安排不同，德方要求"惟此项专约未行之前，须照以上各节办理"，显然比前述条约中待中国建章立制后方才实行商标注册与保护制度急迫程度更高，更加经济。有学术观点认为，"可能是因中英、中美、中日商标条款签订后，中国迟迟没有颁布商标法，无法履行条约义务，德国才提出此意见"[2]，亦可见在西方列强压迫下，清政府就商标条款辗转腾挪之困难。

1906年，《中德续订通商行船条约》（以下简称《中德商约》）第6款规定如下。

凡中国商标，一经呈出在中国各领事所给之据，证明此项商标已在中国认可，且实属于禀请之人者，均可在德国享保护之利益，与德国之商标相同。华商之姓名牌号，必须在德国保护，以免仿冒。

---

[1] 左旭初：《中国商标法律史》（近现代部分），知识产权出版社2005年版，第53页。

[2] 王黎明：《晚清中外首次知识产权谈判研究》，苏州大学2008年博士学位论文。

德国商标亦须在中国保护，以防假冒，惟须呈出德国官员并领事所给之据，证明该商标实已在德国注册，德商之姓名商标以及中国行名均须保护。凡德商包裹货物之特法，在中国之同业曾已认为某行用以区别某项货物者，亦须一律保护。德国保护之人民亦能享以上所言之利益。

商标注册局一经成立，保护商标章程亦已刊布，则中、德两国必须开议特约，以便彼此保护商标。至此约未议之前，以上之款必须施行。

"凡德商包裹货物之特法，在中国之同业曾已认为某行用以区别某项货物者"的规定已经与草案中商品包装、装潢之保护不同。该条中规定，通过商品包装物之形状，可以认为其是"某行用以区别某项货物"，即具有了识别商品或者服务来源的功能，似属于立体商标。如此解，此款亦属于我国关于立体商标的较早制度渊源之一，只是其规则完全不公平，仅仅使德商在华享受该保护，而华商在德却无法享受此保护。其他不公平之处，参见上述讨论。

（六）《中瑞通商条约》商标条款

瑞典是少数并非基于《辛丑条约》而要求修订商约的国家。瑞典谈判代表的修约理由是 1905 年瑞典−挪威联合王国解体为瑞典王国、丹麦王国，因此 1847 年《中瑞挪五口通商章程》无法继续适用。在此次谈判过程中，清政府结合瑞典国力相对较弱、双方经济贸易往来较少、过往其他条约偏袒西方列强过甚等因素，提出"平允"之修约思路，认为"查向来与各国所订条约，我多允许与各国利益，而各国鲜允许与我利益，按诸彼此优待之例，实非平允。惟光绪七年巴西条约暨二十五年墨西哥条约，多持平之处。此次拟议约稿，注重此意，不使各项利益偏归一面，更于

第二章　中国商标法的近代起源

各约中采用较为优胜之条，取益防损"[1]。

1908年《中瑞通商条约》第13款规定如下：

中、瑞两国原有条约，未经因立本条约更改者，兹特声明，仍旧照行。并声明，凡两国允许有约各国政府或官员、人民于通商行船及所有关于商业、工艺应享一切优例、豁免、保护各利益，无论其现已允与，或将来允与，彼此两国政府或官员、人民均一体享受，完全无缺。将来两国均可任便各与邻近之国订立关于边界、商务之条约。又两国如有给与他国利益之处，系立有专条者，彼此均须将专条一体遵守，或另订载，方准同沾所给他国之利益。

《清史稿》认为，"如商标、矿务之类，则以第十三款内载所有商业、工艺应享各利益均一体享受等语括之"[2]。由此观之，商标规则孕育于该条款中但不显明。但即使如此，该条款本身相对均衡，考虑到瑞商在华数量本就不多，对华负面影响相对较小。

（七）小结

整体来看，除《中瑞通商条约》外，其他条约都以条约形式对清政府提出义务，具体包括：其一，立制度以对本国商业标记进行保护。大多数条约要求清政府制定商标章程，改变无"法"可用而对洋商保护不足的局面。其二，建局所负责商标注册事宜。虽然英国在先方案提出应当由海关负责商标注册，但后续条约并未完全认同该安排，这也一定程度反映了列强间存在意见分歧。第三，从抽象至具体防止侵害。从《中英商约》中比较抽象提出打击冒用等侵害行为，到后续《中美商约》《中葡通商条约》具体

---

[1] 王彦威、王亮辑编：《清季外交史料》(8)，湖南师范大学出版社2015年版，第3829页。

[2] 赵尔巽等撰：《清史稿》，中华书局1977年版。

列明侵害行为,可见西方列强正在通过具体列明之方式,要求清政府加强对于洋商商标的保护。这也无怪乎民国学者认为清末"保障商标之动机,全出自外商,而非出自华商"[1]。其四,清政府最为关切之"冒用洋旗"议题被完全否定。虽然"冒用洋旗"属于企业字号之保护范围,与商标保护路径不同,但《中德商约》中就曾对德国企业在华字号进行保护,可见西方列强只要相关内容对己有利即纳入保护,清政府之诉求,可入可不入者,则形成较为统一意见予以拒绝,这也是这些条约的不平等之处。

---

[1] 中国经济学社编:《战时经济问题》,商务印书馆1940年版,第321页。

第三章
近代商标法的制定过程与规范内容

第一节 立法过程

(一) 立法主体之变动

根据前述中外商约中商标条款之不平等要求，清政府被迫开启本国的商标法立法工作。其中，中英签订的《中英商约》中更是明确要求清政府设立"注册局所"这一商标注册管理机构，并由海关负责推进该项工作。嗣后，南、北洋通商大臣商议决定在其辖区择一大城市设立该"注册局所"，分别择定上海、天津作为该局所驻扎地点。1904年2月2日，海关税务司致函清政府外务部："奉贵部剳饬妥筹，当即开列大意，交副总税务司裴式楷等，酌情拟议详细办法，业经先行申报。"[1]中国近代商标立法的第一步由此迈出。但值得注意的一点是，彼时商标立法操控于清政府外籍雇员之手，侧面反映了其内容将以西方列强之意志为转移。

对此，清政府内部自然存在反对之声。自1903年8月商部成立，该部就表示，"前年《中英续议通商行船条约》系在中国设立商部之前，是以约内第七款载有'派归海关管理'等语。现在本部责有专归，此项商标注册局所，自应由本部专司管辖……总税务司所拟津、沪两地设局注册之处，应改为由该两局代办商标注册收发事宜"[2]。商部最初试图收回该立法权，但受到西方外交掣肘而未能如愿。

后历时两个多月，副总税务司裴式楷等起草完成《商牌挂号章程》，其中部分条款被认为偏袒外国商标而产生争议，嗣后海关总税务司对该章程部分条款进行了修订，但仍存在较大争议。以此为契机，商部于1904年3月20日向外务部发函，要求将原海关总税务司关于商标法规起草事宜，改由商部统一起草，表示保护商标一事，原系商律中之一门。近来日本商人屡有各种商牌，纷纷来部呈请注册。本部正在筹议章程作为专律[3]。由此，商部开始成为清末起草商标法规的主管衙门，直至1906年9月，工部并入商部，改名为农工商部。1907年，清政府派袁克定担任筹建中的农工商部商标注册局局长，该局负责后续商标法规之修订工作，直至清廷覆亡。

---

〔1〕 左旭初：《中国商标法律史》（近现代部分），知识产权出版社2005年版，第59页。

〔2〕 陈诗启：《从明代官手工业到中国近代海关史研究》，厦门大学出版社2004年版，第356页。

〔3〕 左旭初：《中国商标法律史》（近现代部分），知识产权出版社2005年版，第59页。

第三章 近代商标法的制定过程与规范内容

(二) 商标法规及其草案之演变

纵观清末商标法规之历史演变，其修订之次数实属频繁，经常一法刚立，尚未对其进行深入研究，在遭受列强异议后就不得不再行修订颁布新法。短期内多部法规草案纷纷出台，甚至夹杂了多国驻华公使对清政府立法不满、亲自"操刀"制定反映其意志的商标法规草案。因此，有必要厘清商标法规的制度源流，避免混淆。清末商标及其草案之制定历史参照表3。

表3 清末商标及其草案之制定历史

时间	法规/草案名称[1]	部门
1904年2月2日	《商牌挂号章程》	海关总税务司
1904年3月8日	《商牌挂号章程》（修订稿）	海关总税务司
1904年3月25日	《改订商标条例》	商部
1904年4月6日	《谨拟商标注册试办章程》	商部
1904年5月25日	《商部商标注册局办法》	商部
1904年8月4日	《商标注册试办章程》	商部
1905年	《各国会议中国商标章程》	英、德、法、意、奥五国驻华公使
1906年3月	《商标法规》《商标施行细则》《商标审判章程》《商标特别条例》《外国商标章程》	商部 商标注册局
1907年	《商标章程草案》	农工商部 商标注册局

---

[1] 根据左旭初：《中国商标法律史》（近现代部分），知识产权出版社2005年版，"附录四 中国商标法律大事记（年表）"整理所成。左旭初先生乃我国近代商标研究之先贤，本书商标法部分多赖左先生之在先研究，特此一并致谢。

259

晚清知识产权制度发展史论

  整体来看，由海关总税务司负责起草该《商牌挂号章程》后，由于总税务司总掌全国海关关税、行政及人事权，对于外交事务也具有较大的话语权，"总税务司在政治上对清政府的影响也愈来愈大"[1]。这也很大程度决定了总税务司工作繁重、无法聚焦于商标法规起草这一本不属于海关事权的事项。因此，1904年4月6日，英籍总税务司赫德在给伍廷芳的信中表示，"我非常高兴商部接过这项注册工作。我手中的东西太满了，连做我应该做的事情的十分之一的时间都找不到"[2]。

  由此，商部顺利接手了此项立法任务，否则从英国控制的总税务司中获取事权，极易引发列强之外交反弹。商部在接手后，将总税务司的《商牌挂号章程》作为制度底本，同时向各国驻华公使求购域外商标法规，翻译成中文。在起草过程中，商部参照西方列强之商标立法，力争与国际通例相统一，从而最终制定《商标注册试办章程》。但即使如此，该章程出台后，英国、日本、德国、法国等在华洋商仍提出了诸多要求，这些国家亦通过外交渠道向清政府施压。例如，英国驻华公使就曾表示，"照复外务部，仍有异词，并嘱其商务参赞，详为斟酌，意欲有所修正"[3]。为了息事宁人，清政府面对列强的诸多意见，选择"暂缓施行这部商标法规的大部分条款及暂缓成立商标注册局"[4]。

  1905年，英、德、法、意、奥五国驻华公使共同提出了《商标注册试办章程》的修改意见并送交商部作为修订指引，即《各国会议中国商标章程》，其中充斥着不平等内容。例如，清政府在

---

  [1] 皮纯协、徐理明、曹文光主编：《简明政治学辞典》，河南人民出版社1986年版，第533页。

  [2] 张建伟：《最后的神话》，作家出版社1999年版，第72页。

  [3] 左旭初：《中国商标法律史》（近现代部分），知识产权出版社2005，第104页。

  [4] 左旭初编著：《民国商标图典》，上海锦绣文章出版社2013年版，第44页。

第三章　近代商标法的制定过程与规范内容

驳回外国人之商标注册申请时，应由该国领事官员会同审理，清政府无权单独驳回；外国人在华侵害商标、假冒商标的，应当根据该外国人之国籍，适用该国法律予以处罚，而非清政府制定之商标法规；控告商标侵权之案件，如被告系外国人、原告系中国人，则由该国领事官员参与案件审理，但原告之管辖中国官员无法参加审判。但即使如此，商部仍不得不在1906年3月根据《各国会议中国商标章程》之内容，派遣吴振麟[1]将《商标注册试办章程》细化，丰富为内容相对繁复的商标法体系，包括《商标法规》（68条）、《商标施行细则》（27条）、《商标审判章程》（40条）、《商标特别条例》（12条）、《外国商标章程》（6条）。但上述商标规则最后并未颁布施行。1907年，农工商部将上述庞杂的商标法规体系进行了适当压缩，最终形成了《商标章程草案》（72条）。但由于负责人员之调任，以及西方列强此时已经对商标规则之态度有所转变，不再强力施压要求清政府尽早出台商标法规，清政府对商标立法意兴阑珊，直至清廷覆灭商标法规修订仍未实质完成。

（三）工商界积极参与立法

相比于《大清著作权律》、专利法规之制度，商标法规与商事利益的关系更加密切，也更多为工商界人士所关注。在立法、修法过程中，工商界的积极发声在一定程度上影响了商标法规的具体制度构建，这在《大清著作权律》、清末奖励技术法规的制定过程中并不多见，带有"自下而上"的立法特点。例如，在海关总税务司制定《商牌挂号章程》后，对于该章程中第2款排除华商"挂号之标牌"不予保护、仅仅保护洋商商标等歧视性内容，"上

---

[1] 吴振麟，字止欺，浙江嘉兴人，清末著名法学者，曾留学日本，毕业于帝国大学法学科，曾任农工商部主事，后任宪政编查馆统计局副科员。

海外贸行业的同业公会、公司及商人等，对海关总税务司赫德最后审定的，很多有意偏向保护外国商人在华使用商标的法规条文内容，表示强烈反对。其间，他们通过上海商会等商业组织，收集各种不同意见，集中向清政府外务部、海关总税务司及驻北京的英国大使提出申诉"[1]，最终迫使海关总税务司妥协，对部分条款进行改变。再如，商部在公布《改定商标条例》后，听取工商界人士的相关意见，再度修订该条例并形成《谨拟商标注册试办章程》。由此观之，工商界人士努力通过制度渠道影响商标法规之修订，以维护中国主权。

第二节 《商标注册试办章程》的文本与释义

中华民国成立后，首任商标局局长的秦瑞玠就曾指出，从历史来看，"我国向有牌号、图记之商业习惯，但既无良法，又乏专司，一听商人之自为"[2]。因此，我国商标立法实际上起源于清末。根据当前学术通说，1904 年，"清政府颁布了我国第一部商标法——《商标注册试办章程》及其细则"[3]。但如前文述，清政府曾公布过多个商标法规，且《商标注册试办章程》公布不久就受到列强之压力而不得不中止实施，缘何《商标注册试办章程》如此重要？本书认为有下列四点原因。

首先，从立法程序上，《商标注册试办章程》系唯一一份完成

---

〔1〕 左旭初：《中国商标法律史》（近现代部分），知识产权出版社 2005 年版，第 66 页。

〔2〕 江苏省商业厅、中国第二历史档案馆编：《中华民国商业档案资料汇编》，中国商业出版社 1991 年版，第 296 页。

〔3〕 郑成思：《我国商标制度的沿革——商标制度的起源及发展（二）》，载《中华商标》1997 年第 6 期。

第三章 近代商标法的制定过程与规范内容

立法程序的商标法规。1904年6月23日，商部向光绪皇帝上奏《商部奏拟订商标注册试办章程折》，请求批准该章程。1904年8月4日，该章程经光绪皇帝钦定而正式对外颁布。而其他商标法规多以草案制定，并未完成立法程序，法律地位不可同日而语。其次，从规范内容上，《商标注册试办章程》虽然大部分条款被暂缓适用，但仍有部分条款予以保留。例如，该章程中的"海关挂号"制度贯穿清末，甚至沿用至民初，直到北洋政府于1923年重修《商标法》并设立商标局，可谓影响深远。再其次，从修订历史来看，后续立法多是对《商标注册试办章程》进行修订，而非另立新法。其颁布后，经历三次大型修订，分别为：1905年，五国公使修订《各国会议中国商标章程》；1906年3月，吴振麟奉命修订章程并细化为《商标法规》《商标施行细则》《商标审判章程》《商标特别条例》《外国商标章程》；1907年，袁克定奉命修订章程并形成《商标章程草案》。三次修订虽然多有变革，但仍以《商标注册试办章程》为蓝本。最后，整体来看，该章程之内容较为平允，虽然仍存在不平等、歧视性之内容，但相比于其他一些草案程度较小，一定程度上反映了清政府商标自主立法的抗争与努力。因此，《商标注册试办章程》成为清末最重要的商标法规，有必要进行深入分析。以下对该章程全文进行逐一注释。

第一条 无论华洋商欲专用商标者须依此条例注册。商标者，以特别显著之图形文字记号，或三者俱备，或制成一二，是为商标之要领。

本条规定商标之定义。"专用商标"已经有指代商标专用权之意，而"须依此条例注册"表明依照该章程注册是获得商标专用权的法定程序，这与现代商标规则已经基本相同。随后，该条以下定义的方式对于"商标"进行解释，其中"以特别显著之图形文字记号"似乎仅仅指向显著性特征，但从现代商标规则来看，还应具有识别，而此要求在此并未彰显。而在较早的《谨拟商标注册试办章程》中规定，"凡商家贸易之百货粘贴于上，以为记认者"，则为商标，似乎走向另一个极端，强调识别性特点。在《商部奏拟订商标注册试办章程折》这份立法文件中，商部显然认识到识别性系商标的本质，认为"商人贸易之事，各有自定牌号以为标记，使购物者一见而知为某商之货"，但其并未在第1条明晰商标的识别性本质，殊为可疑。

第二条　商部设立注册局一所，专办注册事务。津沪两关作为商标挂号分局，以便挂号者就近呈请。

本条规定商标注册管理机构的组织结构。商部设立注册局作为中央商标注册管理部门，上海、天津海关作为地方注册机构，负有直接受理挂号（注册）申请之职责。但从实际效果来看，由于上海、天津海关系总税务司之下设机关，实际上受到英国控制的总税务司之监管，商部商标注册局也难以直接控制。《商部奏拟订商标注册试办章程折》亦曾提及，虽然中英商约中"有由南、北洋大臣在各辖境内设立标牌注册局所，派归海关管理之语"，但"经臣等公同商酌，拟将标牌注册事宜，即在臣部设立总局……并令津海、江海两关设立挂号分局"，以方便商标就近申请。《谨拟商标注册试办章程》中也表示，两地华洋商业往来密切，"俾华、洋商人易于接洽。嗣后，如注册事务日繁，再行筹设专局"。

第三条　凡呈请注册者，将呈纸送呈注册局，或由挂号分局转递亦可。

第四条　呈纸内须附入说帖，说帖内附商标式样三纸，务将商标式样之大概及此项试办章程细目内所定之类别，与此项商标

第三章 近代商标法的制定过程与规范内容

特定的商品均记载明确，如由挂号分局转递须将呈纸及说帖添写副本各一通。

此两条是申请文件的寄送与内容要求，尤其是要求申请人确定商品类别。第3条之适用，《商部奏拟订商标注册试办章程折》中表示，"商人以标牌呈请注册，除在总局挂号者，照章核办外，其在津、沪两关分局挂号者，由分局转送总局核办。俟应发执照时，仍交原挂号处转给收执，庶事权归一，而办法可免纷歧"。即清政府试图实现申请由中央商标注册管理部门统一审查，津、沪两关仅仅作为转递机关，并无审查权限的管理模式，从而实现审查权限之统一。

此处清政府在《商牌挂号章程》《谨拟商标注册试办章程》等草案中最初的制度设计是，两地海关"应暂作为商标代办注册处。由本部却派该两关税务司代办"，即两地海关直接办理商标注册事务，但后续修订为中央政府商标注册部门统一审查，两海关仅系转递机关。

第4条则是关于申请文件中需载明的内容要求，尤其要求确定商品类别。为避免商标使用时产生误认，现代商标规则要求申请人确定其使用商标的商品类别，如《商标法》第22条第1款规定，"商标注册申请人应当按规定的商品分类表填报使用商标的商品类别和商品名称，提出注册申请"。《商标注册试办章程》第4条中的"类别"与"商标特定的商品"则是对应上述《商标法》第22条中的商品类别和商品名称之概念。

第五条　注册局收受呈纸查无不合例处，存留六个月，其间如无他人呈请特与抵触者，即将此项商标注册。

本条规定了商标注册审查期限。清末商标立法对此期限存在两种规则：多数意见是六个月，《商牌挂号章程》规定，"倘无不应挂号之确实原由，则应俟六个月之期满，始行注册，发给执照"；《改订商标条例》中规定，"若有他种率速情弊，即不许登录。其余则以六个月后登簿"；《谨拟商标注册试办章程》中规定，"倘无不应注册之故，准俟六个月期满，即行注册，任听请领印照"。但《各国会议中国商标章程》规定，"九个月之内，如无他人指摘有与本章程不符之处，即予注册"。五国公使延长异议时间，似有考虑到其距华地理位置较远，这样能使本国权利人能有更多时间提出异议。此外，《商标注册试办章程》中的"收受呈纸查无不合例处"似乎仅仅有形式审查之意，远不如其他几个草案中"无不应挂号之确实原由""无不应注册之故""他种率速情弊"表达的实质审之意。

第六条 为系同种之商品及相类似之商标呈请注册者，应将呈请最先之商标准其注册。若系同日同时呈请者，则均准注册。

本条是关于申请在先原则的规定。该条与现代商标规则较为相近，例如，《商标法》第 31 条规定："两个或者两个以上的商标注册申请人，在同一种商品或者类似商品上，以相同或者近似的商标申请注册的，初步审定并公告申请在先的商标……"但从科学立法角度审视，第 6 条仅限制"类似之商标"，而不包括"相同商标"，似乎存在立法漏洞。但在《商部奏拟订商标注册试办章程折》中，商部表示，"此商牌号，有为彼商冒用者，真货牌号，有为伪货掺杂者，流弊滋多，商人遂不免隐受亏损"。从目的解释来看，第 6 条如果不包括相同商标，商标权人在先申请后，他人使用相同商标再行申请，势必造成混淆，因此与上述立法目的不合。但第 6 条中"若系同日同时呈请者，则均准注册"与现代规则不符。《商标法》第 31 条规定："……同一天申请的，初步审定并公告使用在先的商标,驳回其他人的申请,不予公告",清政府"均准注册"似有鼓励华商多申请商标之意。

第七条 在外国业已注册之商标,由其注册之日起,限四个月以内将此商标呈请注册者,可认其在外国原注册之时日。

本条规定了商标优先权原则。由于1883年《巴黎公约》第4条就已经规定了优先权原则,申请人提出的在后申请与其他人在其首次申请之后就同一商标所提出的申请相比,享有优先的地位,其目的是便于缔约国国民在其本国提出商标申请后向其他缔约国提出申请。《商标法》第25条第1款规定,"商标注册申请人自其商标在外国第一次提出商标注册申请之日起六个月内,又在中国就相同商品以同一商标提出商标注册申请的,依照该外国同中国签订的协议或者共同参加的国际条约,或者按照相互承认优先权的原则,可以享有优先权"。但由于此时清政府并未加入《巴黎公约》,其并无条约义务在国内法中设置优先权之负担。此可侧面印证时人对于商标权利配置仍有待深入,"我给予人以权,人无给予于我",反而可能损害华商之利益。

第八条 不准注册之商标如左所列:
一、有害秩序风俗并欺瞒世人者。
二、国家专用之印信字样(为国宝各衙门关防钤印等类)及由国旗军旗勋章摹绘而成者。
三、他人已注册之商标又距呈请前二年以上已在中国公然使用之商标相同或相类似而同于同种之商品者。
四、无著明之名类可认者。

本条规定不予注册之理由。与现代商标规则中关于不予注册区分绝对理由与相对理由不同，第 8 条似乎未进行区分。但本条第 1 款、第 2 款分别与《商标法》第 44 条"以欺骗手段或者其他不正当手段取得注册"、第 10 条第 1 款和第 2 款中的"军旗""勋章"等规定相近似，属于不予注册的绝对理由。本条第 3 款与《商标法》第 30 条中"同他人在同一种商品或者类似商品上已经注册的或者初步审定的商标相同或者近似的"较为类似，属于不予注册之相对理由。但第 3 款中包含对于在华"公然使用"之情形，而在现代商标规则下已经不采。第 4 款是指没有明显的商品类别可供辨认，但在现代商标规则下，该种情形是通过查找商品所属的大类中有概括性、相似性的产品申请注册，而非不予注册。

第九条 无论华洋商，商标专用年限由本局注册之日起，以二十年为限，其已在外国注册之商标，照章来请注册者，则专用年限，即从其原注册之年限，但不得过二十年。

第十条 专用年限届满时，欲续用此项商标者，为在满期之前六个月以内，准其呈请展限。

此两条规定注册商标的有效期及其续展。第 9 条对华洋商标不加区分，一律平等适用二十年有效期，一定程度上体现了《商部奏拟订商标注册试办章程折》中提倡的平等保护原则，即"至商标原为保商之要举，无论华、洋商人，既经照章注册，自应一体保护，以示平允"。然而，二十年明显存在有效期过长的问题。对比一年后颁布的《英国商标法》（1905 年），其设定有效期亦不过十四年。考虑到西方列强催促清政府出台商标章程主要是为维护其在华商业利益，过长的保护期会使洋商在华保护期高于本国法之保护水准。第 10 条则是关于商标续展之规定，但该条中并未界定每次续展注册后的有效期为何。在《改订商标条例》中，相关规定为"如欲展限，不妨再定"，似乎需要后续另行确定。但从

第三章 近代商标法的制定过程与规范内容

《英国商标法》(1905年)的续展规定来看,彼时通行惯例续期与注册商标的有效期一致,这一点亦与现代商标规则一致。《商标注册试办章程》此规定不甚明确。

第十一条 业已注册之商标主,如欲将该商标之专用权转受与他人,或须与人合伙,须即时至注册局呈请注册。

本条规定了商标转让的程序要件。"转受"应指代转让,而非许可授权,《商标注册试办章程细目》中的"或欲转授他人"可予以佐证。现行《商标法》第42条也规定了商标转让须由商标局予以核准,但对于"与人合伙"之注册,现代商标规则规定应将商标记载于合伙协议书,而后向商事登记机关登记。但彼时将合伙中商标事宜规定于商标法似有一定共识,例如,《英国商标法》(1905年)第59条规定了合伙关系解除时商标的分割问题,并附加了公共利益限制。《商牌挂号章程》亦规定"倘原注册之商业系属公司,或数人合伙之业,必经合伙允协,方准将转受之事注册"。但《英国商标法》(1905年)规定的是合伙关系解除时商标之处分;《商牌挂号章程》则规定的是合伙关系存续期间,作为合伙财产的商标之处分问题。而《商标注册试办章程》则规定了合伙关系成立时,应将商标作为合伙财产记载于合伙协议,本质仍属商事法之内容,不应由商标法规予以调整。

第十二条 业已注册之商标,若与第八条内第一、第二、第四则有背者,注册局可将其原注之商标注销。

本条规定商标管理部门可依职权进行无效宣告(不予注册的绝对理由)。一般而言,商标不予注册的绝对理由涉及违反商标法的显著性、公共利益,属于商标注册管理部门依职权主动审理的范围。本条与第 13 条之注销启动主体存在差异，本条规定由"注册局"予以注销；而第 13 条规定由利害关系人"呈请注销"。第 8 条内第 1 款、第 2 款与现代商标规则不予注册绝对理由之比对详见第 8 条之分析，但应当注意，"无著明之名类可认者"并不作为不予注册的绝对理由。相比于《商牌挂号章程》第 8 条不区分不予注册的绝对理由与相对理由的注销制度而言，《商标注册试办章程》的立法显然更加科学与精细。值得注意的一点是，《商牌挂号章程》第 8 条还规定，"至华商所用之牌，若日后货色与初时相逊，即由该挂号局，自行将其牌注销"，即歧视性地将该款管理部门可依职权进行无效宣告的规定适用于华商，而洋商即使存在此类情形，亦不得注销。此条为后续《商标注册试办章程》不采，亦可展现其一定的进步性。

第十三条 业已经注册之商标，如有与第六条及第八条之第三则违背，于此有利害相关之人，准其呈请注销。但注册已过三年者，不在此例。

本条规定依照申请的无效宣告（不予注册的相对理由）。现行《商标法》第 45 条规定："……自商标注册之日起五年内，在先权利人或者利害关系人可以请求商标评审委员会宣告该注册商标无效……"此处利害相关人应当是指现代商标规则下的"在先权利人或者利害关系人"。但如果"利害相关之人"怠于行使救济权利，不应使业已注册商标之效力状态持续悬而未决。故而，清政府设定了"三年"之期限，以督促其尽早行权。

第十四条 注册局于请注之商标，认为不合例者，应将缘由批明不准注册。

第三章 近代商标法的制定过程与规范内容

本条规定"注册局"应当说明驳回理由之法律义务。结合本章程第 8 条之规定,"注册局"应当向申请人解释说明其违反了第 8 条款何款之规定。

第十五条 有不服前条之批驳者,由批驳之日起,六个月以内,许其据清呈请注册局再行审查。

本条规定商标复审制度。现行《商标法》第 35 条第 3 款规定:"商标局做出不予注册决定,被异议人不服的,可以自收到通知之日起十五日内向商标评审委员会申请复审……"二者已经较为接近。但在之后的《各国会议中国商标章程》中,该条被修改为"准其据情呈禀"。此处的"呈禀"指向上级行政衙门呈禀,或向司法衙门呈禀,通过商标复审还是行政诉讼解决并不明确,反而不如本章程立意明晰。此外《各国会议中国商标章程》还增加了一款,"案内若有外国人,即由该国领事官,或领事官委派之员,会同审理",侵犯了中国主权。

第十六条 凡商标呈请注册人或商标主不在中国者,或距注册局所较远者,必须择定妥友报明作为经手代理人。

本条规定商标代理制度。本条中,外国人申请商标的,与现代规则相同。例如,我国《商标法》第 18 条第 2 款规定,"外国人或者外国企业在中国申请商标注册和办理其他商标事宜的,应当委托依法设立的商标代理机构办理"。但现代商标规则下,国内申请人"距注册局所较远"不作为必须委托商标代理人之合法事由。

第十七条 如有欲抄录商标档册或阅看档册者,准其至注册局或挂号分局呈请,距局较远者,可由经手人代理呈请。

本条规定商标档案查询制度。《商牌挂号章程》第10条规定：
"凡来局请看标牌册簿者，可准阅看，不准摹写。"《改订商标条例》第11条也只是规定"登录局之购簿，不禁人翻阅"，并未规定可否准许摘抄。但不准摘抄、单凭记忆必然影响查阅效果，故而《商标注册试办章程》进行了适度突破，准许"抄录"。

第十八条　注册局将注册之商标及注销关系各事，刷印商标公报布告于上。

本条规定商标公告制度。1883年《巴黎公约》就规定，缔约国承诺建立中央机构，"向公众提供关于发明专利、工业外观设计或模型以及商标或商业标志的信息"[1]。因此，时人对商标公告制度并不陌生。考虑到此时英国、法国、意大利等国都是《巴黎公约》之缔约国，而清政府并非缔约国，却仍参照该公约之制度设计，可侧面印证清政府商标立法的被动性。在此立法模式下，《商牌挂号章程》中规定，注册商标应"在新闻纸内广告……分别记明"；《改订商标条例》中规定，应"于新闻纸之广告上记明"。

第十九条　有侵害商标之专用权者，准商标主控告，查明责令赔偿。

本条规定权利人有寻求救济之权利。该条被后续的《各国会议中国商标章程》沿袭，只是语词顺序做出些许调整。该章程第19条规定，"凡商标主专用商标之权利，如被侵害，准其具呈指

---

[1] "Each one of the High Contracting parties engages to establish a special service of Industrial Property and a central dépôt, for giving information to the public, concerning patents of invention, industrial design or models and trade or commercial marks", available at https://maint.loc.gov/law/help/us-treaties/bevans/m-ust000001-0080.pdf, last visited on 2024-4-8.

控，查实责令赔偿"。比较《英国商标法》（1905年）第52条规定，"任何人无权就商标侵权提起诉讼以防止侵权或要求赔偿损失，但根据本法或国家商标法注册的商标除外"，可证明获得商标专用权系保护商标之前提。这也标志着我国商标权取得方式从传统的"使用"迈向了"注册"，商标注册也成为其获得保护的前提。

第二十条　控告侵害商标者，办法如下所列：
一、如被告系外国人，即由该地方官照会该管领事会同审判。
二、如被告系中国人，即由该领事照会该地方官会同审判。
三、如两造均系洋人或均系华人，遇有侵害商标事件，一经告发，由各该管衙门照办，以示保护。

这也是整个章程歧视性最为明显之条款，只要一方系外国人，则外国领事有权参与案件审理。这种不平等的"治外法权"严重损害了中国司法主权。本条至少坚持了清政府地方官员对于所有涉外案件的参与审理，但这也为西方列强所不满，在其他草案中，其大多剥夺了清政府地方官员对于被告系外国人之案件的审判权。例如，由税务司制定的《商牌挂号章程》中规定，"应行分别理。若系洋商冒用各牌，应由本牌主，在该局税务司处报明立案。面自行赴该管领事官处控告。若系华商冒用各牌，亦应由本牌主先在该局税务司处立案。由该税务司请该管之官会同审办，以昭保护之实"，即形成"税务司+地方官（被告系华商）/领事官员（被告系洋商）"的审判人员结构。《改订商标条例》第12条也与之相类似，规定了"如有侵害商标者，由地方（洋商则由领事）会同税务司审判"。考虑到税务司受到英国控制的实际情况，在被告系外国人的案件中，审判组成人员势必偏向洋商，从而不利于华商之保护。

虽然《商牌挂号章程》《改订商标条例》的此规定并未被《商标注册试办章程》沿袭，但在嗣后五国公使提出的《各国会议中国商标章程》中，此规定被再度提出，其继续坚持前述清政府地方官员无权审理被告系外国人之案件，同时规定西方领事有权参与被告为中国人之案件审判，领事裁判权进一步扩张。其规定，"如被告系外国人，原告系中国人，应由注册局照会该管领事官，照约办理。如被告系中国人，原告系外国人，应由注册局照会该管领事官及该管中国官，会同审判"，损害了中国司法主权。

第二十一条 犯左列各条者，罚以一年以内之监禁及三百两以下之罚款，但须俟被害者控告，方可论罪。

一、意在使用同种之商品而摹造他人注册之商标或将此贩卖者。

二、将商标摹造而使于同种之商品者，又知情贩卖其商品或存积该物意在贩卖者。

三、以摹造之商标用于招牌登入报章告白者。

四、知他人之容器（箱匣瓶罐等类）包封等有注册商标而以之使用于同种之商品者，或知情贩卖其商品者。

五、明知可以侵害他人注册商标之品物，故意运进各口岸者。

本条规定了商标侵权的刑事责任。"罚款"当指现代刑法中的"罚金刑"，而非行政处罚，后文中的"论罪"可以佐证。"俟被害者控告"表明本章程将其视为刑事自诉案件中"告诉才处理"的案件，不告不理。所列举的侵害行为分析如下：①"意在使用同种之商品而摹造他人注册之商标或将此贩卖者"是"伪造（摹造）商标+销售伪造商标"两种侵害行为的合并；②"将商标摹造而使于同种之商品者，又知情贩卖其商品或存积该物意在贩卖者"是指现代规则下"在同一种商品上使用与其注册商标相同的商标+销售侵犯注册商标专用权的商品"两种侵害行为的合并；③"以摹造之商标用于招牌登入报章告白者"可视为未经权利人许可的使用行为；④"知他人之容器（箱匣瓶罐等类）包封等有注册商标而以之使用于同种之商品者，或知情贩卖其商品者"，同样也属于"在同一种商品上使用与其注册商标相同的商标+销售侵犯注册商标专用权的商品"两种侵害行为的合并；⑤"明知可以侵害他人注册商标之品物，故意运进各口岸者"则是在进口环节对于商标侵权之打击。

1883年《巴黎公约》就已经规定了进口环节商标保护，其第9条规定，"本同盟成员国对一切非法带有在该国受法律保护的商标或厂商名称的商品得在其输入该国时予以扣押"；第10条亦规定，"上条各项规定得适用于直接或间接使用假冒原产地、生产者、制造者或商人标记的商品"。受到该公约影响，1905年《英国商标法》第55条规定，"在被注册的商品上使用与该商标基本相同或与该商标近似以致可能具有欺骗性的商标"应视为侵权。从本章程第21条来看，"伪造商标"后进行"冒用"或者"销售"成为清政府立法打击之重点侵害行为。此外，在现代商标规则下，判定对注册商标专用权直接侵权不以过错为前提条件，因此，本章程强调的"故意""知情""意在""明知""知"等表示主观状态之概念已经与现代商标规则不符。

第二十二条 如有以上各条情事，将其制成之商标及制造商标之器具，均没收入官，其与商标不能分离之商品或容器或招牌则毁坏之。

本条系侵犯商标权后削弱侵害人再次侵权能力之规定。我国《商标法》第63条就规定："……对主要用于制造假冒注册商标的商品的材料、工具，责令销毁，且不予补偿；或者在特殊情况下，责令禁止前述材料、工具进入商业渠道，且不予补偿……"但清政府制定此条似有过高保护之问题，彼时《英国商标法》（1905年）、《巴黎公约》（1883年）均无此类规定。考虑到当时国内洋商盛、华商式微的产业背景，此类强保护的制度设计，实际上产生了"洋商愈强、华商愈弱"之法律效果，反而不利于中国的民族企业发展壮大。

第二十三条　凡呈请挂号注册给照等，无论华洋商，应缴各项公费如下所列：

一、呈请挂号，每件关平银五两。

二、注册给发印照，每件关平银三十两。

三、合用转授注册，每件关平银二十两。

四、期满呈请展限并注册，每件关平银二十五两。

五、抄录注册商标之文件，关平银二两。过百字者，每百字加五钱。

六、到局阅册，每二刻钟关平银一两。

七、遗失补请印照，关平银十两。

八、报明冒牌等事，每件关平银五两。

九、呈请再审查，关平银五两。

十、呈请注销，关平银三十两。

十一、留传后人，请换印照，每件关平银五两。

本条规定商标注册等费用。上述费用系以银两缴纳，而"清末帝制时期以后，中国的白银外流，银子的价钱越来越贵"[1]。如以当时银两的实际购买力来看，以清末汉阳铁厂进购焦炭为例，

---

[1]　冯友兰：《三松堂自序》，东方出版中心2016年版，第21页。

第三章　近代商标法的制定过程与规范内容

"若外洋焦炭自运,每吨价十七八两,沪买每吨二十余两"[1]。以此度之,"呈请挂号,每件关平银五两",约等于彼时焦炭250公斤至300公斤,实在并非一般小作坊所能承受的;"呈请注销,关平银三十两",约等同于焦炭1.5吨至2吨之价格。挂号低费、注销高费,反而可能使受害人不愿维权。

附则

第二十四条　本章程自光绪三十年九月十五日起施行。

第二十五条　本局未开办以前,照条约应得互保者,即在相当衙门呈请注册之商标,本局当认其已经合例呈请。

第二十六条　本局未开办以前,在外国已经注册之商标,须于本局开办六个月以内将此项商标呈请注册。本局当认此项商标为呈请之最先者。

第二十七条　本局未开办以前,其商标虽经各地方官出示保护,如本局开办六个月内,不照章来请注册者,即不得享保护之利益。

第二十八条　前三条情节与第五条所定章程无关,以上作为试办之章程,其未尽各项,俟商标律订成后,再行酌量增补。

第24条规定了实施日期。章程从1904年8月4日颁布到9月15日施行,对于清政府而言准备期间非常短暂,仓促行事势必影响法律实际效果。第25条规定是指已经根据《中英商约》在上海、天津海关申请注册之商标,无须再次申请,即认可其"专用之权"。第26条则是落实第9条之外国商标的保护。但本条中,将商标优先权日之确定溯及《商标注册试办章程》尚未制定之前,

---

[1]　梁方仲:《梁方仲遗稿:读书笔记》(下),广东人民出版社2019年版,第470页。

277

属于对于外国商标之过度保护。《各国会议中国商标章程》更是将这一时间提前，认为只要在国外已经注册之商标，在注册之日起四个月内，"持有外国注册凭单来局呈请注册者，应认其在外国原注册之时日"，而非根据商标注册局开办时间倒推计算优先权日。第 27 条系对于地方性传统保护的制度衔接。对于章程制定前，各地官府沿用公告、示谕、公示等传统方式保护的商标，第 27 条要求商标权人在 6 个月内呈请注册，否则不予保护。此类传统保护多为保护中国商标，而第 26 条对于外国商标的保护过高，使得本国商标保护低于外国商标保护，一定程度上体现了清末半殖民地的社会性质。第 28 条则是兜底性条款，规定本章程具有暂行性质，待后续立法订立后再行完善，但实际上，该条是为章程颁布后根据西方列强意见进行修订的粉饰之词。

第四章
清末商标法规的法律适用

关于清末商标法规的法律适用，中华民国成立后商标局首任局长秦瑞玠曾有言，"自前清光绪壬寅续订英、美、日三约，有互相保护商标之条，洋人商标亦在一体应行保护之列。故自该约订定后，创立商部，即草拟商标法案，以期实践。奈因事上横生阻碍，致悬搁十余年，关于商标保护之法律，迄未能颁布施行"[1]。民初北京政府农商部次长刘治洲[2]亦指出，自清光绪二十八年（1902年）以来，"中更许多政变，此种要政，迁延至今，中国商民迄未享有保护商标之权利"[3]。

---

[1] 江苏省商业厅、中国第二历史档案馆编：《中华民国商业档案资料汇编》，中国商业出版社1991年版，第296页。

[2] 刘治洲（1882—1963年），字定五，陕西凤翔人，曾任大元帅府秘书，北京政府农商部次长、代理总长，陕西省省长，全国政协委员等职。

[3] 江苏省商业厅、中国第二历史档案馆编：《中华民国商业档案资料汇编》，中国商业出版社1991年版，第298页。

上述观点甚至延续至当代，有学术观点认为，"该章程实际上未能实行"[1]；"直至1912年清朝覆灭，其所制订的商标法规一直未能得以实施"[2]；"第一部商标法是1904年清政府颁布的《商标注册试办章程》，但该章程并未实施"[3]。根据现有史料研究来看，该章程的部分条款仍然被保留，第2条、第3条、第23条和第24条等的具体内容还是如期对外施行[4]，并得到切实适用，其中影响最大者莫过于海关挂号与商标备案两项制度。

第一节 海关挂号制度之适用

《商标注册试办章程》第2条规定："商部设立注册局一所，专办注册事务。津沪两关作为商标挂号分局，以便挂号者就近呈请。"根据该规定，商部专门向上海、天津两地海关下发《会同税务司办理商标挂号分局由》，要求在两海关设立挂号分局。商部同时又向外务部递送咨文《请知照总税务司转札津沪两关办理商标挂号由》，以协调挂号分局与总税务司之关系。1904年10月23日，天津、上海海关商标挂号分局正式开始受理华商、洋商商标挂号申请业务。1907年3月，天津海关停止受理商标挂号业务，

---

[1] 郑成思：《我国商标制度的沿革——商标制度的起源及发展（二）》，载《中华商标》1997年第6期。

[2] 中国人民大学、中国商标品牌研究院：《中国商标品牌年度发展报告2016》，中国工商出版社2018年版，第8页。

[3] 中国社会科学院法学研究所《法律辞典》编委会主编：《法律辞典》，法律出版社2003年版，第1193页。

[4] 左旭初编著：《民国商标图典》，上海锦绣文章出版社2013年版，第44页。

第四章 清末商标法规的法律适用

其职能改由北京商标局承担[1]。海关挂号业务办理甚至延至民国初年，直到1923年5月北京政府设置商标局方告终结。"津、沪两海关商标挂号分局在约20年间，共受理中外厂商商标挂号30 000多件，其中以上海海关商标挂号分局受理挂号居多，且绝大多数是为外国厂商、洋行呈请办理的。"[2]

例如，1910年3月3日，上海美兴洋行向上海海关商标挂号分局申请挂号"升官发财"商标，编号为11198号；1911年12月，美商"省的尼而"面粉公司向上海海关商标挂号分局申请商标挂号[3]。但此处"挂号"注册应当注意以下几点法律问题。

此处"挂号"仅系备案性质，而非商标专用权之取得方式。根据《商标注册试办章程》第2条之规定，天津、上海两地海关仅系转递机关，而无权进行商标审查。但清政府的商标注册局迟迟未能正式成立并履职，这导致两地海关所受理之"挂号"无法转入中央政府商标注册管理部门进行审查，因此此类挂号只具有备案或者预登记之效力。民初就有观点指出此类处理方式的法律瑕疵，民初商标局局长秦瑞玠曾表示，"仅有海关之挂号及本部之备案，究非正式登录之性质，尚无法律上之保障"。

同时，由英国控制的海关实施"挂号"的过渡性特征明显，法律效果上具有歧视性，偏重保护洋商之商标。民初农商部次长刘治洲总结，"外人之商标，乃仅由海关代行挂号，因循牵率，论者惜之……外人商标海关挂号，原系一时权宜之计"。农商部总长李根源也认为，"仅有海关之挂号及本部之备案，法律不完，事无

---

[1] 姚永超、王晓刚编著：《中国海关史十六讲》，复旦大学出版社2014年版，第146页。

[2] 左旭初编著：《民国商标图典》，上海锦绣文章出版社2013年版，第44页。

[3] 《上海工商行政管理志》编纂委员会编：《上海工商行政管理志》，上海社会科学院出版社1997年版，第134页。

专责"[1]。如前所述,上海、天津两地海关商标挂号分局,尤其是上海海关商标挂号分局受理的商标挂号中,大多数为洋商呈请办理的,这亦可证明挂号制度的歧视性。

第二节 商部商标备案制度之适用

《商标注册试办章程》颁布后,"嗣因各国利害关系不同,阻碍滋多,商标总局始终未设,因之自清庭进行办理商标注册以来,终有清代一代,中外商标之呈请注册者,仅商部备案与海关挂号而已"[2]。与海关挂号多适用于洋商不同,商部商标备案多系资质较强的华商申请,"当时商标备案制度,主要是适用于国内现代化大机器生产的机制产品,包括各种纺织品之上。而外商企业一般采用天津、上海海关商标挂号分局的海关商标挂号形式"[3]。从现有史料来看,沪埠作为开放口岸,商事活动频繁,也成为诸多华商投资办厂的上佳选择之一,但海关挂号费用较贵,诸多在沪华商选择向商部请求商标备案。表4为部分华商向商部备案之情况统计。

---

[1] 江苏省商业厅、中国第二历史档案馆编:《中华民国商业档案资料汇编》,中国商业出版社1991年版,第298页。
[2] 中国经济学社编:《战时经济问题》,商务印书馆1940年版,第321页。
[3] 左旭初:《民国纺织品商标》,东华大学出版社2006年版,第98页。

第四章 清末商标法规的法律适用

表4 1903—1906年上海地区呈请清政府商部备案的部分商标情况表[1]

商标名称	企业字号	商品类别
元宝	上海三星实业工厂	毛巾
大吉	上海三星实业工厂	毛巾
爱国	上海三星实业工厂	毛巾
电光	上海三星实业工厂	毛巾
蝴蝶	经纶棉织厂	毛巾
澄桥	兴业草织工厂无限公司	黄草用机织各种手提暨凉鞋日用各品
帆船	长春酱园	卫生酱油
鱼星	上海裕兴织袜厂	各种洋式棉织线袜
双喜	南汇纶华毛巾厂	毛巾
婴孩	纶华毛巾厂	毛巾
金牛	晋和织袜无限公司	线袜
双金牛	晋和织袜无限公司	线袜
美蜂	美丰针织厂	洋袜、手套、围巾
魁星	中华面粉无限公司	面粉
宝塔	华城印刷制罐厂	各种五彩洋铁印花罐盒
寿字	上海福新第二面粉厂	面粉
双鱼	上海阜丰机器面粉股份有限公司	面粉
车牌	上海阜丰机器面粉股份有限公司	面粉
双虎	上海阜丰机器面粉股份有限公司	面粉

---

[1]《上海工商行政管理志》编纂委员会编:《上海工商行政管理志》,上海社会科学院出版社1997年版,第136页。表格对其中部分内容进行了删减。

续表

商标名称	企业字号	商品类别
喜鹊	上海阜丰机器面粉股份有限公司	面粉
凤戏牡丹	上海阜丰机器面粉股份有限公司	面粉
人马	上海长丰面粉有限公司	面粉
麟凤	上海信大机器面粉公司	面粉
麦根	上海华丰机器面粉公司	面粉

从表4来看，截至清末，首先，商标名称与企业字号已经出现明显的区分，而非如清代中前期那样两者并不加区分，或者区分程度较低。其次，同一企业就同一商品类别上备案多个商标，可能系经营策略之需要。这种商业考量可能系产品差异化的需要。再其次，企业多生产面粉、酱油等食品以及毛巾、手套、围巾、袜子等民众的生活日用品。最后，部分商标在表示"注册商标"的同时强调"国货"身份，以期获得民众的选购支持。例如，上海三星实业工厂在其"大吉"商标上除载明"商部注册、禁止假冒"字样外，还标明"热心爱国、挽回利权""特别改良、经久耐用""完全国货"[1]等字样。

第三节 传统保护方式仍在一定范围内适用

如前所述，《商标注册试办章程》颁行后，列强意见不一，清政府慎重起见将章程诸多条款暂缓适用。但经济生活中假冒商标

---

[1] 左旭初编著：《近代纺织品商标图典》，东华大学出版社2007年版，第122页。

之事仍有发生，在缺乏制度规则的情况下，一些商家继续沿袭前述清代中前期之保护方法，以期打击侵权假冒。

（一）仿单中载明商标，或者以牌号为商标以示区分

如前所述，近代一些商品在其仿单中记载商业标记以区分商品来源，此方法在清末得到沿袭。例如，清末绍兴酒就在其仿单上"盖上方牌印"，"多以酿酒坊名的记号及坛上的印章为主"，甚至民初绍兴大花雕酒坛内的仿单中也记载，"恐被仿冒不明，坛外特盖用月泉小印泥盖，内并封入此单，务请大雅君子购时认明，庶不致误"[1]。此外，在一些产业中，商号与商标仍存在一定程度的混用。例如，祁门红茶在清末"各茶号牌名无一相同，均以牌号为商标"[2]。

（二）向地方官府呈控

清末向官府呈控以保护商标的传统仍得到沿袭，但与清代中前期不同，洋商及其背后的西方列强使官方呈控发生变化，即洋商多倾向前往会审公廨寻求司法救济，但华商仍多向地方官府申诉寻求救济。例如，1909年7月，华商协源祥号邵而康以新油装入老牌火油箱，冒充美孚牌号，冒戤美商美孚商标，被美商美孚洋行控告，并由上海公共租界会审公堂传案讯究，后判邵而康具结悔过，声明以后不准再冒，且罚洋一百元充作同仁医院经费[3]。

同时，华商维权之法律意识也在不断增强，发现侵权线索、聘请专业律师、积极提起诉讼等救济手段日益被华商重视。例如，中国西药业的先驱黄楚九创办了中法大药房，该药房于1904年挂

---

[1] 徐复沛：《绍兴酒包装和商标的历史沿革（续上期·完）》，载《包装世界》1998年第2期。

[2] 《祁门县工商行政管理志》编纂委员会：《祁门县工商行政管理志》，黄山书社1995年，第137页。

[3] 蔡晓荣、王国平：《晚清时期的涉外商标侵权纠纷》，载《学术研究》2005年第9期。

号了"云狮"牌艾罗补脑汁。该药嗣后畅销遂被仿冒。在查出侵权药房后,黄楚九试图先行通过私下交涉解决,但未能成功,于是将对方药房诉至会审公廨[1]。为此,黄楚九专门聘请熟稔商标法之律师。庭审过程中,被告提出"云狮"商标系中法大药房药剂师授权许可,中法大药房代理律师从权利处分主体、商标冒用等方面进行反驳[2],会审公廨最终判决对方药房因为冒用商标而赔偿损失若干。

但官府地方事务繁多,可能无法持之以恒地采取商标权保护措施,这就使得多次侵权、重复侵权不断发生。以1911年提起的林尚宾案为例,在该案中,林尚宾诉称,"生父在上海开立大成布庄,讵有乍浦公和布店之杨绍宸,移上(海)开设公和布号,即立'大成'副号,将丑布冒'生美'号,绝生贸易"。后其到上海县府控告侵权,杨绍宸假装生病,派遣其同伙,"供认私设'大成'副号"。在县府要求停止侵权后,杨绍宸等人"阳奉阴违,捏词蒙案,情虚抗避等情,具诉又经抄词催",引发林家的二次诉讼。在诉讼过程中,林尚宾援引乾隆元年地方官府就黄友龙等冒牌案中,"勒石永禁"之内容,将"不得冒窃他人字号,以伪乱真"作为请求权基础规范,证明其主张具有合法性,同时援引嘉庆十九年(1814年)上海当地同业公议,"新号毋许同名,系遵成案",以强化自身主张的合理性。基于上述合法性和合理性依据,上海县判令"杨绍宸、杨宗宪等改立字号开张,取结完案,免予提讯,以省拖累,并出示晓谕各布商咸使知之。杨等如敢故违滋讼,遵照碑示通详究办"[3]。

---

[1] 中法大药房地处租界,故受到会审公廨之管辖。
[2] 曾宏燕:《商·道——黄楚九传》,上海人民出版社2015年版,第67页。
[3] 上海社会科学院经济研究所编写:《江南土布史》,上海社会科学院出版社1992年版,第365页。

第四章　清末商标法规的法律适用

同时，清末呈控之内容亦从单纯的商标侵权逐步走向多元化，已经出现就商标许可后滥用商标权利之案例。1908年，上海县（今上海市闵行区）曾发生一起该类案件。在该案件中，布业同行起诉称，"奚晓畔诱租许姓鼎茂牌号，一经到手，横加包费银五两之巨，而又暗蚀每匹五丈（文），以致各行庄意外亏折，纷纷倒闭……前据许鹿笙兄弟同行具禀，请准收回原牌"。上海县官府经过审理后认为，奚晓畔"为害于布业，即流毒于乡民，众怨所归，良非诬罔，候即勒令将鼎茂牌号退归许姓，不得把持抵抗，倚恃居奇，违干提究不贷"[1]。从该来判决来看，上海县官府已经认识到滥用商标对于竞争秩序之影响，但其判决的救济方式并非对侵害人施加经济惩戒，而是勒令权利人取消许可，这可能对权利人之利益造成影响，并非保护商标权利的有效方法。

（三）强化行会监督

至清末，首先，如前述上海绮藻堂布业公所制定的《同业牌号簿》此类行业规则仍然予以保留。例如，1905年9月，《苏商总会试办章程》第54条规定，"如遇假冒牌号，混淆市面，诬坏名誉，扰害营业，本商因此而致有吃亏之处者，告知本会查明，确系被累被诬，应公同议罚议赔，以保商业"[2]。

其次，根据《商会简明章程》等规定，商会被赋予一定的商事裁判权，因此有权处理会员间冒牌纠纷，打击同行业的商标侵害行为。1903年颁行的《商会简明章程》第15条规定，"凡华商遇有纠葛，可赴商会告知总理，定期邀集各董秉公理论，从众公

---

[1] 上海社会科学院经济研究所编写：《江南土布史》，上海社会科学院出版社1992年版，第365页。
[2] 章开沅、刘望龄、叶万忠主编：《苏州商会档案丛编》（第一辑）（一九〇五年——一九一一年），华中师范大学出版社1991年版，第28页。

断。如两造尚不折服,准其具禀地方官核办"[1]。由此,商会被明确赋予有限的商事裁判权。例如,1906年2月,苏商总会处理了一起"禁冒牌"案件。该案中,"丁秉均、丁秉常开设福来康参店,同业彭葆生私刻图章,冒福来康牌销售各路航船。由丁秉钧指控"。在该案中,彭葆生甚至"令妇女与丁滋闹,经县申斥,移会理复"。对此,商会向县府请示后,"永禁冒牌"[2]。根据苏州商务总会受理商事纠纷一览表[光绪三十一年(1905年)三月至宣统三年(1911年)八月]记载,该会还处理过"为杨仁林堂笔号伙友冒牌事""为杨瑞卿禀控华经魁冒牌事""为资生堂戒烟药价被田某冒牌开店侵夺生涯事"等商标纠纷[3]。

再其次,商会亦参与华洋商标纠纷并予以调解,依法合理维护华商利益。例如,1907年,美商永康洋行向天津商务总会控诉华商松盛酒厂侵犯其"站人牌"商标权,请求"严加查禁"。在天津商务总会处理案件过程中,该酒厂表示,"商标逐加比较,实非酷似,不同之处甚多,德法文不同,出产公司不同,牌号不同,国旗不同,美女人名不同,人手持物不同,颜色浓淡不同,制造及发售处不同,封皮及瓶又不同",应认定不构成近似商标。其同时提出美商此举缺乏法律依据,称"况查商标一节,我国与别国尚未立有专条,我商尽能自行作主,决不能准伊借此诬指之假冒,擅滋商约,用佐例援,隐留后患"[4]。最终天津总商会认为,商

---

[1] 李楯主编:《现代企业制度通鉴:中国卷》,国际文化出版公司1996年版,第136页。

[2] 章开沅、刘望龄、叶万忠主编:《苏州商会档案丛编》(第一辑)(一九〇五——九一一年),华中师范大学出版社1991年版,第561页。

[3] 章开沅、刘望龄、叶万忠主编:《苏州商会档案丛编》(第一辑)(一九〇五——九一一年),华中师范大学出版社1991年版,第530页。

[4] 范金民等:《明清商事纠纷与商业诉讼》,南京大学出版社2007年版,第284页。

标"既非酷似,即不足侵夺利权,无可科罚",并未支持洋商之控诉。但为了息事宁人,避免后续争端,天津地方官府还是要求该酒厂将涉案商标"稍为酌改"[1]。

最后,商会亦协助商家进行商标挂号。例如,1910年绍兴商人王绍淇为其自制的新式绍酒向官府申请商标,其商标申请即是通过绍兴商会转递的,事成后其表示,"此次立案给商标,全赖贵会会长、诸会员洽助赞成,不胜感幸致之"[2]。

第四节 部分洋商通过外交渠道向清政府施压,以实现特权保护

如前所述,鸦片战争后洋商多要求地方官府通过公示、示谕等传统治理手段进行商标保护,这一传统在《辛丑条约》及中外主要商约签订后仍然得到保留。例如,1906年4月,洋商英美烟草公司即要求江西省德化县用示谕保护商标,该示谕内容如下[3]。

署理德化县正堂濮告示,光绪三十二年三月二十日……兹据上海英美纸烟公司禀请,该公司销售纸烟四远驰名,查得九江一埠近有渔利之徒,明用该公司纸皮包面,暗则假烟冒充,似此无耻而藐法,禀乞函请地方官员出示严禁,送呈真假纸烟各两包以资察验,俾辨真伪等情。据此本领事查假冒牌号本应查禁,即照

---

〔1〕 蔡晓荣、王国平:《晚清时期的涉外商标侵权纠纷》,载《学术研究》2005年第9期。
〔2〕 颜志:《服务于秩序——清末民初绍兴商会研究(1905~1927)》,浙江大学2018年博士学位论文。
〔3〕 李惠芬:《英美烟公司对南洋兄弟烟草公司的商标侵权》,载《中华商标》2001年第10期。

该商所禀请刷告示千张发交该商自行张贴而杜弊混，相应函请查照。希刷告示千张，以便转给该商行自行张贴等因，准此。查近来纸烟销场畅旺，奸商冒牌混售希图渔利，自应由地方官员出示严禁，以杜效尤等因，行县奉此，合行出示严禁，为此示仰合邑诸色人等知悉……自示之后，倘敢仍前不知自爱，希图渔利冒牌混售，一经察觉或被函告，定即据案究办，决不姑宽。其各凛遵毋违。

在该示谕中，"明用该公司纸皮包面，暗则假烟冒充"载明所谓的侵害行为，"似此无耻而藐法"则强调侵害人行为之违法性，故而主张依法保护。但应注意一点，之前示谕基本是由地方官府依职权张贴，即公示仍系公权力之范畴，但在该案中，地方官府甚至放弃此权力，将张贴示谕之权限直接交由该洋商，且份数达千张之多，可侧面印证洋商享有之特权。同时，一些洋商甚至试图通过"高层路线"、外交途径向清政府施压以对其商业标记进行特权保护，"蓝鱼"商标案即为其中一例。

1908年12月，日本驻沪总领事永泷久吉向时任邮传部右侍郎的盛宣怀致函，表示，"昨奉本国外务大臣小村第一百六十八号札文，内开据日商钟渊纺绩株式会社票称，该会社所造棉纱专用蓝鱼商标，曾票经本国特许局注册，准予专利，及在中国该局挂号注册，禁止仿冒，各在案。兹查有上海杨树浦华商又新纺织公司所用蓝鱼商标与该会社专用商标式样相同，事属仿冒，殊与日商利权有碍，饬即查办等因。查该会社所用蓝鱼商标既经票请注册，准予专利，自不容他人混冒，致妨专利。惟访闻该又新公司既为尊处经办，当必自立商标，无须依榜，此种仿冒之件，或系有人托名公司，籍图影戤，事关名誉利权，理应彻查明白，照章究办。

第四章　清末商标法规的法律适用

除函致沪道查究外，为特专函奉布，即请察核，见复为盼"[1]。

从该电文可以看出，日商甚至会联系日本外务大臣，由其指令驻沪总领事向清政府高层政治人物致函要求商标保护。电文中明确表示除依照属地管辖向"沪道"行文外，还请求以"高层关注"的方式进行解决，这显然违背平等保护之基本精神。两日后，盛宣怀将情况查明后复电，表示涉案华商之"三鱼商牌，系因景德和于先托又新公司制造，该商停止，公司旋即自行续造。查鱼牌不止一样，如印度公司之一鱼，如钟渊会社之两鱼，如又新公司之三鱼，如某公司之四鱼，见鱼类商牌不胜枚举。在钟渊会社不同之处，不过是两鱼，万不能将所有鱼种包括在内。诚恐钟渊会杜尚有误会，特将所知各种鱼类商牌检送台核，特此照复"[2]。盛宣怀在电文中，有理有据地反驳日驻沪总领事，表示涉案华商并非恶意冒用，而是存在在先实施基础。其他洋商亦有使用鱼类商标，仅存在数量差异，日商不可能禁止其他商家使用鱼类商标。因此，两者并不构成近似商标，不应予以保护。

---

[1]　陈梅龙主编：《盛宣怀档案资料：上海机器织布局》（第七卷），上海人民出版社2016年版，第553页。
[2]　陈梅龙主编：《盛宣怀档案资料：上海机器织布局》（第七卷），上海人民出版社2016年版，第553页。